新时代共青团和
青少年工作文库

3

中外青年组织参与
全球治理研究

董霞　张良驯·主编

中国青年出版社

前　言

随着全球化的不断发展，推动和完善全球治理成为国际社会的重要议题和共同任务。中国作为现有国际体系的重要参与者和积极建设者，在全球治理领域日益发挥着重要作用。习近平总书记在纪念五四运动100周年大会上的讲话中指出："新时代中国青年，要有家国情怀，也要有人类关怀，发扬中华文化崇尚的四海一家、天下为公精神，为实现中华民族伟大复兴而奋斗，为推动共建'一带一路'、推动构建人类命运共同体而努力。"在新时代新形势下，中国青年组织要引领广大青年进一步积极参与全球治理，成为促进世界和平和发展的重要力量。本书通过梳理国际上不同类型的青年组织在不同历史时期参与全球化进程和国际治理的历史实践，探寻青年组织参与全球治理的历史脉络和经验，希望为当代中国青年更好地参与国际事务，推动构建人类命运共同体提供参考。

从严格意义上讲，"全球治理"这一概念只存在了三十年左右的时间，但在此概念出现之前已经有许多关于全球性治理议题的探讨和实践。据此，我们在本书写作的过程中对这一概念的时点进行了扩充，以期从更加完整的角度记录和反映二战结束以来青年组织参与国际合作和国际运动的情况。

全书共分为四个部分。第一部分"全球治理与青年参与"是全书的叙述背景和历史铺垫。我们回顾了全球治理这一概念兴起及发展的时代背景和历史进程、当代全球治理体系面临的挑战和问题，并以联合国和主要多边机制为重点，梳理了青年议题从无到有、青年从边缘作用逐渐转变为全球治理重要力量的历史进程，为后文具体研究不同类型青年组织参与全球治理搭建了分析背景。

在第二部分"国际青年组织参与全球治理"中，我们根据组织目标宗旨、运行方式、工作领域的不同，将国际青年组织划分为枢纽型青年组织、政治型青年组织、专业型青年组织三种类型，并分别选取典型组织进行案例研究。不同类型的国际青年组织的产生与发展具有鲜明的时代性，因此我们结合不同时代背景分析国际青年组织在各特定历史阶段的特点和活动情况。

在第三部分"美日青年组织参与全球治理"中，我们选取了美国、日本这两个在青年组织国际化方面起步较早、经验较多的国家进行国别案例研究，对其在全球治理中的角色、参与历程和路径进行梳理，分析两国主要青年组织参与全球治理的情况。

在第四部分"中国青年组织参与全球治理"中，我们回顾了中国青年组织参与全球治理的历程，基于其工作现状、面临的挑战和任务，结合前文分析的各类国际青年组织参与全球治理的经验启示，为加快推进中国青年组织国际化进程提出可行建议。

全书聚焦的主题紧扣青年参与全球治理的历史与趋势，对弥补学界相关研究的空白发挥了建设性作用。同时，在全书框架之外，我们也发现了一些新的研究视角，愿在此与读者分享。

比如，当代青年参与全球治理的自主意识更加突出、形式日趋多元。很多青年不再满足于加入固定组织、参与既定议程，而是制定更加契合自身特点的行动路线，并通过新媒体等大众化的载体来扩展参与路径、影响决策进程。还有一些新形态的青年组织积极参与全球治理。这些组织有的没有线下实体，在线上进行组织和动员；有的没有明确的领导者，通过众筹、众推方式开展工作。这些都反映了青年参与的新趋势。

比如，一些青年组织在参与全球治理过程中与政府、企业、社会机构等保持紧密的互动关系，后者通过资金、资源、理念等因素影响着青年组织的发展。一些国家为了更好推行本国外交战略，也会对本国青年组织参与全球治理提供有力的政策支持。在这方面，美国和日本的经验值得深入研究。

本书是共青团中央书记处批准立项、共青团中央国际联络部和中国青少年研究中心共同组织实施的课题成果。作者是青年国际交流的实践者和国际青年运动的研究者。在工作中，我们有机会面对面与各国青年组织和青年代表交流经验，了解他们的发展历史和工作成果。日积月累，我们汇总整理了大量国外青年和青年组织的信息，为本书的撰写提供了扎实的基础。对青年组织参与全球治理进行学术研究，是中国青年研究领域中的一个新课题。受所掌握资料和自身学识的限制，我们无法在本书中对青年参与全球治理这一重要课题做到全面科学的论述。本书难免存在一些不足甚至错误之处，恳请读者批评指正。

编者

2021 年 6 月

目 录

第一章

全球治理与全球治理体系

当代全球治理的兴起、发展和变革，与冷战后形成的国际格局、全球化快速发展和全球性紧迫挑战增多密切相关。全球治理及其体系的诞生和发展不仅关乎国际秩序和国际体系变革的规则和方向，而且事关各国在国际秩序和国际体系"长远制度性安排"中的地位和作用。本章通过回顾和分析全球治理兴起的时代背景及其理论发展脉络，探讨全球治理与全球治理体系实践中的挑战和变革趋势。

第一节　全球治理的概念、兴起背景和理论内涵

当前，全球治理日益成为政府、联合国等国际组织以及社会组织等参与全球政治经济事务并进行共同管理的重要概念。全球治理需要世界各国参与其中，不断扩大多边合作，关注更多领域的全球问题，共同创造一个美好世界。中国积极参与全球治理，成为推动全球治理深入发展和变革的一支重要力量。本节主要介绍并重新审视全球治理这一概念的基本含义及其兴起的时代背景和理论内涵。

一、全球治理概念的兴起

全球治理这一概念的渊源可以追溯到 1989 年世界银行发布的一份报告。这份讨论非洲发展的重要研究报告提出了把"治理"作为理解撒哈拉以南非洲发展的核心概念。报告引用塞内加尔前总统迪奥夫（Diouf）的警句"非洲需要的不是更小的政府，而是更好的政府"，并指出"除非非洲改进它的统治方式，否则任何经济发展战略都将无济于事，外部援助也不会大规模涌入"。[1]该研究报告强调在非洲的发展过程中出现了"治理"危机，并把"治理"定义为"管理国家事务中政治权力的运用"。[2]此后"治理"便广泛地被用于政治发展研究中，特别是被用来描述后殖民地和发展中国家的政治状况。[3]1990 年，社会党国际前主席、德国前总理勃兰特提出，各国要适应国际体系新走向，共同维护世界和平与发展，并推动国际知名人士于 1992 年发起成立"全球治理委员会"。1995 年，在联合国成立 50 周年之际，全球治理委员会发表了题为《天涯成比邻》的报告。联合国原秘书长科菲·安南在 2000 年联合国千年首脑会议上作的报告全面阐述了全球治理。至此，全球治理这个概念开始风靡于全球。

显然，人们最初对全球治理的认识是从赋予"治理"以新含义开始的。联合国全球治理委员会的报告认为："治理是各种各样的个人、团体——公共的或个人的——处理其共同事务的总和。这是一

（1） World Bank, Sub-Saharan Africa – From Crisis to Sustainable Growth. A Long Term Perspective Study, Washington, D.C.: first published in November 1989, p. 15.

（2） Ibid., p. 60.

（3） 俞可平：《治理和善治引论》，《马克思主义与现实》1999 年第 5 期，第 37-41 页。

个持续的过程，通过这一过程，各种相互冲突和不同的利益可望得到调和，并采取合作行动。这个过程包括授予公认的团体或权力机关强制执行的权力，以及达成得到人民或团体同意或者认为符合他们的利益的协议。"[1]这一定义与其传统上主要用于与国家的公共事务相关的管理活动和政治活动中，并与统治（government）一词交叉使用的含义明显不同。而从今天的视角看，全球治理概念诞生之初即被赋予的含义，是与当时的社会思潮尤其是西方国家的社会运动和社会思潮密不可分的。

西方国家对 70 年代"福利国家"和"国家干预过多"倾向的批判是 80 年代以来自由主义重新抬头的原因。以新自由主义为标识的社会思潮深刻影响了西方的政治学家和管理学家，促使他们重视在社会资源的配置中表现出的市场失灵和国家失灵，"愈来愈多的人热衷于以治理机制对付市场和 / 或国家协调的失败"。[2]而治理一旦被运用于全球化和跨国组织领域，则出现全球治理，其目的是通过制度创新，把国内外社会各阶层的个人和机构联系起来以处理全球性问题。在西方国际关系理论中，出于对现实主义和自由制度主义主导国际组织研究日益增加的不满，尤其是这些研究无视全球化时代非国家行为体在数量和影响上的双重增长，[3]换言之，与完全由国家

（1） 英瓦尔·卡尔松、什里达特·兰法尔主编：《天涯成比邻——全球治理委员会的报告》，赵仲强、李正凌译，中国对外翻译出版公司 1995 年版，第 2 页。

（2） 杰索普：《治理的兴起及其失败的风险：以经济发展为例的论述》，《国际社会科学》（中文版）1999 年第 2 期。

（3） Thomas G. Weiss, "Governance, Good Governance and Global Governance: Conceptual and Actual Challenges," Third World Quarterly , Vol.21, No.5, 2000, p.796.

主导的无政府状态国际关系相比，这种由公民社会组织成长引起的介于无政府和世界政府之间的状态引起了研究者的更大兴趣。

80 年代以来西方国家出现的所谓"结社革命"则成为"治理"覆盖全球事务的实践背景。形形色色的非政府组织、社会运动和倡导网络在发起全球议题、制定政治议程和建构全球规范方面产生了深远影响。非国家行为体广泛参与全球政治的实践，不断冲击和挑战了现代世界以国家为中心的治理模式，吸引了众多学者对这些全球层面互动的新型行为体的关注。彼得·威利茨（Peter Willetts）在《世界政治中的非政府组织：构建全球治理》一书中，描述了在当代多中心的全球治理体系中，政府、非政府组织、国际组织以及其他跨国行为体如何互动和影响彼此的观点、行为与实践。彼得认为，非政府组织通过积极参与国际组织，获取相应的法律地位及其相应的权利和义务，在全球交流和传播方面以及互联网发展方面作出贡献，在创立当代形态的全球治理中发挥了重要的工具性作用。[1]

在上述西方国家社会运动和社会思潮的影响下，全球治理难免打上了那个时代的烙印，即不仅国家以及国家间的正式组织和制度影响着世界秩序的规则和规范，而且跨国公司、跨国社会运动、非政府组织等所有非国家组织，都追求对跨国规则和权威体系产生影响。上世纪 90 年代国际机构和学者对全球治理的诸多界定基本上都带有明显的新自由主义印记。如全球治理委员会就认为全球治理是公私机构管理其共同事务的诸多方式的总和。它既包括有权迫使人们服从的正式制度和规则，也包括人们和机构同意的或以为符合利

---

(1) Peter Willetts, Non-Governmental Organizations in World Politics: The Construction of Global Governance, London: Routledge, 2011, P.162.

益的各种非正式安排。[1]詹姆斯·罗西瑙同样认为："与统治相比，治理是一种内涵更为丰富的现象。它既包括政府机制，同时也包括非正式、非政府的机制，随着治理范围的扩大，各色人等和各类组织得以借助这些机制满足各自的需要并实现各自的愿望。"[2]"全球治理可设想为包括通过控制、追求目标以产生跨国影响的各级人类活动——从家庭到国际组织——的规则系统，甚至包括被卷入更加相互依赖的急剧增加的世界网络中的大量规则系统。"[3]

尽管深受当时社会运动和思潮的影响，特别是具有明显的新自由主义印记，但全球治理概念诞生之后仍然受到国际社会的广泛关注。

首先，上世纪70年代末期开启的经济全球化在冷战后格外提速，在把世界变成统一的全球大市场的同时，也催生出了更多全球性问题，包括南北国家发展失衡、金融危机频发、全球性犯罪以及日趋恶化的环境污染和全球气候变暖等，迫切需要寻求更大范围的国际合作才能应对。

其次，战后持续分裂的世界在经历冷战后实现了表面上的统一。这一国际政治格局的重大变化，不仅体现在经济全球化上的红利，而且极大地提振了西方在全球层面全面主导全球治理议题和议程的自信。

（1）英瓦尔·卡尔松、什里达特·兰法尔主编：《天涯成比邻——全球治理委员会的报告》，赵仲强、李正凌译，中国对外翻译出版公司1995年版，第2-3页。

（2）詹姆斯·N·罗西瑙主编：《没有政府的治理》，张胜军等译，江西人民出版社，2001年，第5页。

（3）俞可平主编：《治理与善治》，社会科学文献出版社，2000年，第265页。

第三，面对依然主权林立的国际体系，跨国非政府组织和全球公民社会运动以极大的热情、专业性技能和社会制度性创造力开展了一系列影响深远的活动，已成为当代全球治理的一支不可忽视的重要力量。

近30年来，全球治理已成为21世纪的焦点议题，不仅越来越多非国家行为体在更大的范围内参与全球治理的各项议程，而且无论是发达国家还是发展中国家都对全球治理的议程和目标表现出更多关注。全球治理迅速传播和深入人心的主要原因在于它契合了冷战后国际社会深入发展，特别是全球问题带来的挑战使得任一政府间组织或民族国家政府都难以单独应对，而必须在更大范围内寻求国际合作的现实需求。

二、全球治理实践进程及其理论分野

从上世纪90年代全球治理概念诞生至今，全球治理逐步从倡议落地为各国政府、国际组织和非政府组织等国际行为体的实践进程。依据不同时期全球治理实践的主要特点，全球治理的实践进程可以划分为三个阶段。

第一阶段：从上世纪90年代中期开始至2008年金融危机爆发，以国际组织和非政府组织为重要实践主体的全球治理实践。

该阶段的主要特征是国际组织和非政府组织在推动全球治理实践进程中发挥了积极而重要的作用。其中，联合国在推动全球治理实践中发挥了十分重要的作用。1995年联合国成立五十周年之际，全球治理委员会发表了成为全球治理学说的行动纲领性文件的报告《天涯成比邻》。1997年联合国制定了为控制温室气体排放作出重要贡献的《京都议定书》。千年之交，在联合国召开的千年首脑会议上，与会各国一致通过了《联合国千年宣言》。在全球经济治理领域，1995 年成立的世界贸易组织（WTO）对于促进形成一个更具活力、更持久的多边贸易体系至关重要。WTO 的世界贸易管理、组织、协调、调节和提供的五大职能，特别是争端解决机制，对于公平、客观、合理地解决与其他国家的经贸摩擦，营造良好的经贸发展环境发挥了重要作用。国际货币基金组织（IMF）和世界银行（WB）在国际金融稳定和世界发展方面发挥了作用，尤其是它们与美国财政部一起推动的"华盛顿共识"，成功推动了新自由主义全球化席卷全球，也使得该阶段的全球治理呈现出明显的"新自由主义"特征。

引人瞩目的是，非政府组织在全球治理的实践中，依托其组织形式的弹性和应对战略的灵活性等优势，通过网络合作模式将其行动影响力渗透到全球、地区、国家和次国家等多个层面，提升了治理机制的密度，促进了治理形式的多样化，从而成为当代全球治理实践的重要主体之一。非政府组织广泛参与全球环境和气候治理，致力于推动全球经济可持续发展，积极开展国际人道主义救援，并在维护世界和平与安全领域发挥着一定作用。但是也要看到，非政府组织除了运用自身优势直接参与全球治理的行动之外，主要通过向国家和国际组织施压、监督和服务，间接地推动全球治理的议题和议程。比如国际禁雷组织通过教育民众形成广泛舆论，再说服公司，最终迫使 148 个成员国签署《禁止杀伤人员地雷公约》。"绿色和平组织"在 20 世纪 90 年代对跨区域污染源传播进行调查研究，通过发布的研究数据和调查报告使世界各国加强了对该环境污染议题的关注，最终促使联合国环境规划署通过了《关于危险废物越境转移及其处置巴塞尔公约》。

全球治理的第一阶段，全球治理的领域日益扩大，除了气候变化等全球性问题外，还扩展到和平与安全、可持续发展、全球公共卫生以及外太空和极地治理等全球公域治理。

第二阶段：从 2008 年 20 国集团峰会诞生至 2017 年美国特朗普政府上台，以启动全球治理体系变革为主要特征的全球治理实践。

2008 年金融危机爆发后，以二十国集团（G20）峰会机制确立为标志，在金砖国家集团（BRICS）的倡导和推动下，以推动全球治理从"西方治理"向"西方和非西方共同治理"转变为目标，开启了全球治理体系变革的历史进程。爆发在美国进而蔓延世界的金融危机充分暴露了冷战后以"华盛顿共识"为标志的新自由主义资本主义的弊端，特别是在金融监管中存在的重大缺陷，极大动摇了西方的话语权。

在国际格局的权力重心发生转变，新兴工业化国家群体性崛起的局面下，全球治理体系改革迎来了前所未有的突破。2010 年 10 月，二十国集团财政部长和中央银行行长会议就国际货币基金组织份额改革达成历史性协议，确认向新兴工业国转移超过 6% 投票权。份额改革完成后，"金砖四国"总共持有份额将升至 14.8%，中国的份额将从 3.72% 升至 6.63%，投票权也将从 3.65% 升至 6.07%，超越德国、法国和英国，位列美国和日本之后，得到在这一国际组织中的更大话语权。在 2010 年世界银行推行的改革中，发达国家向新兴大国转移 3.13% 的投票权，中国的投票权从 2.77% 上升到 4.22%，[1]由第 6 位跃居第 3 位；印度的投票权由 2.77% 上升到 2.91%，列第 7 位。

在其他的全球治理关键领域，新兴工业化国家在重大国际问

（1） 到 2018 年，中国在世界银行的投票权已上升为 5.71%，但必须注意，根据世界银行的规则，任何重要的决议必须由 85% 以上的表决权决定，美国的投票权虽然有所下降但超过了 15%，仍然保有一票否决权。

题上采取独立自主的立场与发达国家进行合作与协调。在气候变化的国际谈判中，中国、印度等发展中国家结成了被称作"基础四国"（包括中国、印度、巴西、南非）的短暂联盟，于 2009 年 12 月哥本哈根气候峰会期间，联合迫使美欧等发达国家作出了让步，坚持"共同而有区别的责任"原则，最终实现了发达国家实行强制性减排和发展中国家实行自主减排的双轨制方向。此后，中国作为负责任的发展中大国，采取切实行动应对气候变化，积极参与国际气候治理。2015 年 11 月底，习近平主席出席巴黎大会开幕式并讲话，为《巴黎协定》谈判最后阶段提供政治推动力。2016 年 9 月，习近平主席于二十国集团杭州峰会前夕向联合国秘书长潘基文交存《巴黎协定》批准书，为协定生效发挥了关键推动作用。中国为推动《巴黎协定》的达成和生效作出了积极贡献。此后，随着金砖国家之间合作机制的常态化，"一带一路"国际合作高峰论坛、金砖国家新开发银行（NDB）、亚洲基础设施投资银行（AIIB）以及上海合作组织（SOC）和亚信峰会（CICA）等一系列新兴全球治理平台的出现，以金砖国家为代表的新兴工业化国家和发展中国家逐步形成了较为系统的全球治理变革的新诉求和新理念，[1]在国际金融机构改革、粮食安全、能源安全、气候变化等诸多领域，强调发挥联合国中心作用，特别是针对西方国家输出民主的做法，提出了致力于推动构建更为公正、平等、合理的全球治理体系的变革主张。

第三阶段：从 2017 年特朗普政府上台至今，单边主义、民粹主义和逆全球化等现象，严重侵蚀了全球治理和全球治理体系变革的政治、经济和制度基础，全球治理和全球治理体系变革陷入了停滞

（1）　张胜军：《全球治理的"东南主义"新范式》，《世界经济与政治》2017年第 5 期。

与困境。

首先，大国权力竞争及其引发的地缘政治裂变削弱了全球治理体系变革的政治基础。美国总统特朗普上台后，其采取的单边主义、孤立主义种种举措正在成为全球治理体系变革的障碍。当前，中美战略竞争日趋表面化和实质性，政治上缺乏自信的美国正在日益危险地把中美两国关系拖入"非合作"轨道。除了美国2018年在《国家安全和国防战略文件》（National Security and Defence Strategy documents）中公开将中国列为战略竞争对手，随后不久发动对华贸易战、科技战、金融战等等，在当下对华贸易战硝烟未尽之时，美国又启动了试图拉拢盟国一致对华的外交战。

鉴于中美两国的重要性，当今的任何全球性挑战都离不开中美两国的持续支持，当前的全球治理及其体系变革能否继续沿着过去的轨道向前推进，亦将取决于中美关系的演变。后者如持续裂变下去，则不仅中美之间陷入彼此竞争和缠斗而不能形成合力，最终还将迫使许多国家违背初衷被迫在中美俄之间选边站队，甚至破坏新兴国家之间的政治协调。

其次，单边主义的兴起和国家中心主义的回归侵蚀了全球治理体系变革的制度基础乃至国际秩序基础。美国总统特朗普上台后，进一步将其国内政治国际化，采取"退群"与不合作的举措。特朗普不断用退出WTO向中国等发展中国家施加压力，2019年11月4日，美国正式通知联合国将退出《巴黎气候协定》，美国拖欠会费的行为导致联合国出现十年来最严重的资金危机。作为当今世界最大的国际组织，联合国面临经费短缺、会员国分歧严重、安理会集体行动受阻、机构改革停滞不前等困境。

长期以来，美国一直对其全球领导地位视为理所当然，并滥用其权力，而对后果几乎不关心。从本质上说，单边主义是全球或地区霸权主义或极端国家中心的翻版。目前，在美国带头示范下，其他一些国家的单边主义、孤立主义倾向日益增长，这对于关注长远和共同利益的多边合作制度而言，无疑是一股逆流，如果任由其继续发展，将会严重侵蚀全球治理体系变革的制度基础乃至国际秩序基础。

第三，欧美国家国内政治极化、民粹主义和逆全球化思潮的兴起和泛滥，既是经济全球化内在矛盾的外在显现，又为欧美国家反对和干扰全球治理体系深入变革提供了必要的政治氛围和社会基础。近年来，欧美国家政党政治乱象横生，极端政治普遍流行，社会分裂危机加剧，国内的政治极化现象日益突出。在该种背景下，民粹主义和逆全球化思潮应运而生，成为不少国家对外奉行贸易保护主义和反对国际多边治理机构的政治推力。

一般而言，人们倾向于认为国内政治极化、民粹主义和逆全球化思潮之所以诞生的深层根源，是所谓新自由主义的经济全球化和全球产业链重组导致的发达国家收入差距扩大、失业率上升和底层民众生活质量下降，却往往忽视了经济全球化已发生天翻地覆的变化。现阶段的经济全球化和全球产业链重组不再像以往那样的先以欧洲、后以美国为动力，不再是传播西方先进文明的载体，而是以中国为代表的新兴工业化国家为动力，以推动国家间均衡发展和文明平等包容互鉴为理念的不同的经济全球化。因此，以适应新型经济全球化为目标之一的全球治理体系变革，对于已经失去经济主导和政治话语优越地位的欧美国家而言，容易被视为是来自非西方世界在全球政治上的挑战，进而引起欧美国家对全球治理体系变革的干扰和抵制。

从上世纪 90 年代至今，实践中的全球治理走过一段十分艰难曲折的道路，"治理赤字""信任赤字""和平赤字""发展赤字"非但没有得到缓解，主体责任意识不足、制度失灵和机制碎片化等集体行动困境反而日趋恶化。特别是美国特朗普政府上台以来，单边主义、民粹主义和逆全球化趋势的发展更使全球治理及其体系变革处于危机之中。然而，世界经济全球化的内在趋势和逻辑并未改变，气候变化、瘟疫蔓延等全球性危机正在日益增加，当今世界对全球治理的内在需求不仅没有减少反而是更多、更迫切了。事实上，尽管全球治理在实践中不断遭受挫折，人们在理论上对全球治理进行探索的热情却从未衰退。几十年来，围绕全球治理理论的探索和讨论按照其理论路径可以区分为三大类，即新自由主义全球治理理论、跨国主义全球治理理论和世界主义全球治理理论。

（一）新自由主义全球治理理论

对以无政府状态为基本特征的国际政治现实而言，新自由主义全球治理理论寄望于通过自下而上的非国家行为体的合作，国际规制与国际机制的累积与互动，逐渐实现一种"没有政府的治理"。新自由主义全球治理理论迄今仍为主流，根本性原因在于，全球治理本身就是国际政治经济关系向新自由主义范式转变的产物。[1]

在新自由主义全球治理理论谱系中，以理性主义为认识论出发点、以机制功能为理论落脚点的国际机制理论最具代表性。新自由主义把治理视为制度的创建和运作过程，而制度则被广泛理解为"持久且相互联系的正式与非正式的规则集合"，它们规定行为角色、

（1） Jang, Jinseop, J. Mcsparren, and Y. Rashchupkina, "Global governance: present and future." *Palgrave Communications*, No.2, 2016.

约束活动以及塑造期望。[1]国际机制恰恰是一种特殊类型的制度，涉及国家并针对特定的问题领域，[2]因而可以被视为一种小于全球秩序但大于临时协议的政治构想。[3]

国际机制理论的代表人物之一，克拉斯纳（Stephen D.Krasner）将制度定义为：在特定的国际关系领域中隐含或明确的原则、规范、规则和决策程序，各方的期望都围绕着这些原则、规范、规则和决策程序展开。[4]认为国际机制可以通过多种方式影响国家行为，进而对结果产生影响。从这个角度看，机制的形成和维持不是由霸权国家或预定利益驱动的，而是随着国家和非国家行为体发展规范以及对特定问题的利益意识而产生的。[5]

国际机制理论实际上是强调以动态性的机制互动模式实现全球治理的目标。换言之，这种方法摆脱了传统的作为命令和控制过程

（1）　Robert O. Keohane, "Neoliberal Institutionalism: A Perspective on World Politics", in R. O. Keohane, ed., *International Institutions and State Power: Essays in International Relations Theory*, Boulder, CO: Westview Press, 1989, p.3.

（2）　Oran R. Young, *International Governance: Protecting the Environment in A Stateless Society*, Ithaca, NY: Cornell University Press, 1994, p.3.

（3）　Jorge Antunes, "Regime Effectiveness, Joint Implementation, and Climate Change Policy", in Paul G. Harris, ed., *Climate Change and American Foreign Policy*, London: Palgrave Macmillan, 2000, pp.177-201.

（4）　Stephen D. Krasner, "Structural Causes and Regime Consequences: Regimes as Intervening Variables", *International Organization*, Vol. 36, No. 2, 1982, pp.185-205.

（5）　M.Paterson, *Global Warming and Global Politics*, London: Routledge, 1996, p.131.

的治理概念，而是将重点放在了非国家行为体在塑造国家利益以及建构、形成和维护机制方面的作用上。[1]当然，国际机制理论仅是新自由主义全球治理理论谱系中比较具有代表性的一支，以民主、自下而上的导向和促进人权等自由主义范式的全球治理理论实际上是国际机制理论赖以存在的前提。

(二) 跨国主义全球治理理论

跨国主义全球治理理论出现的背景是随着全球挑战的增多，现有国际体系以及通过非政府组织和公民社会运动为主体推动国际机制建设的做法在实践中暴露出越来越大的局限性。为了解决迫在眉睫的全球挑战，全球治理越来越需要突破边界，延伸到国家内部层面的治理域，进而催生了跨国主义的全球深度治理理论。全球深度治理理论关注的焦点因而不再是活跃在边界两侧的跨国行为体，如跨界民族、移民群体、跨国公司或跨国非政府组织，而是聚焦于国际机制如何与国内治理机制进行衔接与协作。全球治理已经从最初的"没有政府的治理"一枝独秀演变成为"没有政府治理""政府治理"和"超国家治理"多元治理模式并存。而基于非政府组织等多主

（1） P.Haas, *Saving the Mediterranean: The Politics of International Environmental Cooperation,* New York: Columbia University Press, 1990; P.Haas, R.Keohane, and M.Levy, eds., *Institutions for the Earth: Sources of Effective Environmental Protection,* Cambridge, MA: MIT Press, 1993; K.Litfin, *Ozone Discourses: Science and Politics in Global Environmental Cooperation,* New York: Columbia University Press, 1994; T.Risse-Kappen, "Bringing Transnational Relations Back", in *Non-State Actors, Domestic Structures and International Institutions,* Cambridge: Cambridge University Press, 1995.

体参与协商机制的全球治理"传统理论"，多多少少具有源自西方国家理论偏执的色彩或无政府主义乌托邦式的浪漫而与实际的全球治理实践需求脱节。[1]可见，全球深度治理理论实际上重申了国家在全球治理中的重要意义，从而与新自由主义全球治理理论区分开来。

　　全球深度治理理论的事实依据之一是当前众多的全球问题和挑战无不与跨国活动有关，无论是全球资本自由流动，跨国制造企业从事的生产和贸易活动，还是人员流动、宗教传播和散布世界各地的移民社区，前者带来了全球性金融危机、全球污染的转移及其后继的环境、气候变化挑战和物种消失，后者带来了传染病蔓延、跨国犯罪和针对他国的恐怖主义袭击。然而，深层次的问题在于，应对这些挑战的主体必须具有更大的合法性。换言之，基于合法统治的国家及其政府网络的多元化比之代表发达国家主流意识形态的公民社会和非政府组织，显然拥有更大合法性，而且这一合法性的需求随着新兴工业化国家的群体性兴起而显得更加迫切。

　　对跨国关系的研究至少可以追溯到 20 世纪 70 年代，至 90 年代随着移民问题研究而达到高潮。然而，跨国主义全球治理的理论取向与 20 世纪 90 年代出现的关于移民研究的跨国主义人类学研究有着本质上的不同。前者的重点在于研究有助于促进全球深度治理的跨国治理网络，而后者则专注于研究那些常规性的、持续性的跨国社会联系。在现有的跨国主义全球治理研究中，早在 20 世纪 90 年代就出现了关注跨国知识网络的"知识群体"和跨国倡议网络的兴起，即在某一特定领域拥有政策利益（和影响力）的专家群体，通过向政府游说、请愿、面对面会议、出席政府委员会会议等方式参

（1）　张胜军：《全球深度治理的目标和前景》，《世界经济与政治》，2013 年第 4 期，第 58 页。

与到国家或国际组织正式的政策制定过程中。但在深度治理理论者看来，除非把全球治理的过程延伸到国家内部，任何知识共享和倡议都难以达致实际的成效，因而更愿意把注意力聚焦于那些能够带来深度治理成效的网络和机制。其中，跨国政府网络和跨国城市网络是全球深度治理理论最为重视的落实机制。

（三）世界主义全球治理理论

随着世界经济政治日益紧密地联系在一起，世界主义这一古老的但又生发出当代价值的思想逐渐复兴，世界主义全球治理理论开始引起世人更多关注。实际上，自全球治理概念诞生以来，关于全球治理的世界主义思考从未缺席，人们熟知的就有世界政府论、世界帝国论和世界正义论。

尽管世界主义作为道德和政治上的原则得到了广泛认可，但在实践领域的进展则与全球治理的实践愈益紧密。实际上，世界主义的伦理和原则是人之主观能动性的表达。但它在多大程度上可以落实，实际上取决于一个整体系统的进化进程。在没有充分的物质基础和实质性法律、制度的支撑下，世界主义一直以来看起来都像是无源之水。除了在少数帝国手中昙花一现，只是在当代开始具有了更强的现实意义，但依然充满争议。因此，探讨近年来理论界对世界主义全球治理理论产生兴趣的主要根源，我们需要更深入地结合当代世界正在发生的复杂深刻的变化。

对国际社会"无政府状态"的质疑，激发了人们开始思考全球治理的世界主义路径。国际关系的理论流派建立在国际政治处于无政府状态之中的基础上。结构现实主义者认为，在一个无政府状态的国际社会中，权力的分配和自助的必要性塑造了国家之间的相互作用，这种持久合作的可能性是有限的。[1]自由制度主义认为，在一个以无政府状态和相互依存为特征的世界中，各国可以克服共同关心领域合作的许多障碍。[2]英国学派将制度和社会区分开来并坚持认为，即使在无政府主义制度中，正式平等的国家之间也存在着多种形式的规则，从而形成一个国际社会。[3]大多数建构主义者同意国际体系是无政府主义的，尽管他们强调无政府主义是不确定的，所以我们必须分析什么样的相互作用过程，以及由此产生的什么样的文化塑造了国际关系。[4]尽管存在差异，所有这些理论流派都认为无政府状态是国际体系的结构性特征。

然而，自冷战结束以来，越来越多的国际关系学者开始质疑国际政治仍然可以被理解为无政府状态的假设。在众多的质疑中，除了从国际法、国际组织、国际制度和规则以及国际舆论和国际公民社会运动等角度论证它们对国家行为的约束外，还有学者根据国际秩序中真实的权力分配状况，质疑由平等主权国家建构起来的国际秩序，认为在实践中真正拥有完整主权的国家并不多，极少数国家的主权发挥着"帝国"式的强大影响力，而大多数国家不过是这些

（1） Waltz, Kenneth N., *Theory of International Politics,* Boston, MA: McGraw Hill, 1979.

（2） Robert O. Keohane, *After Hegemony: Cooperation and Discord in the World Political Economy,* Princeton, NJ: Princeton University Press, 1984.

（3） Hedley Bull, *The Anarchical Society: A Study of Order in World Politics,* New York: Columbia University, 1977.

（4） Alexander Wendt, *Social Theory of International Politics,* Cambridge: Cambridge University Press, 1999.

帝国的"藩属国"甚至"帝国边疆"或"行省"。[1]类似观点的学者从冷战后霸权权力和权威集中在美国手中，因而认为世界已从无政府状态走向了等级制度，世界政治的特点实际上是权力和权威的集中。[2]尽管也有不少学者认为异质性权力和权威更符合对世界政治实际的描述，所以不同意走向同质性治理的世界帝国观点，但无论是权力走向集中还是分散，还是世界政治走向分层和等级制，世界主义的全球治理理论正在日益打破新自由主义全球治理理论或"没有政府治理"理论的垄断地位，从更深、更高的层次上试图回答谁来治理和如何治理的疑问。

第二节　当代全球治理体系面临的问题和挑战

随着全球化深入发展和科学技术的进步，全球性、系统性效应和挑战不断增多与人类拥有的全球治理动力、机制和工具相对不足的矛盾愈加突出，当代全球治理体系面临着诸多问题和挑战。

一、当代全球治理的新变化

近年来，从国际金融危机到欧洲难民危机，从猖獗的恐怖主义到气候变化引发的严重灾难，从英国"脱欧"到民粹主义、排外主

（1）　强世功：《超大型政治实体的内在逻辑："帝国"与世界秩序》，《文化纵横》2019 年 4 月刊。

（2）　Rainer Baumann and K. Dingwerth, "Global governance vs empire: Why world order moves towards heterarchy and hierarchy." *Journal of International Relations & Development*, Vol.18, No.1, 2015, pp:104-128.

义、贸易保护主义盛行，世界在以空前的速度持续变化的同时，也为全球治理提出了新课题和新挑战。

（一）全球治理的权力变局发生重大变化

冷战结束后，以美国为首的西方国家在国际体系中一度占据绝对主导地位，综合实力无可匹敌，战略影响无处不在。直至今天，西方主要发达国家仍利用其经济、科技、政治等方面的优势，成为国际政治经济秩序的主导力量，力图固守国际规则制定主导权，致使更加公平正义的国际政治经济秩序的形成依然任重道远，全球治理赤字短期内仍然难以消除。

然而，不容忽视的现实情况是，2008年国际金融危机爆发以来，西方国家的整体实力趋于下降，国际力量对比发生深刻变化，新兴市场国家和一大批发展中国家快速发展，国际影响力不断增强，是近代以来国际力量对比中最具革命性的变化。除此之外，随着全球化深入发展和信息技术革命的持续推进，各种非国家行为体日益活跃，跨国公司、国际组织、全球公民社会甚至个人的能力都在全球事务的解决及全球治理中得以放大，传统主权国家的权力遭到分割、侵蚀，进而使得国际权力呈现扁平化的状态。国际权力的转移与扩散导致了全球治理权力格局的深刻变革，西方国家对全球治理体制绝对垄断、控制的局面出现松动，各国和非国家行为体纷纷提出反映自身偏好的全球治理方案，国际社会围绕全球治理的规则、路径之争空前激烈。

全球治理中权力结构的变化，将全球治理体制变革带上历史的转折点。长期以来，全球治理的核心视角与核心方案都被西方发达国家所垄断。国际规则的制定权，实质上就是国际利益的分配权。西方发达国家在考虑全球治理问题时，往往从其自身利益出发，很少考虑新兴工业化国家、中等强国、发展中国家的利益和实际情况。由此带来的后果是，一方面当前发展中国家和新兴经济体无法有效参与全球经济治理决策，治理机制仍由发达国家主导；与此同时，经济全球化速度已远远超过政治全球化的速度，多边机构决策体制无法真正代表发展中国家的利益。另一方面，西方发达国家过度强调经济自由化，忽视全球经济均衡发展，新兴工业化国家和中等强国遭遇全球参与困境。

新兴市场国家和发展中国家群体性崛起正在改变全球政治经济版图——尤其是作为世界和平与发展力量的中国的崛起，世界多极化、国际关系民主化、经济全球化大势难逆。无论是二十国集团（G20）的异军突起、金砖机制发展成长，还是亚洲基础设施投资银行和（金砖）新开发银行等新型国际金融机构的建立，都标志着全球治理体系和国际秩序已经开始发生创新性变化。全球化新时期与国际秩序转换期正在同步展开。

由于国际关系变得更加多样化和复杂化，权力不仅从传统大国向新兴大国转移，而且也向个人和非国家行为体转移。现代信息和通信技术已在空前的程度上赋予个人和社会团体以权力。互联网和社会媒体使个人和组织的覆盖面与影响力得到扩展，使他们能够直接参与国际事务，这就使得当今力量的对比变化不仅仅在国家之间发生。公民社会、企业和非政府组织已经成为力量的宝库和桥梁，在不同的层次被国家有效地利用，而它们转过来又利用国家为自己的事业服务。特别是进入 21 世纪以来，以非政府组织（NGO）为核心的公民社会在世界范围内获得了快速发展，在以国家、公民社会和市场为核心主体构成的治理体系中发挥着越来越重要的作用。跨国非政府组织（NGO）、民间社会团体、社会企业家、基于信仰的组织、跨国公司和其他商业机构，以及跨部门的公共政策网络，在确定问题、设置议程和动员舆论方面越来越有效。然而，同一时期，犯罪组织和恐怖网络等非国家行为者，也由于新的信息和通信技术而如虎添翼，对国际体系构成严重威胁。尽管非国家行为者通常没有正式的决策权，也不一定会改变决策过程，但其对全球治理的影响是显著的，并可能会有所增加。

然而，全球公民社会中公民参与全球治理的水平和能力以及组织发展存在较大的南北差异，存在着商业化、官僚化、碎片化倾向以及"志愿失灵""慈善不足""治理失效""较少涉及'高级政治'领域"等问题，制约着它在全球治理结构中的地位和作用。

伴随着全球治理权力变局的，是传统的国家中心主义的强势回归。以美国为代表的西方传统大国在体系中的主导地位面临危机，单边主义和自我保护主义盛行；发展中国家集团随着经济实力和影响力的快速增长，经济自信也衍生出民族主义倾向；经济全球化中遭受冲击的人群和国家，面临福利受损和经济条件恶化的威胁，也积极拥抱国家主义和民族主义。所有这些反全球主义和"逆全球化"潮流，已经成为当前解决全球问题与治理全球公共事务的新障碍。

然而，面对21世纪的全球危机，人类已不可能再退回到领土范围内来解决跨国问题。全球问题和人类公共事务治理的价值导引，不可能再次立于传统的国家中心主义价值基点上。况且，国家中心主义基础上的治理机制和措施，也已经丧失了独立应对挑战的能力和效力。未来的全球治理和国家治理只能立于全球主义的价值基点上，各种全球问题和人类公共事务的治理也只能放到国家治理与全球治理互动的开放框架中，才有获得解决的可能。

（二）全球化发展之路遇到诸多障碍

英国脱欧、特朗普胜选等焦点事件，引发了国际社会对自由主义全球化进程的反思，对全球化的负面情绪、言论和行动充斥各大媒体，全球化遇挫、反全球化逆袭的趋势非常明显。与此同时，民粹主义思潮卷土重来，逆全球化来势凶猛，严重冲击了以西方"自由民主思想"为柱石的"全球自由秩序"与"全球治理体系"。世界进入全球治理体系体制性改革与国际秩序转换和重塑历史新时期。

当前，反全球化构成了本土力量和全球化之间的抗衡。问题的根源可以追溯至经济利益正变得越来越全球化，而政治则趋向于本土化。经济的增长让社会付出了代价，最终，主要党派都因经济不佳受到指责，他们被认为代表了全球资本的利益。政治被认为是一个问题，而不是一个解决方案。除了左翼和右翼，还有横向的力量，代表着全球化和本土力量之间的抗衡。

逆全球化已由无序状态向组织化、机制化方向发展。英国皇家国际事务研究所亚洲项目高级研究员夏添恩就写道，尽管现在还不能断言"逆全球化"势力已在国际上形成统一的组织和协调机制，但这种趋势在不断强化。在国际会议和国际组织中，在一些国家的政治、经济及文化精英中，除了过去的一些非政府组织外，已开始出现一些典型的"逆全球化"代表性人物和政党。在发达国家内部，以孤立主义、极端民粹主义形式现身的"反全球化"思潮和运动，已逐步上升为一种影响其内政走向的政治势力，具有指导性的理论基础也在慢慢成形。其形式也日益多样化，大规模的群众示威，非理性和极端暴力行为，各种全民公投事件，代表极端势力、偏激思想和非理性立场的政治领袖越来越多地登上前台。

然而，全球化的趋势不可逆转。过去几十年，全球化大大促进了世界各国的经济增长，前所未有地使不同国家的利益交织在一起，在这个相互联通的网络里形成了谁也离不开谁的相互依赖和共同利益。本报告认为，未来全球化的发展趋势应该是"再全球化"或者

"优化全球化"，即给予全球化"再定义"，从而更好地规划全球化新时期的国际合作，而不是悲观地认为全球化即将就此消亡。更进一步说，逆全球化与全球治理的危机互为表里，逆全球化的实质是全球治理制度的危机，是反全球化思潮在国际政治层面的反映。

（三）全球治理的形式和内容更加多元化

传统的、既有的全球治理体系在窘境中调整，而更为多元的全球治理趋势则在逆境中呈现。美国布鲁金斯学会、加拿大国际治理创新中心、澳大利亚洛伊国际政策研究所、欧洲布鲁盖尔研究所等国际知名智库的报告均认为，世界经济的多极化发展导致了全球经济治理的多元化趋势。预计在相当长一段时期内，全球经济治理的变化将会继续走在国家主导下的多元化、民主化发展道路上。

全球治理的对象更加多元。治理对象的多元化主要体现在议题变化上。一是传统议题治理侧重点的变化；二是新兴议题的出现。例如，以经济领域的全球治理为例，以前国际货币基金组织和世界银行是别国经济发展的评判者和资助者，现在则侧重对其自身建设的要求。此外，随着重大全球性问题的涌现，气候变化、信息安全、反恐合作、国家治理能力建设（反腐）等也被列入全球经济治理的问题清单。

全球治理的形式更加多元。近年来，除了传统的全球与双边治理合作，还不断涌现出一体化程度有所增强的国际、区域等经济治理合作，区域治理合作中除了主权国家间的直接全面合作，还有另外两种合作形态：一类属于制度建设型合作，如 TPP、RCEP 等；一类则属于理念倡导型合作，如在亚洲地区的"互联互通"合作、"一带一路"倡议等。

全球治理的主导理念变得更加多元。随着 2008 年全球金融危机爆发以及新兴经济体的整体崛起，加之各国政治、历史、文化、人文差异以及经济社会的不断发展，单一的全球治理理念与方案已很难适用于所有国家和所有时期。这种转变将不可避免地要求建立更加公正合理的全球性或国际性治理机构，如金砖国家银行与亚投行等。

就在这一历史时期，中国、俄罗斯、印度、巴西、南非、印尼、土耳其等一大批新兴市场经济体和发展中国家融入全球化大潮，改写了全球治理体系和整个世界发展的历史。特别是中国坚持走自己的发展道路，取得了世界经济发展历史的奇迹。现代社会的战争与贫困无不根源于国内和国际治理的失效，有效的国内和国际治理是一切民族国家实现和平与发展的根本前提。正是从这一意义上讲，必须构建更加公平正义的国际政治秩序和全球经济治理体系，切实为陷于政治动荡和经济贫困的国家创造良好的国际政治经济环境。

二、当代全球治理的主要领域

面对高度全球性的挑战，诸如金融危机、恐怖主义、气候变化以及人员国际流动的爆炸性增长等，当代全球治理需要更高水平的国际协作才能予以应对。

发展领域——全球经济不平等、全球发展失衡从长远上制约着全球治理的成效。发展与治理互为因果，没有先后之分。但发展无疑是治理的基础，没有治理的发展是无序的发展，没有发展的治理则是无源之水，注定无法持续。放眼全球，全球发展与全球治理的关系亦复如是。在推动全球发展领域，联合国长期致力于推动全球经济社会的均衡发展，并将之视为全球治理的核心领域。

2000 年 9 月的联合国千年首脑会议提出了在 2015 年年底前消除

贫穷、饥饿、疾病、文盲、环境恶化和对妇女的歧视等八项人类发展目标，形成了著名的"千年发展目标"（MDGs）。自千年发展目标形成之后，联合国始终不遗余力地在国际社会推进各项目标的落实，作出了巨大的贡献。据联合国《2014年联合国千年发展目标报告》，8项千年发展目标都已取得重要进展，其中一些具体目标早于2015年得以提前实现，但仍有一些具体目标进展缓慢。特别是在环境保护方面，虽然全球基本消除了臭氧物质，但全球温室气体排放继续呈上升趋势，大量物种濒临灭绝，森林面积缩减，可再生水源越来越稀缺。

2015年9月，联合国可持续发展峰会一致通过由联合国大会第六十九届会议提交的决议草案——《改变我们的世界：2030年可持续发展议程》，提出17个主要可持续发展目标（SDGs），从2016年1月起取代21世纪初联合国确立的"千年发展目标"，成为"世界各国领导人与各国人民之间达成的社会契约"。联合国《2030年可持续发展议程》及其提出的可持续发展目标更加强调共同性的发展，将发展中国家放在更加重要的位置上，更加具有综合性，强调经济、环境和社会治理的协作性。为了促使这些目标在各国、各地区以及全球层面的实现，2016年联合国统计委员会（UNSC）指导其设立的机构间和专家小组（IAEG）制定并通过了一套由250个指标组成的全球数据监测体系，成为实施2015—2030年可持续发展目标的重要参考指南。

经过四年的执行期，联合国于2019年再次召开可持续发展目标峰会，发表综合评估报告，总结当前的可持续发展目标的执行情况以及不利条件。综合评估报告指出，部分可持续发展目标的进展出现了一些积极的信号，全球范围内的劳动生产率有所提高，失业率也降低到金融危机前的水平。多国政府已将可持续发展目标作为优先的事项纳入国家层面的计划和政策中，地方政府、企业、学术界等对 2030 可持续发展目标作出积极应对，通过广泛的研究和倡议，确定了与目标实施相一致，并有望推进目标实施的潜在切入点。然而，与 2030 年实现可持续发展目标所需要的程度相比，可持续转型的速度和规模尚存在较大的差距。总体而言，由于致命冲突、气候变化、经济增长不平衡等原因，人类在推动实现可持续发展目标的道路上已然偏离了既定的轨道。全球可持续发展形势不容乐观，甚至从某种程度上说，人类迄今为止在可持续发展领域所取得的成果面临倒退的威胁。[1]

中国长期高度重视经济与社会的协调发展，并将可持续发展作为基本国策，全面深入落实 2030 年议程。近年来，中国政府一直围绕着可持续发展目标持续发力，在脱贫、教育、医疗等方面进展明显，有力地推动了 SDG1、SDG4、SDG6、SDG15 等目标的发展，并有望提前实现多项目标。中国政府通过实行"精准扶贫"等政策，在过去 6 年间年均减贫人口达到 1300 万人，对全球消除贫困的贡献累计超过了 70%，并计划于 2020 年彻底消除绝对贫困，预计提前 10 年实现 SDG1。通过"九年义务教育"等措施，小学、初中的教育完成率接近 100%，远高于世界平均水平。努力推进"健康中国"的建设，医疗保险的覆盖率也极高，并且 2018 年中国的婴儿、产妇死亡率分别降至 6.1‰、0.183‰，有望提前实现相关的可持续发展目标。全面推进国土绿化行动，2012 年以来平均每年增加营造林、治理沙化土地约 7 万平方公里、3 万多平方公里，尤其在 2000—2017 年间，中

（1） Special edition: "progress towards the Sustainable Development Goals", https: / / unstats. un. org/sdgs/files/report/2019 / secretary-general-sdg-report-2019--EN. Pdf.

国贡献了全球新增绿化面积的四分之一。[1]此外，中国政府也将通过推进共建"一带一路"、加大南南合作投入等措施，始终保持开放合作的态度，同国际社会一道，携手努力推进 2030 年可持续发展目标。

经贸领域——以 WTO、联合国、世界银行等国际机构为核心的全球经贸治理机制一直没能很好解决发展问题。自 2008 年金融危机爆发以来，世界最大的担忧是全球经济何时能够实现真正的复苏。数据统计显示，2012 年 1 月至今，国际货币基金组织（IMF）12 次下调全球经济预期增长率，世界经济仍在深度调整的苦海中挣扎。各国急于发展国际贸易以推动经济复苏，但国际贸易很容易受到关税、非关税壁垒、运输和信息沟通成本的影响。在美国等西方国家强权政治干扰下，WTO 谈判对发达国家有利的领域自由化进程很快，对发展中国家有利的领域尤其是劳动密集型产品领域的自由化进程却一拖再拖。同时，越来越多的双边和小多边的贸易谈判脱离了以 WTO 为主的多边谈判渠道，世界贸易领域的治理越来越碎片化。

金融领域——作为全球金融治理重要主题的国际金融机构存在效率低下、改革滞后等问题，无法充分反映世界经济格局的演变及新兴国家群体在世界经济中地位的变迁。金融危机之后，国际货币基金组织和世界银行的投票权改革步履维艰。其次，2008 年金融危机之后，美元主导下的国际货币体系暴露出诸多问题。美元本位的国际货币体系没有发生实质改变，特里芬难题依旧存在，美国货币政

（1）　Chen C, Park T, Wang X H, Piao S L, Xu B D, Chaturvedi R K, Fuchs R , Brovkin V, Ciais P, Fensholt R , Tommervik H, Bala G, Zhu ZC, Nemani R R , Myneni R B, "China and India lead in greening of the world through land-use management", *Nature Sustainability*, No. 2, 2019, pp.122–129.

策外溢效应引发国际资本流动的增加和全球流动性的失衡。2014 年之后，随着美国经济的好转，美联储加息预期的增加又使得新兴经济体资本流出明显。为了提高本国出口竞争力，抑制资金外逃，新兴经济体货币也进入了减速贬值的通道。然而，全球金融安全网络依旧面临诸多挑战，如持有高额外汇的国家成本过高、难以实现外汇资产增值保值，区域内的融资机制面临着融资能力不足、贷款条款限制等多方负面影响等。此外，以 IMF 为核心的多边救助机制除了投票权和控制权问题之外，还面临着存量资金不足和增量资金匮乏的挑战。

气候领域——大多数国家虽然在治理目标和决心上存在广泛共识，然而在具体行动和时间表上却存在较大分歧。2017 年 6 月 1 日，美国宣布退出《巴黎协定》，为全球气候治理的一致行动又蒙上了一层阴影。全球气温正在呈曲线不断上升，这一判断已在科学界成为广泛共识。过去 10 年全球气温的总体增长水平达到了有史以来的最高值，据统计这是自 1880 年以来最热的 10 年。治理行动跟不上全球气候变化的速度，这是当前全球气候治理面临的主要问题和挑战。此外，全球气候治理在原则上依然面临公平与责任分摊难题。各国讨价还价、争吵不休的核心原因在于如何落实责任分配问题，实现公平原则。具体表现为发达国家与发展中国家之间关于碳排放的减排问题之争，在发展中国家看来，发达国家应该"先排放，先治理"；与发展中国家主张的"历史清算"原则不同的是，部分发达国家奉行"现实责任"原则，即"谁排放，谁治理"。

安全领域——安全领域的全球治理在传统安全和非传统安全两个方面都面临严重的挑战。一方面，既有全球安全治理机制在传统的问题领域治理不足现象更加突出，老思路应对不了老问题的新发展；另一方面，适应新问题领域的全球治理机制由于种种原因处于缺位状态，而各大国面对这种缺位状态却更倾向于选择老思路老办法进行应对，致使"治理过度"的情况进一步恶化。上述挑战在大规模杀伤性武器扩散、恐怖主义、大国间军备竞赛这三个问题领域有非常明显的体现。反扩散领域的治理不足更加明显：在核武器方面，"无核世界"提议后劲不足；化学武器控制虽然被认为是在大规模杀伤性武器控制方面做得最出色的，但叙利亚内战期间的化学武器使用及其复杂的国际干预背景，仍反映出全球安全治理不能适应新环境的特点。全球安全治理对于大国间军备竞赛依然无能为力。目前，军备竞赛在东北亚和中国周边有愈演愈烈之势，主要表现为各国军费开支不断上升，越来越有针对性的军事改革和军事部署，以及造舰竞赛和开发部署新一代战斗机等方面。反恐领域则既有治理赤字，也有治理"过度"，表现为全球反恐局势日趋严峻，恐怖袭击防不胜防，而以暴制暴、以恐打恐的治理方式难以从根本上解决问题。

　　网络安全领域——全球网络空间已经成为大国博弈、规则制定权与话语权争夺的新战场。随着网络空间发展不平衡、规则不健全、秩序不合理等问题越来越突出，信息技术鸿沟和数字鸿沟日益扩大。当前，出现了以美国为首的西方国家与以中、俄为代表的新兴国家在全球网络空间规则制定、网络话语权领域的博弈。首先，被军事战略学家和未来学家称为"下一个战争空间"（next battlespace）的网络空间极易爆发冲突甚至网络战争（cyber warfare），严重威胁全球安全与地区稳定；其次，在后"9·11"时代，恐怖活动向虚拟空间全方位延伸，互联网与恐怖主义的联姻为全球治理增添了更多的不确定性；再次，互联网逐渐成为以"颜色革命"为代表的新型社会变革的重要推手；最后，公民个人信息安全和数据泄露风险及隐患大量存在，贩卖数据的黑色产业链屡禁不止。

三、全球治理体系变革的方向和挑战

全球治理体系变革的具体内容广泛涉及全球治理的主体、对象、机制、规则、价值等诸多方面。全球治理体系从旧体系、旧制度向新体系、新制度的过渡面临诸多问题和挑战。

(一) 权力失衡

美国相对实力衰落与新兴大国群体性崛起导致全球治理主导者地位与实力的不对称状态。作为二战后西方世界的全球治理机制的顶层设计者以及全球公共物品的唯一提供者，美国经济实力的相对衰落，尤其是 2008 年金融危机爆发后，直接导致了全球治理机制出现"断层线"。[1]

由于中国等发展中国家的"崛起"，使得 21 世纪第二个十年的世界呈现了前所未有的新旧秩序交替的可能性。[2]金砖五国致力于推动全球治理体系变革，并在全球治理中发挥着重要作用。二十国集团（G20）日益成为国际经济合作的主要平台，这一包含"西北"和"东南"国家的全球治理新机制在国际货币基金组织、世界银行、世界贸易组织（IMF）等主要经济治理机构改革进程中发挥越来越大的作用，新兴工业化国家和发展中国家的话语权得到较大幅度的提升。此种叠加的不对称状态将成为未来相当长一段时间内全球治理的核心挑战之一。

---

(1) 何帆、冯维江、徐进：《全球治理机制面临的挑战及中国的对策》，《世界经济与政治》2013 年第 4 期，第 22 页。

(2) 庞中英：《全球治理赤字及其解决——中国在解决全球治理赤字中的作用》，《社会科学》2016 年第 12 期。

（二）逆全球化冲击全球治理

近年来全球化发展的一些重要指标说明，全球化进程的曲折性正日益加剧。造成这种状况的重要原因之一是世界范围的保护主义风潮影响超出人们预期。英国经济政策研究中心发布的《全球贸易预警》报告显示，2008 年 11 月至 2016 年 10 月，G20 成员实施的贸易保护主义措施总计达到创纪录的 5560 项，最近一年来新增贸易保护主义措施 401 项。[1] 可以说，反全球化运动和逆全球化风潮如果进一步加剧，必将给全球治理带来更大的冲击。

（三）全球公共产品供给不足

从一定意义上讲，全球治理要解决的核心问题之一，就是在公共产品供应不足的情况下，如何协调各行为体之间不同的利益互动关系，从而尽可能多地提供全球公共产品。[2] 但现有全球治理体系在提供全球公共物品方面正面临着日益严峻的挑战。美国特朗普政府上台以来，美国奉行的单边主义和美国优先路线，严重破坏了全球治理的大国合作基础，许多全球治理日程和全球治理体系变革进程日益陷入僵局。特别是伴随着国家主义的回归和大国地缘政治的角逐，国际组织的地位和作用受到削弱，传统大国提供全球公共物品的意愿进一步降低，导致全球公共物品供给严重不足。

（四）治理机制碎片化

全球治理机制碎片化主要表现为各种机制分头治理、合作和协

（1）　徐坚：《逆全球化风潮与全球化的转型发展》，《国际问题研究》2017 年第 3 期，第 2-3 页。

（2）　张宇燕：《全球治理的中国视角》，《世界经济与政治》2016 年第 9 期，第 6 页。

同性不强，导致应对复杂危机的能力严重不足。当前，在全球公共卫生治理、全球环境治理、全球贸易治理等诸多领域，都存在着治理机制碎片化的现象。治理机制碎片化，暴露了现行治理机制在代表性、有效性方面的双重缺陷。

机制碎片化一方面来源于机制扩散和国际组织数量的增加，另一方面体现出不同规范特征的行为主体在不同的治理层次上运作。二战结束以来，国际条约的数量已经增长了10倍。相对应的是，国际非政府组织的数量快速增加。冷战后，无论是跨政府网络（trans-governmental networks）、次国家政府的跨国网络（transnational networks of sub-state governments），还是公私合作伙伴关系（public-private partnerships）等非正式组织和机构的年均增长速度超过了10%。[1]非政府组织快速增加，由于其组织形式的弹性、应付战略的灵活性和捕捉能力的敏锐性，在使其成为全球治理领域的重要力量之一、发挥着不可忽视的作用的同时，也进一步加剧了全球治理机制的碎片化。

（五）治理理念和价值过于单一

新自由主义治理理念的主导和正统地位正不断受到挑战和动摇。[2]以新兴经济体为代表的多元发展道路日益受到国际社会的关注、理解和肯定，但远没有形成主流，例如国际社会关于中国模式的论争。全球经济治理理念和价值多元化，导致相关规则的制定权、解释权、执行权等治理规则话语权竞争日趋激烈。如何增进多元的

---

(1) 转引自王明国：《全球治理机制碎片化与机制融合的前景》，《国际关系研究》2013年第5期，第22-23页。

(2) Robert Niblett, "Liberalism in Retreat", *Foreign Affairs*, January/February, 2017, pp.17-24.

治理理念和价值相互借鉴，取长补短，塑造全球经济治理价值"和而不同"的面貌，为全球经济治理凝聚新共识，避免价值对立甚至文化冲突，其意义更加凸显。[1]

实现全球治理的目标固然需要国家之间以及非国家行为体之间的通力合作，但在规划、设计、落实、执行和评估等诸多环节必然伴随激烈的争论和竞争。"争吵中的全球治理"已经是并很可能继续是未来全球治理的常态。[2]

此外，全球治理的体系结构存在一定的不合理性，主要表现在：

第一，全球治理的规则制定权和话语权仍主要掌握在西方国家手中，发展中国家代表性普遍不足，因此利益诉求得不到满足，在金融领域尤为明显。美元本位的国际货币体系没有发生实质改变。而近年来新兴经济体在国际上发挥的实际作用越来越大，据国际货币基金组织（IMF）《世界经济展望》预测，到 2020 年，全球新增GDP 的 58% 将来自新兴经济体。但国际金融机构的改革并没有及时反映出这种变化。

第二，体系的控制权仍掌握在发达国家手中。国际货币基金组织、世界银行自成立之初便被发达国家主导，更多体现的是主导国意志。世界银行股份制的管理机制使得大股东数量占优势的西方发达国家长期控制着决策权，一方面将贷款资源视为自身利益输送的途径，另一方面通过对接受贷款的国家提出条件以实现本国目标。此外，世界银行和国际货币基金组织的重大事项决策机制，要求每

（1）　俞可平：《全球治理的趋势及我国的战略选择》，《国外理论动态》2012年第 10 期；胡键：《全球治理的价值问题研究》，《社会科学》2016 年第 10 期，第 11-15 页。
（2）　张胜军：《全球治理的东南主义新范式》，《世界经济与政治》2017 年第 5 期。

一个重要决议都要获得 85% 以上的支持率，换句话说，拥有 15% 以上投票权的美国具有一票否决权，掌控着重大事项的走向。同时，世界银行行长和国际货币基金组织主席长期以来都是欧美人担任。因此，在全球治理体系结构中，西方主要国家长期把持和垄断规则制定权和话语权不利于全球治理的有效运行，在一定程度上导致了全球治理的失灵。

第三，"民主赤字"在全球治理体系中较为明显，尤其是在网络空间领域。作为互联网技术的诞生地，美国始终掌握着"制网权"，当前全球 80% 以上的网上信息和 95% 以上的服务信息都是由美国提供的。在国际互联网的信息流量中，2/3 以上来自美国，相比之下，我国在整个互联网的信息输入、输出流量仅占 0.1% 和 0.05%。在 13 个支撑互联网运转的根服务器中，有 10 个设立在美国，而其他三个分别设在荷兰、瑞典和日本。负责互联网名称与数字地址分配的 ICANN、为互联网制定标准的国际互联网协会（ISOC）、定义整个互联网发展规划并进行技术协调的互联网架构委员会（IAB）、负责互联网技术规范研发和制定伙计互联网工程任务组（IETF）等国际互联网运行管理的核心机构，其成员构成和管理层主要代表被以美国为代表的发达国家所把持。网络资源与能力的不对称分配，加剧了全球网络治理的难度。一方面，美欧等发达国家因其强大的网络综合实力而在全球网络空间国际政治权力格局博弈中占据优势地位，掌握着网络空间国际机制建构的主动权；另一方面，中、俄等新兴国家以及互联网普及率相对较低的发展中国家受限于信息技术、制网权力与规则话语权，难以在全球网络空间治理进程中与发达国家分享决策权。此外，网络技术的革新并未带领发展中国家在国际体系中实现由边缘国家向中心国家的位置迁移，反而使它们在网络空间中被进一步边缘化，进而固化其边缘国家的位置，让绝大多数发展中国家在全球网络治理领域能力与地位的互动中陷入恶性循环。目前全球网络空间治理制度中存在的合法性问题，是不平等的国际体系结构在网络空间的客观反映。

第三节　中国参与全球治理的责任、贡献与理念创新

中国积极参与全球治理是国际政治经济新格局重构的客观需要。党的十八大以来，中国参与全球治理的目标、责任和理念日益明确，对当代全球治理的变革与演进发挥着越来越重要的作用。

一、为完善全球治理体系供给"中国力量"与"中国智慧"

随着中国参与全球治理的广度和深度不断增加，中国积累并提高了自身参与全球治理的硬实力和软实力，同时也更多地承担作为新兴大国的国际责任。

（一）支持联合国发挥核心作用

中国参与全球治理和全球治理体系变革的核心主张是维护联合国在全球治理中的核心地位，支持联合国在全球治理中发挥主导作用，致力于推动全球治理体系朝着公正合理的方向发展。

中国始终高度重视联合国的地位和作用，在强调联合国权威的同时积极参与联合国改革。中国主张全球治理基本准则应建立在各国共识基础之上，而联合国作为世界上最具代表性的政府间国际组织，一直是解决全球性问题、缓和国际冲突的平台，是全球治理中最重要的国际多边组织。多年来，联合国在全球治理中发挥着动员国际舆论、制定国际准则、实施国际行动、监督决议执行等重要作

用。在气候等非传统安全领域，联合国于 1992 年制定了《气候变化框架公约》，为应对全球气候变化制定了纲领性文件；此后联合国又制定了《京都议定书》，提出了减少污染物排放的具体措施；2000年，联合国制定了《联合国千年发展目标》，决定以 1990 年水平为基础，在 2015 年之前，实现全球贫困水平减少一半的行动计划。为在千年发展目标到期之后继续指导 2015－2030 年的全球发展工作，2015 年联合国可持续发展峰会正式通过 17 个可持续发展目标，旨在从 2015 年到 2030 年间以综合方式彻底解决社会、经济和环境三个维度的发展问题，转向可持续发展道路。这些行动对全球治理起到了推动作用。此外，联合国在打击恐怖主义、防止核武器扩散、控制常规武器贸易、抗击"埃博拉"病毒等全球安全治理领域也发挥了突出作用。近年来，联合国建立了全球合作伙伴关系网络，为全球治理取得成效提供了重要保证。

中国以实际行动支持联合国在维护世界和平、促进各国合作、推动共同发展中发挥重要作用。2018 年 12 月，联合国大会通过 2019年至 2021 年联合国常规预算和维和预算经费分摊比例决议，2019 年中国在联合国的会费分摊比例由之前的 7.92% 升至 12.01%，首次成为联合国会费第二大出资国。在联合国维和预算经费中，中国的分摊比例由之前的 10.24% 上升至 15.22%，仅次于美国。中国对国际维和活动作出重大贡献，过去十年内，中国派出的参加国际维和行动人员数量，远超过其他安理会常任理事国。

（二）倡导构建"人类命运共同体"

进入 21 世纪，全球化进一步加速发展，随之而来的各类全球性挑战也日益突出。2008 年的全球金融危机，相较于 1997 年的亚洲金融危机，从更大的程度、更广的范围上暴露了全球化及全球治理的弊端，也表明了重塑全球化、改革全球治理的紧迫性。这一背景下，中国提出"人类命运共同体"的概念。党的十八大以前，"命运共同体"的提法便出现在中国外交场合及官方文件中。2011年发布的《中国的和平发展》白皮书和党的十八大报告都对这个概念的含义进行了阐述。党的十八大报告指出，"合作共赢，就是要倡导人类命运共同体意识，在追求本国发展中促进各国共同发展，建立更加平等均衡的新型全球发展伙伴关系，同舟共济，权责共担，增进人类共同利益"。此后，习近平主席在多次出访讲话中阐述了这一思想。在2015年9月出席联合国成立70周年的系列峰会活动上，他指出，"要继承和弘扬联合国宪章的宗旨和原则，打造人类命运共同体"，并从政治、安全、经济、文化和生态五个方面阐述其内涵，即"建立平等相待、互商互谅的伙伴关系"，"营造公道正义、共建共享的安全格局"，"谋求开放创新、包容互惠的发展前景"，"促进和而不同、兼收并蓄的文明交流"，"构筑尊崇自然、绿色发展的生态体系"。[1]

"共同构建人类命运共同体"既是中国提出的全球治理目标，又是全球治理体系变革的基本理念和理论基石。通过平等、和平的方式让其他国家分享中国发展的果实，提供一条"和平、共建、协商、共荣"的全球治理道路，从而树立"命运共同体"意识，真正建立起"人类命运共同体"。构建"人类命运共同体"这一概念提出后得到世界上许多国家和国际组织的认可。联合国社会发展委员会在2017年2月的第55届会议上通过决议，采纳了"人类命运共同体"的概念。

（1） 习近平：《携手构建合作共赢新伙伴 同心打造人类命运共同体》，第七十届联合国大会一般性辩论，2015年9月28日，纽约。见 http://politics.people.com.cn/n/2015/0929/c1024-27644905.html。

(三) 共商·共建·共享：全球治理合作的必然路径

中国在 2015 年首次明确提出"共商共建共享"的全球治理理念，并以此指导中国参与全球治理的实践。[1]共商共建共享理念为修正原有全球治理体系存在的弊端、提高治理效果给出了正确路径，为发展中国家共同参与提供平等机会，可以将各国能力、智慧和资源优化整合，发挥最大效用。这既是对中国参加全球治理经验的总结，也是对未来全球治理目标的概括，与原有的由发达国家主导的模式有本质区别，极具创新意义。

共商共建共享的治理模式根植于中国文化之中。中国传统思想推崇团结一致、群策群力、同舟共济，认为人多力量大、智慧多。《周易·系辞》有云："二人同心，其利断金"；"共商"，就是集思广益，由全球所有参与治理方共同商议。各国就全球治理的规范和政策提出各自看法，通过协商建立互信、增进了解，各方充分表达关切后达成共识，找出合理应对的办法。共建，就是各施所长、各尽所能，发挥各自优势和潜能并持续推进建设。在全球治理的实践中使各国平等参与其中，使发展中国家对于全球挑战的解决办法拥有所有权和主动权。共享，就是让全球治理体制和格局的成果更多更公平地惠及全球各国，让各国在全球化中互利共赢、有福同享。习近平主席在 2015 年联合国大会一般性辩论上发表讲话时引用中国古籍《礼记》中的话，"大道之行也，天下为公"，这是胸怀天下、共建人类命运共同体的高尚追求。

---

[1]《中国首次明确提出全球治理理念》，新华网，2015 年 10 月 14 日。http://news.xinhuanet.com/2015-10/14/c_1116824064.htm。

二、丰富治理平台、平衡治理体系

在推动改革原有治理机制的同时，中国积极参与全球经济治理新平台建设，为新兴大国和发展中国家平等参与全球治理创造更好的机会。作为核心成员国，中国积极推动二十国集团（G20）、金砖国家峰会和一带一路峰会的搭建，是对平衡全球治理体系作出的极具创新性的贡献。这三个平台在成员结构、治理理念等方面与原有机制有根本性不同，对应解决很多原有全球治理模式弊端。三个平台之间有部分共同目标、成员国互有重叠，可以在全球治理中就相关议题相互呼应，从而以更大的力度推进该议题发展。三个平台参与全球治理的着力点虽然不同，但可以互为补充。

三、提供全球公共产品

中国的发展得益于国际社会，也愿为国际社会提供更多公共产品。在过去十年中，中国在发展、安全、气候等多个全球治理的重要领域积极作出贡献，为解决全球性挑战贡献力量和智慧。

亚投行作为第一个由发展中国家倡导、世界各国广泛参与的金融机构，是中国参与全球金融治理的一大创举。在发展理念上，亚投行虽然是中国创立的，但是 57 个成员国遍及五大洲，成为联通发达国家和发展中国家的合作平台。在治理理念上，中国虽然是创立国，但是却没有一票否决权，亚洲内国家的投票比重为 75%，亚洲外的国家投票比重为 25%，兼顾各方利益的同时保障亚洲特别是亚洲发展中国家的利益，并且致力于通过民主协商的方式促成各方达成共识。在项目运行上，亚投行还重视与现有国际金融机构比如亚开行、世界银行和欧洲复兴开发银行的合作。

金砖国家开发银行是加强成员之间以及与其他国家互利合作的重要平台。2013 年 3 月，金砖国家领导人同意设立金砖国家开发银行；2014 年 7 月，五国签署协议，成立金砖国家新开发银行，建立金砖国家应急储备安排；2015 年 7 月，新开发银行在上海正式开业。配合金砖国家和广大发展中国家的未来发展需求，新开发银行的主要关注点是基础设施建设和可持续发展，如新能源和新技术相关项目。2016 年 4 月，新开发银行宣布总额 8.11 亿美元的首批贷款项目，用于支持中国、印度、巴西和南非的多个绿色能源项目。[1]同年 7 月，新开发银行发行第一只绿色金融债券，债券规模为 30 亿元人民币。新发展银行由构想到成立运行的速度充分显示金砖国家合作的有效性和强大行动力，受到发展中国家的广泛欢迎。此外，中国正在推动上海合作组织开发银行、中东欧金融公司，都是在共商共建共赢的理念下，完善全球多层次的金融体系，为全球金融治理的转型贡献中国力量。

四、应对气候变化　推动南南合作

全球气候治理与绿色发展、可持续发展密不可分，从长期来看它们相互促进。中国在过去十年为应对气候变化作出了巨大的努力，也为世界各国作出了表率，从理念、行动和合作等方面作出了重要贡献。第一，中国强调将坚决贯彻创新、协调、绿色、开放、共享的发展理念，并在国际社会积极推行"绿色发展"与"可持续发展"

---

[1]　新华社：《背景资料：金砖国家开发银行》，2016 年 7 月 21 日。见 http://news.xinhuanet.com/world/2016-07/21/c_1119259497. htm。

理念。在我国的五位一体总体布局中，生态文明的提法极具特色，得到了联合国环境署的支持。联合国环境署第 27 届理事会在 2013 年通过决定推广中国的"生态文明"。[1]

作为全球第二大经济体、最大碳排放国家，中国通过国内实际行动以身作则。2009 年，中国政府宣布自愿减排目标，决定到 2020 年单位 GDP 碳排放相比 2005 年下降 40%—45%，这是中国有史以来首次在全球气候谈判史上作出具体的量化承诺。[2]2015 年 6 月，中国向 IPCC 提交了中国国家自主决定贡献文件，成为第 15 个提交国家自主贡献的缔约方，明确了中国二氧化碳排放 2030 年左右达到峰值。2016 年 9 月全国人大常委会批准中国加入《巴黎气候变化协定》，成为第 23 个完成了批准协定的缔约方。[3]

2020 年 9 月，在第七十五届联合国大会上，中国向世界郑重承诺力争在 2030 年前实现碳达峰，在 2060 年前实现碳中和。中国承诺实现从碳达峰到碳中和的时间，远远短于发达国家所用的时间，充分证明了中国以生态文明思想为指导，贯彻新发展理念，坚持走生态优先、绿色低碳发展道路的意志和决心。

在应对全球气候变化时，中国在西方发达国家与发展中国家之间扮演了"桥梁"角色。一方面，中国积极与美国、英国、欧盟等

（1）　Zhu Guanyao,"2016 'Ecological Civilization: A National Strategy for Innovative, Concerted, Green, Open and Inclusive Development'", see UNEP. http://www.unep.org/ourplanet/march-2016/articles/ecological-civilization.

（2）　薄燕：《合作意愿与合作能力——一种分析中国参与全球气候变化治理的新框架》，《世界经济与政治》2013 年第 1 期，第 147 页。

（3）　董战峰：《巴黎协定：中国践行全球气候治理的大国责任》，中国网，2016 年 4 月 25 日。http://www.china.com.cn/opinion/2016-04/25/content_38319415.htm。

西方国家合作，协调立场以化解分歧，如《中美气候变化联合声明》《中欧气候变化联合声明》等；另一方面，作为发展中国家的一员，中国成为全球气候治理谈判中广大发展中国家的"利益维护者"。中国长期以来在谈判中坚持要求发达国家向发展中国家提供资金、技术等援助来促进发展中国家的低碳经济、绿色经济转型，从而实现可持续发展。同时，中国尽己所能为其他发展中国家提供援助，如出资 200 亿人民币建立"中国气候变化南南合作基金"。

五、助力联合国维和行动

和平与安全是经济发展的重要前提。在国际安全合作方面，中国持续加大参与联合国维和行动的力度。目前，中国已是安理会五个常任理事国中向联合国维和派出人员最多的国家，并且承担着维和预算的 10.29%，在所有会员国中排名第二。习近平主席在 2015 年 9 月联合国大会上发表演讲时承诺进一步加大对联合国维和的支持，考虑增加人员派驻、组建待命部队、为他国提供人员培训等。此外，中国还将对非盟提供 1 亿美元无偿军事援助，以支持非洲常备军和危机应对快速反应部队建设。联合国前秘书长潘基文在 2013 年 6 月访问北京维和中心时高度赞扬中国维和人员为世界和平与稳定作出的重要贡献。这表明中国在维和问题上的作用得到国际社会的广泛肯定。

综上所述，中国在全球治理中作出了巨大的贡献，除了尽己所能地提供了许多公共产品，更重要的是积极推动了全球治理体系朝着平衡、合理、公平、公正的方向发展，并且在全球治理的理念上进行了创新。从改革世界银行和国际货币基金组织、升级 G20 会议，到共同创立专属新兴国家金砖会议、主办一带一路峰会，中国推动全球治理体系革新方向明确、步骤清晰。一方面为广大发展中国家在现有治理平台中争取更多的话语权，另一方面与其他发展中国家合作打造新的治理平台，补充、完善全球治理体系。将来中国可以积极促进各平台在议程、行动方面加强协调联动，为解决全球挑战中的重点、难点提供更大的助力。"人类命运共同体"和"共商共建共享"两个概念的提出，更是中国对全球治理在理念方面的创新。通过共商共建共享的治理模式实现构建人类命运共同体的目标，这是中国关于全球治理思想的主线，也将指导中国未来参与全球治理的实践。

第二章

全球治理框架下的青年议题与青年参与

第一节　全球治理框架下青年议题的兴起与发展

青年议题的国际化是伴随着国际青年运动和世界青年事务发展过程而逐渐形成和发展起来的。联合国作为当今世界上影响最广泛、最具代表性的国际组织，在维护青年权利、促进青年参与、服务青年发展方面提出了一系列倡议，为青年议题进入全球治理议程和全球治理体系作出了重要贡献。随着联合国青年事务的不断发展，青年议题在各类多边机制中也逐渐开始占据相当位置。本章以联合国、二十国集团、金砖国家、上合组织等为例，分析全球治理框架下青年议题的兴起与发展脉络，有助于为后文分析不同类型青年组织参与全球治理的情况搭建分析背景。

一、联合国青年议题的产生及发展过程

当前，青年议题已成为联合国大会议题和联合国社会发展事务的一个重要组成部分。以联合国有关青年的决议为分析脉络，根据青年议题发展形成过程中联合国的几个标志性事件和时间节点，可

将联合国青年议题的产生及发展过程划分为以下几个阶段：

（一）第一阶段：产生萌芽（1960 年至 1985 年）

自 20 世纪 60 年代开始，社会的急剧变迁导致的"青年问题"成为各国普遍面临的社会问题，同时大规模的青年运动在东西方社会中掀起了巨大的波澜。[1]各国开始逐步意识到教育、引导、服务青年的必要性，在此共识下世界青年事务起步发展，"青年"作为专门群体开始进入联合国议题。

联合国大会自 20 世纪 60 年代开始将青年作为独立的对象进行讨论。1965 年，第 20 届联合国大会通过了《关于在青年中培养民族间和平、互相尊重和彼此了解等理想之宣言》，这是联合国第一个关于青年的专门决议。该宣言提出要将青年教育、保障国际和平、尊重基本人权和自由等三个重要问题密切联系在一起，指出青年教育有助于改进国际关系、维护国际和平与安全，同时提出关于青年教育的六项基本原则，成为联合国系统一系列专门青年政策的先河。[2]自此，联合国正式承认了青年在国际发展中的重要性，将"青年"从儿童和青少年的领域范围中独立出来作为一个明确的范畴来认识和对待，青年开始成为联合国的一个专门议题。围绕该决议开展的各种形式的工作也推动了世界青年事务的起步。

此时的青年议题处于较为边缘化的地位，主要在以下方面有所涉及：青年群体所遭遇的问题，例如《青年：其问题及需要，及其参加社会发展工作》（1971 年）、《青年及成瘾药品第一个健康决议》

（1）　江广平：《联合国青年事务》，中央编译出版社 2008 年版，第 55-56 页。

（2）　郝银钟：《中国青少年法律与司法特别保护制度研究》，群众出版社 2005 年版，第 147 页。

（1971 年）等；特别关注青年教育问题，将青年视为被教育的对象，通过教育青年和职业训练解决青年失业问题；引导青年把精力和热情投入建设国家、反对外国侵略与维护和平上，将参与、发展与和平三者并列是冷战时代第一、二、三世界达成的一个共识，带有鲜明的时代烙印；[1]努力建立与青年和青年组织的交往渠道，包括青年和青年组织与联合国之间在国家、区域、区域间和国际各级的交流渠道。此外，自 1978 年起联合国大会开始每年讨论关于国际青年年的议题。

（二）第二阶段：正式兴起（1985 年至 1995 年）

20 世纪 80 年代以来，随着国际局势的不断缓和及"冷战"的结束，联合国的关注重点开始从国际青年运动转向青年发展问题。以 1985 年国际青年年为标志，联合国青年政策取得突破性进展，世界青年事务开始深入推进，世界范围内开展青年事务的组织和活动越来越多，国际社会对青年事务重要性的关注提升，青年议题开始在联合国正式兴起。

1979 年的第 34 届联合国大会正式决定将 1985 年定为国际青年年进行庆祝，目标是"参与、发展、和平"，这是世界青年事务发展的里程碑。国际青年年相关议题经 1978 年至 1985 年连续八届联合国大会讨论。1985 年，以国际青年年为契机，在联合国总部召开了国际青年年世界会议，通过了有关青年问题的四项决议。这一过程使得青年议题得到了国际社会和各国政府的普遍支持和重视，各国就

---

[1] 胡玉坤、刘文利：《进入国际发展议程前沿的"青年"——概念》,《多元政策议题与优先关注目标》,《当代青年研究》2012 年第 6 期，第 15 页。

青年事务的管理原则达成了共识，即"保护青年"和"鼓励青年作贡献"并重，同时开始针对青少年需求制定和实施青少年政策，青少年政策开始成为国家政策的一个重要方面。许多国家为庆祝青年年而成立的国家级协调机构得以保留，并转化为政府处理青年事务的常设机构。

这一时期，青年面临的主要问题是参与、教育和就业问题。正如 1985 年联合国大会通过的《联合国青年领域进一步规划和后续行动指导方针》附件中指出的影响全球青年的一系列主要问题，包括和平、发展、教育和培训、工作、健康、住房、家庭生活、文化以及环境，其核心是由于世界经济衰退造成就业机会减少，教育制度不适应现代社会的需求，从而导致了一系列青年问题。[1]

这一阶段联合国青年议题也开始关注青年权益的法律保护。联合国有关青少年司法问题的决议有 2 份，包括《联合国少年司法最低限度标准规则（北京规则）》（1985 年）和《制订预防少年犯罪的标准》（1985 年），强调少年司法系统应维护青少年的权利、促进社会的安定。

（三）第三阶段：形成体系（1995 年至 2008 年）

到 90 年代，青年问题进一步多样化和普遍化，明确青年发展的优先领域，更好地满足青年需求、促进青年发展成为这一阶段青年议题的重点。在国际青年年 10 周年之际，1995 年第 50 届联合国大会通过了《到 2000 年及其后世界青年行动纲领》（以下简称《纲领》），这是关于青年问题的第一个全面系统的纲领性国际文献，是青年事

（1）　赵化刚：《国际视野中的青年：定义、属性和问题》，《青年研究》2005 年第 7 期。

务国际化进程中的重要里程碑。《纲领》旨在实现国际青年年的目标，为改善青年人状况的国家行动和国际支持提供了政策框架和切实可行的指导方针。[1]《纲领》颁布以来，各国政府积极响应，建立全国性青年事务协调机构，制定国家级青年政策，根据《纲领》确定的优先领域，结合各自国家实际情况，为推动青年发展、促进青年参与进行了卓有成效的努力，取得了重大进展。

《纲领》明确指出："各国的青年既是促进发展的主要人力资源，又是社会变革、经济发展和技术创新的关键动力"，进一步肯定了青年在社会发展中能够发挥的重要作用。《纲领》以"参与、发展、和平"这一国际青年年主题为总主题，提出了青少年发展的 10 个优先领域及实现这些领域的具体措施，为各国政府制定青年政策和国际支持提供了统一框架和指导建议。[2]这 10 大优先领域分别是教育、就业、饥饿与贫困、健康、环境、药物滥用、青少年犯罪、闲暇活动、女童与青年妇女、青年充分有效地参与社会生活和决策，并从主要问题、具体目标和为解决这些问题而采取的行动等角度提出具体要求。10 年之后，联合国秘书长向第 60 届联合国大会提交了《2005 年世界青年报告》，提出了世界青年面临的五种新挑战，经 2007 年第 62 届联合国大会审议通过，增补进了《纲领》，分别是全球化、信息与通讯技术、艾滋病毒／艾滋病的散播、武装冲突及代际关系。至此，《纲领》共阐述了 15 个优先领域的主要问题、具体目标及国家、

（1） 董霞：《青年事务国际化进程的回顾与展望》，《中国青年研究》2006 年第 9 期，第 38-40 页。

（2） 董霞、杜东：《中国青年组织与联合国合作历史回顾》，《中国青年研究》2008 年第 4 期，第 30-34 页。

区域和国际三级应采取的行动。[1] "10+5" 优先领域的确立，体现了青年议题的时代性与多样性，即青年问题随着时代的发展有所变迁，也标志着联合国青年事务初步形成体系。

在此过程中，各类专门涉及青年议题的国际会议、论坛等也大量出现，其议题也主要围绕讨论和实施这一《纲领》。例如1998年召开的首次青年事务部长的世界会议，通过了《关于青年政策和方案的里斯本宣言》，作为对《纲领》的补充和完善，勾勒出各国政府处理青少年事务的基本思路，提出了国际青少年事务的发展方向和未来走向，[2]推动青年政策和方案这一概念更加具体化和国际化。同年第三次联合国系统世界青年论坛会议讨论形成了《布拉加青年行动计划》，该计划在联合国大会第53届会议上通过。[3]该计划的制定作为青年非政府组织、联合国系统和其他政府间组织对青年参与人类发展作出的一项共同承诺，旨在推动"青年参与以促进人类发展"。[4]

（四）第四阶段：继续发展（2008年至今）

受到国际形势新变化的影响，联合国在这一阶段将青年议题与国际发展议程高度统一起来，动员青年参与、发挥青年作用成为青

（1）　Department of Economic and Social Affairs- United Nations: *World Programme of Action for Youth* ,2010,http://www.un.org/esa/socdev/unyin/documents/wpay2010.pdf.

（2）　李五一:《共青团协助政府管理青少年事务的研究与实践》,中国社会出版社2009年版,第2页。

（3）　江广平:《联合国青年事务》,中央编译出版社2008年版,第24页。

（4）　联合国大会:《布拉加青年行动计划》,转引自中国青少年研究会:《青少年事务与政策研究报告——中国青少年研究会优秀论文集（2002）》,2002年版,第359页。

年议题的主要内容。

2009 年联合国大会第 64 届会议决定，在首个国际青年年 25 周年之际，将 2010 年 8 月 12 日起的一年确定为"国际青年年：对话和相互了解"，号召各国政府、民间社会、个人和社区等不同层面为纪念活动提供支持，共同推动青年传播和平、自由、进步、团结以及献身于包括千年发展目标在内的各种进步与发展目标等理念。国际青年年活动的宗旨是为了让全社会更好地意识到青年可以为社会作出的贡献，帮助青年解决他们面临的挑战，鼓励他们参与地区发展和国际发展。

伴随国际安全形势变化，安理会通过的有关决议也进一步促进了青年在国际和平与安全方面发挥积极作用。2015 年，安理会通过第 2250 号决议，鼓励各国考虑建立机制，让青年能够以和平建设者的身份有意义地参与，从而防止暴力以及为世界创造和平。通过这一决议，青年被定位为促进和平和打击极端主义的重要伙伴，这是安理会首个关于促进青年在国际和平与安全方面发挥积极作用的决议。2018 年，安理会在第 2419 号决议中呼吁有关方面考虑如何增加青年对谈判和执行和平协定的参与。

2015 年是实现联合国千年发展目标的最终期限，在 2015 年前的几年，联合国对青年议题的重视日益加强。首先是秘书长潘基文颁布《五年行动议程》，将"与青年人合作和为青年人工作"确定为最高优先事项；其次是任命了联合国秘书长青年特使，以期进一步促进青年参与；同时还敦促联合国志愿人员组织创建了新的联合国青年志愿服务模式。在联合国一系列会议和决议中，青年也成为普遍性议题。

联合国《变革我们的世界：2030 年可持续发展议程》（2015 年）和《青年 2030：联合国青年战略》（2018 年）的颁布标志着国际发展

议程与青年议题开始协调起来。联合国于 2000 年制定的千年发展目标在"为青年提供体面的、有产出的工作机会"中提及了青年。各方对于将青年全面纳入 2015 年后"可持续发展目标"的呼声较高，促进青年参与目标的制定和实施也成为联合国的重点关切。

《2030 年可持续发展议程》在 2015 年 9 月的联合国峰会上通过，并于 2016 年 1 月正式生效。该议程涵盖 17 个可持续发展目标和 169 个相关具体目标，是实现所有人更美好和更可持续未来的蓝图。可持续发展目标兼顾可持续发展的三个维度：经济增长、社会包容和环境保护，致力于消除一切形式的贫穷、实现平等和应对气候变化，同时确保没有一个人掉队。17 个可持续发展目标包括：无贫穷，零饥饿，良好健康与福祉，优质教育，性别平等，清洁饮水和卫生设施，经济适用的清洁能源，体面工作和经济增长，产业、创新和基础设施，减少不平等，可持续城市和社区，负责任消费和生产，气候行动，水下生物，陆地生物，和平、正义与强大机构，促进目标实现的伙伴关系。[1]

《2030 年可持续发展议程》的核心原则是"不让任何一个人掉队"，这些目标具有普遍性、全球性、综合性，已涵盖青年群体，青年议题在 17 个发展目标中都有明确或含蓄的提及。在以下四个领域，特别提到了青年：青年就业、少女、教育和体育、促进和平。[2]根据联合国网站的表述，其中有两项目标与青年密切相关：优质教育、体面工作和经济增长。2018 年的《世界青年报告》强调，实现教

（1）　联合国网站：《联合国可持续发展目标》，2020 年 4 月 10 日，见 https://www.un.org/sustainabledevelopment/zh/sustainable-development-goals/。

（2）　联合国网站：《联合国青年议题》，2020 年 4 月 20 日，见 https://www.un.org/zh/sections/issues-depth/youth-0/index.html。

育和就业领域的具体目标是促进全体青年发展的基础。[1]

联合国将青年视为促进可持续发展目标实现的关键驱动力。青年不仅是议程行动和政策的受益者，也是落实议程的合作伙伴和参与者。多个青年组织参与了《2030 年可持续发展议程》制定过程，并继续参与支持其实施、后续行动和审查的框架与进程。2018 年第 73 届联合国大会期间，联合国秘书长安东尼奥·古特雷斯正式发布了《青年 2030：联合国青年战略》，促进全球青年在推动形成和平、安全、公正和可持续的世界的过程中发挥积极作用。这一战略致力于提高联合国系统的青年工作能力，以更好地满足青年需求、保护支持青年、发挥青年作用，这对于联合国青年事务的发展以及青年参与联合国多边进程具有重要意义。这一战略的发布也反映出，当前联合国青年议题与 2030 年可持续发展议题高度相关，通过倡导青年赋能，促进青年最大程度地发挥潜能，对可持续发展、和平和人权作出积极贡献。

二、其他多边机制框架下的青年议题

当前，世界上主要的全球治理多边机制，如二十国集团、金砖国家、上海合作组织、亚太经合组织等，都认识到青年群体能够发挥重要作用，将青年作为重要的参与群体，主要通过每年轮值主席国举办青年领域配套活动的方式，进行有关青年议题的讨论，听取青年对全球治理的意见建议。

---

[1] 联合国网站：《2018 年世界青年报告》，2020 年 4 月 20 日，见 https://www.un.org/development/desa/youth/world-youth-report/wyr2018.html。

（一）二十国集团框架下的青年议题

21 世纪初，原有的七国集团 / 八国集团（G7/G8）在全球治理领域越来越力不从心，以金砖五国为代表的新兴经济体开始崛起。经历了 1997 年亚洲金融危机和 2008 年全球金融危机，二十国集团（G20）的地位不断上升，成为全球经济治理的重要机制。G20 的体系中包含了一系列外围民间组织和配套论坛，二十国集团青年会议（Y20）就是其中之一。第一次正式的 Y20 会议于 2010 年在加拿大举行，之后 G20 轮值主席国每年都肩负起主办 Y20 的责任。随着 Y20 进程的逐步完善和功能的不断拓展，Y20 开始取代原有 G8 框架下的 Y8 会议。

Y20 自产生起就担负着代表青年一代研讨当前国际热点经济问题、提供政策建议的使命。观察 Y20 会议议题可以发现，其覆盖的领域相对多元化，且呈现出以下特点和趋势：

一是通常与 G20 领导人峰会的主题议题密切吻合。例如，2012 年 5 月在墨西哥普埃布拉举办的 Y20 会议讨论了 7 个议题：经济稳定性与金融包容性、国际贸易、加强粮食安全与应对大宗商品价格波动、促进可持续发展及绿色增长与应对气候变化、青年就业、全球治理与加强多边组织和 G20 的未来。这与当年墨西哥洛斯卡沃斯 G20 峰会的主要议题世界经济形势、国际金融体系、发展问题、贸易问题和就业问题等保持一致。2013 年 6 月在俄罗斯圣彼得堡举行的 Y20 会议主要聚焦国际金融体系改革和可持续发展两大议题，每个议题又分为 4 个子题，分别是国际金融机构设计、加强金融监管、国际资本市场改革、政府借款和货币政策、能源效率、社会政策优化、基础设施建设、粮食安全和环境保护，与 9 月俄罗斯圣彼得堡 G20 峰会的主要议题保持一致。2014 年 7 月在澳大利亚悉尼举行的 Y20 会议主要围绕增长和创造就业、全球公民身份和流动性以及可持续发展等议题展开讨论，与 11 月澳大利亚布里斯班 G20 峰会主要议题保持一致。2017 年 6 月在德国柏林举办的 Y20 会议在议题上也与当年的 G20 峰会保持了较大程度的一致性，所有议题都依托在确保经济稳定性、改善可持续性、负责任的发展三大支柱下，重点集中在全球经济、全球贸易、就业、数字化、气候与能源、2030 年可持续发展议程、女性赋权、难民问题、反腐、打击恐怖主义、健康与幸福这 11 个议题上。

二是关注与青年发展密切相关的议题。自 2015 年土耳其 Y20 开始，Y20 议题涉及的领域开始不断扩大，逐渐增加了更多的青年元素和青年特点，重点关注青年在创新创业方面的引领作用、促进青年就业以及青年在促进和平和可持续发展方面的贡献。例如，2015 年 8 月在土耳其伊斯坦布尔举行的 Y20 会议，包括青年就业、青年与 21 世纪教育、青年助力和平三个议题。2016 年 7 月在中国北京、上海举办的 Y20 议题，主要探讨了消除贫困和共同发展、创业精神和创新思维、社会公正和平等机会、绿色生活和可持续发展、伙伴关系和全球治理等 5 个议题，多数议题与青年发展密切相关。

三是显现出更加聚焦未来的趋势。值得一提的是，2018 年在南美国家举办的首届 Y20 会议在议题设置上也有一些特别之处，更加关注未来工作和技术发展趋势，以及青年如何应对，之后两届会议也延续了这一趋势。2018 年 8 月在阿根廷科尔多瓦举办的 Y20 会议以"教育促进发展"为主题，包含 4 个分议题，分别为 21 世纪的教育与技能、创业与自我就业、未来工作、可持续发展。2019 年日本东京 Y20 会议主要围绕未来工作、商业与环境和国际贸易三个议题展开讨论。2020 年 10 月由沙特在线上举办的 Y20 会议围绕未来发展、青年赋权、全球公民三个议题展开讨论。2021 年 7 月将由意大利在线上举办的 Y20 会议将围绕创新、未来和数字化，广泛参与，气候变化、环境和可持续三个议题展开讨论。

(二) 金砖国家框架下的青年议题

以 2006 年金砖国家外长举行首次会晤为标志，金砖国家合作拉开了序幕。经过十四年发展，金砖国家合作的影响已经超越五国范畴，成为促进世界经济增长、完善全球治理、促进国际关系民主化的建设性力量。[1]近年来，五国政府青年事务部门一直致力于建立金砖国家政策对话机制，希望通过加强青年事务协调、拓展青年合作平台、促进青年对话交流，让青年不仅成为金砖合作的受益者，更成为世界经济增长的贡献者、全球治理体系的建设者和国际关系民主化的推动者。

当前金砖合作框架下的正式青年活动包括金砖国家青年事务部长会议和金砖国家青年峰会。

1. 金砖国家青年事务部长会议

金砖国家青年事务部长会议迄今举办了两届，主要致力于促进金砖国家青年事务的交流、互鉴与合作。首届金砖国家青年事务部长会议在俄罗斯的积极推动下，于 2015 年 7 月在俄罗斯喀山举办，进行了各国青年政策宣讲、交流讨论和经验分享，讨论了促进青年理解与友谊、青年政策协调、青年经济合作、青年人文交流等方面的议题，各国青年事务部长签署了《金砖国家青年事务合作备忘录》，指出要加强金砖国家青年之间的国际交流，鼓励金砖国家与其他战略伙伴在青年事务领域发展合作关系，约定机制化举办金砖国家青年事务部长会议。2018 年南非举办了第二届金砖国家青年事务部长会议，回顾了 2015 年金砖国家青年部长会议通过的《金砖国家青

---

[1]　外交部网站:《金砖国家》，2020 年 12 月，见 https://www.fmprc.gov.cn/web/gjhdq_676201/gjhdqzz_681964/jzgj_682158/jbqk_682160/。

年事务合作谅解备忘录》执行情况，并通过了《2018 年金砖部长会决议》。决议高度评价各国青年部门在推动金砖青年交流与合作方面所作的努力，再次强调金砖青年交流的重要性和必要性，承诺更加重视和支持金砖青年交流，并对未来金砖青年合作提出了机制化、务实化、开放化、包容化的要求。2020 年金砖国家青年部长会由俄罗斯主办，以线上方式进行，各国青年部长就支持青年志愿服务合作达成共识。

2. 金砖国家青年峰会

金砖国家青年峰会的议题围绕青年发展需求，关注青年教育和技能培训、创新创业、志愿服务、国际交流与合作等议题，同时侧重于增强青年的身份认同，通过发挥青年力量促进金砖国家合作的传承和金砖精神的发扬。

2015 年 7 月，金砖国家青年峰会在俄罗斯莫斯科和喀山两地举办。各国青年代表分为政治、经济、人文、传媒和科技五个小组，就青年共同关心的议题和金砖国家在上述各领域的合作进行探讨。2016 年在印度举办的第二届金砖国家青年峰会以"青年——金砖国家间交流的桥梁"为主题，就金砖国家青年在技能培养和创业精神、社会融合、志愿服务和参与国家治理等四方面展开研讨。2017 年金砖国家青年论坛在中国举办，主题为"构建伙伴关系，促进青年发展"，下设 3 个分议题，分别为新时期各国青年政策重点和特点、金砖国家青年创新创业和金砖国家青年在全球治理中的责任。2018 年金砖国家青年峰会在南非举办，主题为"彻底的经济转型——让金砖银行为青年服务"，与会青年代表就"金砖青年政策框架""第四次工业革命""金砖国家新开发银行中的青年参与""保护妇女儿童与精神健康、性别暴力的对话"和"教育普及、课程体系改革和未来工作"五个议题展开讨论。第五届峰会于 2019 年 10 月在巴西巴西利亚举行，主题为"创业和新技术——如何将金砖青年潜力转化为发展"，围绕教育参与、未来工作、社会情感技能、青年作为提升金砖内部关系的桥梁，以及通过创业和创造就业促进社会进步五个议题展开讨论。2020 年 11 月，俄罗斯以线上方式举办了第六届金砖国家青年峰会，主题为"青年人面临的时代挑战"，围绕志愿服务、创意产业、政府和公共外交、能源合作、创新创业五个议题展开讨论。

（三）上海合作组织框架下的青年议题

上海合作组织成员国各国元首高度重视青年议题。2018 年 6 月召开的上合组织青岛峰会上，上合成员国元首通过了《上合组织成员国元首致青年共同寄语》，这是上合组织历史上各国元首首次提出针对青年的专门文件。2019 年 6 月在吉尔吉斯斯坦比什凯克举行的上合组织元首峰会上，青年议题再次成为热点话题。习近平主席在大范围会谈中发表讲话，强调"密切妇女、青年等群体交流，不断提升民众参与度和获得感"。峰会会议通过的《上海合作组织成员国元首理事会比什凯克宣言》中，共有 11 处提及青年。

上合青委会成立于 2009 年，是上海合作组织创始成员国哈萨克斯坦、中国、吉尔吉斯斯坦、俄罗斯和塔吉克斯坦的国家级青年组织共同发起设立的上合组织成员国之间的非政府青年交流协调机制。上合青委会致力于推动上合组织成员国青年和青年组织的交流与合作，巩固和深化上合组织成员国睦邻友好合作关系。上合青委会各青年组织按国别各自组成联络处，成员国联络处按照上合组织轮值主席国顺序，轮流担任上合青委会轮值主席。上合青委会每年举行全体会议，交流青年工作情况，制定青年交流活动计划，为上合组织发展提供意见建议。

在习近平主席的倡议下，2016 年至 2020 年连续五年在华举办上合组织青年交流营活动。现已成功举办四届,主题分别为"上合合作新未来""弘扬上海精神 构建青年伙伴关系""新上合 新伙伴""新机遇、新未来"。此外,俄罗斯还举办了上合组织和金砖国家"大学生之春"艺术节、上合组织青年领导人论坛、青年记者论坛等活动。

近年来,上合地区各国政府及青年组织普遍高度重视青年发展问题,各国都开展了一系列青年创业项目,共同推进青年创业、促进青年发展已上升为上合组织各国的共识。在各方共同推动下,2019年6月,上合组织各国元首在比什凯克峰会上通过《上海合作组织成员国元首理事会比什凯克宣言》,宣言指出"成员国支持在上合组织地区发展技术园区和创业孵化器,改善本地区营商环境,支持上合组织青委会框架内上合组织青年创业国际孵化器等青年创业项目"。[1]

(四)亚太经合组织框架下的青年议题

1989年成立的亚太经合组织(APEC)是亚太地区层级最高、领域最广、最具影响力的经济合作组织,拥有21个成员国。目前,APEC框架下青年领域的活动尚未形成固定机制。在一些年份,曾配套领导人非正式会议举办了青年活动。

首场APEC青年节始于中国。2001年,中华全国青年联合会与加拿大在北京和上海举办了亚太经合组织青年节暨杰出青年企业家论坛。活动以"青年迎接新经济的挑战:促进共同繁荣"为主题。自

---

(1) 新华网:《上海合作组织成员国元首理事会会议新闻公报(全文)》,2019年6月15日,见http://www.xinhuanet.com/world/2019-06/15/c_1124625967.htm。

2001 年中国主办 APEC 青年节以来，韩国、越南、泰国、秘鲁、新加坡等经济体已相继举办过青年配套活动。例如，为配合 2008 年 11 月在秘鲁利马举办的 APEC 第十六次领导人非正式会议，突出青年在参与 APEC 进程中的作用和声音，秘鲁举办了 APEC 青年营活动，邀请了来自 16 个成员经济体的 34 名青年和学生代表与会。此次青年营的主题为"关注亚太地区可持续发展"，重点议题是水资源和可持续发展。会议通过了《APEC 青年宣言》，从气候变化、水资源保护和水文化建设三个方面指出了 APEC 合作框架下存在的环境资源问题，提出了共同解决问题的建议，并表达了青年参与解决这些问题的决心和行动建议。APEC 青年营项目归属于 APEC 人力资源发展工作组，是否举办青年配套活动取决于当年主办首脑会议的经济体是否申请该专项。除了非正式会议配套活动，APEC 秘书处还鼓励各经济体积极申请与当年优先议题相关的青年项目，入选项目会得到秘书处部分资助。

根据 2013 年 APEC《领导人宣言》中明确提出的"开展相应项目，鼓励青年更广泛地定期参与亚太经合组织活动，以培养大家庭精神和促进亚太地区增长的共同责任感"，[1] 2014 年在中国开展了 APEC 青年周活动，邀请了 21 个经济体近 60 名代表参与。

第二节 联合国促进青年参与的机制

联合国作为青年事务和青年参与的主要推动者，通过设置专门

（1） 中华人民共和国国务院新闻办公室网站：《亚太经合组织第 21 次领导人非正式会议宣言（全文）》，2013 年 10 月 9 日，见 http://www. scio.gov.cn/m/zhzc/35353/35354/Document/1505052/1505052. htm。

的青年工作机构、拓宽青年参与渠道、举办各类青年活动等方式，推动青年和青年组织参与联合国事务、政策制定过程和国际交流实践。

一、设置专门的青年工作机构

（一）联合国总部社会政策和发展司社会融合处

联合国社会融合处是联合国系统内部专门处理青年问题相关事务的协调机构，它隶属于联合国秘书处经济和社会事务部下属的社会政策和发展司，其工作对象包括老年、家庭和青年事务。为推进联合国青年事务，在社会融合处设立了联合国青年联络人，负责协调联合国各机构、部门及政府和非政府组织，推动各国制定实施青年政策，扩大青年参与决策进程。联合国社会融合处的一项重要例行任务是起草关于全球青年发展状况的世界青年报告。希望以此建立对于全球青年状况的关注，通过提升青年在决策中的参与促进和平与发展。

（二）联合国机构间青年发展网络

2010年，联合国机构间青年发展网络建立，由涉及青年议题的联合国机构组成，主要为总部级别，目前已覆盖54个机构。该网络旨在通过加强联合国不同机构间的合作交流，提升联合国青年发展工作效果，同时发挥各机构专长，支持青年参与联合国系统的工作、项目和倡议。

该网络实行双协调人制，其中隶属于联合国经济与社会事务部社会政策与发展司社会融合处的联合国青年联络人担任永久协调人，负责协调网络的行政功能，并按要求持续支持另一协调人和机构间网络运行。另一协调人由其他成员机构中选出，并每年轮换。该网络定期在联合国总部举行会议，各机构代表通常在每年 3 月召开会议。

由于联合国各机构都有自己的青年议题，例如国际劳工组织关注青年就业创业；教科文组织关注青年教育、技能发展；联合国志愿人员组织关注青年志愿服务；联合国儿童基金会关注 15 岁以下的儿童等，机构间网络的设置既保证了联合国全系统对于青年参与的统筹和协调，又保证了青年事务在各个领域及社会各个层面的专业性。

(三) 联合国秘书长青年问题特使和青年领袖计划

时任联合国秘书长潘基文将"与妇女及青年协作以及为妇女及青年努力工作"确定为其第二个五年任期的工作重点之一。在这一背景下，他于 2013 年 1 月任命了来自约旦的艾哈迈德·汉达维为秘书长青年特使，其工作职责是成为联合国联系各国青年的桥梁，将青年的声音带进联合国，并使青年反映的问题能够得到联合国有关部门的重视，推动广大青年在实现联合国千年发展目标及在参与 2015 后发展议程等方面发挥积极作用。2017 年 6 月，新任联合国秘书长安东尼奥·古特雷斯任命了来自斯里兰卡的贾亚特玛·维克拉玛纳亚克为第二任联合国秘书长青年特使，接替汉达维。其工作重点为促进青年对政府间事务的参与，实现联合国系统内青年潜力、青年参与和动员。

2016 年，联合国秘书长青年特使办公室首次发布可持续发展目标青年领袖计划，在全球范围内选拔 17 位不同国籍、不同背景的青年，代表世界各个地区发声，推动可持续发展目标的实现。该计划每两年进行一次，已选拔两届共 34 名青年领袖，从来自 184 个国家的 8046 名候选人中脱颖而出。"光盘打卡"创始人柳济琛于 2020 年 9 月成功当选为首位来自中国的联合国可持续发展青年领袖。

该活动通过线上招募方式进行，特使办公室根据候选人的申报材料进行综合打分和评选。最终当选的青年领袖需要在宣传、参与、建设性三方面推动青年实现可持续发展目标，具体包括：青年领袖在不同场合通过青年易于理解、切身相关的方式宣传可持续发展目标；通过创新方式促进其听众和同龄人参与宣传和实现可持续发展目标；参与联合国及合作伙伴关于可持续发展目标关键行动和倡议的智囊团等。

(四) 促进青年事务交流合作的机制

联合国系统还非常重视地区范围内的青年事务的联系与合作。在一些重大活动期间，联合国在地区层面设立相应的协调机构，听取青年意见，凝聚各地区、各成员国对当前青年问题的共识。联合国系统所通过的关于青年工作的报告和决议，大都反映了各国、各地区采取跨国行动的意愿。

联合国系统促进青年参与的机制对青年工作的国际交流起到了重要作用。联合国经社理事会、联合国秘书处经济和社会事务部、联合国教科文组织、联合国志愿人员组织、国际劳工组织、联合国环境规划署等机构定期召集与青年议题相关的会议，为世界各国、各青年组织交流青年工作信息和经验提供了平台。此外，联合国各专门机构、各区域信息中心定期编发青年工作信息，这些都是了解国际青年动态的重要资料。

二、拓宽青年参与的渠道

(一) 在政府代表团中纳入青年代表

联合国大会 1995 年通过的《纲领》侧重于提升青年充分、有效和建设性地参与社会各项机会的质量和数量，特别提出请各国政府促使青年更多参加国际论坛，参加方法包括考虑在其本国出席大会和联合国有关机构的其他会议的代表团中纳入青年代表（50/81）。此后，多项联合国大会决议中重申和强调了在本国代表团中纳入"青年代表"的提议。2009年联合国大会通过的关于青年政策和方案的决议（64/130）中提到，督促会员国考虑在参加大会、经济和社会理事会及其各职司委员会和联合国相关会议讨论的代表团中酌情包括青年代表，同时注重选拔过程的透明。

设立联合国青年代表，是指鼓励各个国家选派青年代表作为政府代表团的成员参与联合国大会政府间议题的会议。青年代表可以参加若干联合国政府间会议，大多数官方青年代表参加大会，也有一些出席经济和社会理事会的职司委员会会议。也可就有关青年议题向本国代表团提出意见，参与代表团的一般工作，其中包括出席各种会议和非正式谈判，以及协助开展一般性辩论和起草报告。联合国希望通过鼓励青年参与，来拓宽政府和青年的交流合作渠道，促进制定出更合理、更有效的应对青年问题的政策和方案措施，同时也可通过青年代表回国后的一系列宣传和巡回报告，向本国青年介绍联合国工作。

（二）参与经社理事会咨商

每年，联合国经社理事会都会审议一批积极参与联合国事务、推动全球发展的非政府组织，授予其特别咨商地位。获得咨商地位的非政府组织有权以咨询者和观察者的身份出席经社理事会会议或参加联合国的各种会议，并有权在会上作口头发言和书面陈述、申请举办配套边会等。它还可以应经社理事会的请求提供各种形式的咨询，并享有相应的权利和义务。目前，经社理事会活跃的咨商地位非政府组织共有5451个，其中青年相关的组织有近700家。[1] 2010年，中国青年志愿者协会获得联合国经社理事会特别咨商地位。

（三）通过联合国儿童与青年群体小组实现参与

为了吸引更多青年参与联合国事务，更直接地反映青年的声音，联合国设置了一个专门的机构——联合国儿童与青年群体小组。联合国儿童和青年群体小组是被联合国大会委任的、官方的、正式的青少年（0岁至30岁）自治空间，旨在促进青少年参与特定的政府间和联合国相关政策进程。该组织的使命是作为青少年与联合国系统之间的桥梁，保障青少年履行有效参与的权利。其主要目标是吸纳青年组织及其会员组织和个人，参与各层级可持续发展政策的设计、实施、管理、跟踪和评估全过程。青年组织或个人可以通过申请成为其会员的方式，实现对联合国事务的参与。

该组织每年向联合国经济和社会事务部可持续发展处提交管理报告，向经社理事会高级别政治论坛提交年度报告。联合国儿童与青年群体小组与联合国有关机构保持经常性沟通，通过联合国机构间青年发展网络参与到联合国经社理事会青年论坛等重要青年会议的筹备和举办中，同时为青年提供咨询服务，致力于帮助青年提升参与可持续发展和联合国事务的能力，通过提交政策立场文件、选派代表参会等方式让青年和青年组织参与到联合国各项政策进程中。

（四）通过线上方式扩大参与

当前，青年大部分活跃在社交网络上，联合国也通过线上的方

---

[1] 联合国经社理事会NGO数据库，2020年4月23日，见 http://www.csonet.org。

式来听取青年声音，促进青年参与。例如，作为 2020 年联合国 75 周年纪念活动之一，联合国在线上发动了历史上最大的一次全球对话活动，鼓励世界各国青年通过开展对话活动、参与填写调查问卷等方式，表达对于联合国未来发展和世界未来走向的看法。

2020 年初开始，新冠肺炎疫情爆发，很多国家受到了疫情影响，联合国的各类会议也纷纷推迟或通过线上方式举行。联合国青年特使办公室面向全球青年举办了"共同应对新冠病毒"系列网络研讨会，促进经验分享、凝聚青年共识，发动青年积极参与抗击疫情。

三、举办各类青年活动

通过举办各类青年活动，在联合国系统举办的各类大会上设立青年论坛或青年活动等方式，联合国为各国青年提供了不同层级、形式多样的交流和参与的平台。

（一）世界青年大会

作为联合国成立 25 周年活动之一，首届世界青年大会于 1970 年在联合国总部举办，为成员国和主要非政府组织的青年代表搭建了对话平台。联合国于 1998 年在葡萄牙举办了世界青年部长会议，于 2010 年、2014 年分别在墨西哥和斯里兰卡举办了两届世界青年大会，对于推进世界青年事务、促进青年参与和发展、加强各国在青年事务领域的交流与合作，产生了积极意义。

2009 年 12 月，第 64 届联合国大会决定从 2010 年 8 月 12 日起举办以对话和理解为主题的国际青年年。2010 年墨西哥世界青年大会是为庆祝国际青年年而召开的首个全球性官方会议，也是为配合于 2010 年 9 月在联合国总部召开的千年发展目标峰会而举行的青年专题会议。大会分为政府论坛、非政府组织论坛和立法者论坛三部分。共有 102 个国家的 400 多名代表参加了政府论坛，其中 60 多个国家派政府青年事务部长、副部长与会。来自 160 个国家的 200 多名非政府组织代表参加了非政府论坛。政府论坛主要为各国政府就青年发展和青年政策宣示主张、建立共识提供交流平台，集中讨论并原则通过了《世界青年大会宣言》并提交第 65 届联合国大会。非政府组织论坛旨在促进政府与公民社会在青年领域的对话，形成了提交给政府论坛的《非政府组织论坛倡议书》，督促各国政府加快实现千年发展目标中与青年相关的目标。立法者论坛 40 余名与会代表在认可各国在青少年立法领域取得成就的同时，通过了《青年立法者论坛宣言》，呼吁各国立法机构通过立法途径促进各国青年的文化认同和社会融合。

突尼斯原计划在 2010 年第二个国际青年年框架下承办世界青年大会，但后来因其内部原因无法承办。2011 年 3 月，联合国大会全体会议通过《联大青年高级别会议组织工作决议》，决定于 2011 年 7 月在联合国以举办联大青年问题高级别会议的形式来举办世界青年大会。联合国大会主席约瑟夫·戴斯、联合国秘书长潘基文、有关国家政府领导人、各国政府青年事务负责人、非政府青年组织代表等 500 人出席了会议。这次会议是国际青年年期间最高级别的官方活动，总结了国际青年年的活动和效果，促进了各国青年工作经验交流，加强了国际青年对话和相互理解。

举办 2014 年世界青年大会的倡议由斯里兰卡政府于 2011 年在第 66 届联合国大会上提出，并被列入第 66 届和第 68 届联合国大会第三委员会议的序言部分，得到联合国支持。2014 年世界青年大会在斯里兰卡举办，来自 21 个国家的青年部长级官员以及 169 个国家近千名青年参加了会议，就"让青年成为 2015 年后世界发展议程的主流"主题进行了交流。联合国大会主席阿什呼吁青年更多参与 2015 年后世界发展规划并发挥主力军作用。会议形式多样,内容丰富。设置了全会、圆桌会、分组讨论、区域会议、成果磋商、边会等形式。主题下设置 7 个基础性议题,分别是实现善治和责任性、青年全面参与、青年权利、全球化及青年引导的全面发展、终结体系带来的不平等、性别平等、为边缘化青年尤其是危险中的青年赋权。

2017 年 10 月在俄罗斯莫斯科举办了世界范围的青年事务部长级会议,联合国秘书长青年特使维克拉玛纳亚克等嘉宾出席了开幕式。70 多个国家的青年事务部门代表出席了会议,其中 50 多个国家派出了部长级官员。会议进行国家青年政策经验交流,以及青年在应对现代挑战方面所发挥的作用的讨论。

(二)联合国青年论坛

联合国青年论坛旨在为青年参与全球发展提供表达意见、交流思想、分享经验的平台,包括两种形式:一种是由联合国大会主席或联合国秘书长不定期召集的青年论坛。例如,为庆祝《纲领》实施 20 周年,2015 年 5 月底在纽约召开了联大青年事务高级别会议和人口红利与青年就业高级别会议。2019 年 9 月,为配合联合国气候行动峰会,在联合国总部召开了青年气候行动峰会。作为峰会九大领域之一"青年与动员"下的主要活动,来自 140 多个国家的 600 多名青年代表参会,这也是联合国在气候变化领域召开的最大规模的官方青年集会。另一种是由联合国经社理事会年度举办的青年论坛。该论坛自 2012 年起每年举办,为期两天,由联合国经济和社会事务部主办,联合国秘书长青年特使办公室和联合国青年发展机构间网络协办。青年在会上可参加全体会议、互动式发言小组和主题讨论会,在会外可就一系列广泛议题进一步增进交流,会议总结会提交经社理事会高级别政治论坛作为参考。

联合国青年论坛推动青年参与的突出特点有两个：一是参与覆盖面广。论坛的主要参与者包括各国青年代表、区域青年组织代表以及具有联合国经社理事会咨询地位的青年组织代表，汇聚了世界各国青年政要及政府官员、来自民间组织和关注青年议题的机构代表，为青年在国家、地区和全球层面参与对话、讨论政策框架、促进创新且制度化的举措、推进青年发展议程提供了平台。二是推动青年积极参与可持续发展议程。经社理事会青年论坛主题从"青年2015：实现他们期待的未来"（2014年）到"青年在从千年发展目标到可持续发展目标过渡中的参与"（2015年），到"青年行动实现2030议程"（2016年），到"变革世界中青年在消除贫困和促进繁荣方面的作用"（2017年），再到"青年在构建可持续的有韧性的城乡社区中的角色"（2018年），同时论坛中也会包括对经社理事会高级别政治论坛主题的讨论。这些无一不反映出主办方希望推动青年参与联合国各项议程的目的，同时也传达出这样的观点：即青年不仅应该成为可持续发展的受益者，也应该是可持续发展的参与者、推动者和主导者。

（三）联合国教科文组织青年论坛

联合国教科文组织（UNESCO）在创立之初就开展青年工作，并于1996年11月的第29次大会上重申以青年为该组织的工作重点，之后与各协会、青年非政府组织合作相继开展各类青年活动，设立内部青年优先委员会和称为青年委员会的外部咨询机构。1999年，联合国教科文组织进一步加强了对青年的承诺，成立青年论坛作为该组织最高决策机构大会的组成部分。建立联合国教科文组织青年论坛是在教科文组织关于青年工作、青年组织和从事青年工作的公共机构之间建立协同作用，从而努力在全世界青年男女、决策者、民间社会、私营部门和国际社会之间建立互动关系的一个重要进程。

联合国教科文组织青年论坛作为联合国教科文组织大会的重要组成部分，是全球青年表达心声、参与全球治理的重要渠道。该论坛每两年在巴黎总部举办一届，历时三天，召集全球青年代表讨论并制定联合国教科文组织关于青年与青年组织发展的相关政策。每一届青年论坛，全球青年代表都会围绕联合国教科文组织工作领域中青年最关心和迫切需要的议题展开讨论，最终形成的相关建议与行动计划提交给联合国教科文组织大会，成为影响教科文组织会员国制定决策的重要依据，同时也提升了青年在全球治理问题中进行参与的必要性。

"给予青年人权利，以确保他们作为平等和有价值的参与者完全参与社会"[1]是联合国教科文组织行动的目标。从历届青年论坛的议题（如：2011年"青年如何推动变革"、2013年"青年和社会融入：公民参与、对话和能力培养"、2015年"推动可持续发展，塑造全球公民"、2017年"促进联合国教科文组织与青年人密切结合探讨"等）中可看出，联合国教科文组织重在为青年创造和保持有利于其积极参与的环境，通过倾听青年声音、倡导青年权利和义务来动员青年参与，让青年真正成为社会的行动者和专业领域的知识拥有者。

第三节　青年参与全球治理的积极影响

在青年参与全球治理的进程中，除了联合国等多边机制以外，

（1）　江广平：《联合国青年事务》，中央编译出版社 2008 年版，第 134 页。

非政府组织也是重要的参与主体和渠道。在后文中，我们将分别梳理枢纽型、政治型、专业型的国际青年组织参与全球治理的有关情况，以及美国、日本的代表性青年组织参与全球治理情况，分析其发展历程和特点、主要经验，在此不再赘述。

20世纪60年代至今的六十年发展历程中，青年群体逐渐从世界舞台的外围走进舞台中央。联合国秘书长安东尼奥·古特雷斯在2020年新年贺词中表示，青年是当今世界的最大希望，在气候行动、性别平等、社会正义和人权领域，青年一代站在了第一线，全世界都在关注青年。青年要在塑造人类未来中发挥自己的作用，联合国支持青年，也属于青年。[1]国际社会对青年的关注和重视来之不易，经过来自联合国、各多边机制的倡导，各国际青年组织、各国青年事务机构和青年组织，以及广大青年群体长期以来的坚持和努力，我们可以看到，青年参与全球治理的过程产生了以下三方面积极影响。

一、实现赋能青年

一是提升了青年的参与意识。联合国系统和各多边机制都在积极倡导将青年视作重要的合作伙伴和实现可持续发展的关键力量，青年在参与各项国际议程的过程中也逐渐强化了主人翁意识和责任意识，其参与领域也逐渐从维护青年权益、促进青年发展，扩展到全球治理的主要议程。二是拓宽了青年参与渠道，增强了青年参与

---

[1] 联合国网站：《2020年秘书长新年贺词》，2020年4月27日，见 https://www.un.org/sg/zh/content/sg/statement/2020-01-01/secretary-generals-new-years-video-message。

能力。联合国系统内促进青年参与的一系列机制和措施不仅提供了联合国与青年事务机构、青年组织之间的交流渠道，也为青年亲身体验和学习联合国基本运行机制提供了平台。形式多样的非政府组织青年活动则为青年提供了更加多样化的实践机会。三是增加了青年国际合作机会。青年在参与全球治理的过程中拓宽了国际视野，结识了国际伙伴，得到了更多国际化发展与合作的机会。

二、推动青年事务发展与国际合作

一是促进了各国青年事务的发展。联合国在世界青年事务的起步和发展中起到了至关重要的作用。伴随青年议题在联合国从无到有，各国开始关注青年群体和青年问题。1985 年的国际青年年更直接推动了各国设立全国性的青年事务机构。联合国青年议题由零散分布到形成体系的过程，也推动了各国青年政策的体系化、专业化发展。二是搭建了青年事务交流合作互鉴的平台。青年国际化成长和发展需求对各国青年事务交流合作提出了更高要求，联合国系统和金砖国家等多边机制都曾举办过青年事务部长级会议，亚洲青年理事会、上合青委会等也很好地促进了青年领域的政策分享和交流互鉴。

三、促进全球治理体系不断完善

一是提升了青年参与的贡献度。无论是联合国及其他多边机制，还是非政府青年组织进行的青年参与实践，都以不同形式、不同程度地推动青年参与国际事务。联合国和多边机制的青年参与活动相对聚焦精英青年群体，而各类非政府组织则联系、覆盖了更为广大的青年群体。多层次、不同形式的青年参与也让不同国家、不同背景的青年群体意见能够被表达、被听到。二是为全球治理体系发展提供青年建议。对于世界未来向何处去这一重要时代命题讨论，青年不可缺席。通过参与全球治理的重要议题的讨论、提出对多边机制的建议、实施国际合作项目与行动，世界青年积极参与全球治理体系改革，不断凝聚力量推动国际合作，促进全球治理体系向着更加公正合理的方向发展。

第三章

枢纽型青年组织参与全球治理研究

自 20 世纪 70 年代以来，世界格局多极化和经济全球化趋势日益发展，国际格局经历着深刻复杂的变化，人类面临的共同挑战日益增多，气候变化、恐怖主义、地区冲突以及全球性贫困等问题不断冲击着国际社会现有的治理秩序，传统上仅依靠单一主权国家分割治理的模式已经远不能解决全球性问题。面对世界多极化、经济全球化、社会信息化、文化多样化的深入发展，越来越多的主权国家认识到对国际性事务和全球性问题进行共同治理的重要性，全球治理概念被各国政府所认可。政治学家罗西瑙认为"全球治理是'没有政府的治理'，是对传统国家中心治理的超越"。[1]全球治理的核心观点是"在一个世界政府缺失的状态下，主权、政府间国际组织以及民间社会组织通过平等谈判协商，权衡多方利益，为解决各种全球性公共问题而建立的自我实施性质的国际规则或机制的综合"。[2]可以说全球已经进入多边合作共治时代。

---

(1)　[美] 詹姆斯·罗西瑙：《没有政府的治理：世界政治中的秩序与变革》，张胜军、刘小林等译，江西人民出版社 2006 版，第 9 页。

(2)　张宇燕：《全球治理的中国视角》，《世界经济与政治》2016 年第 9 期。

党的十八大以来，以习近平同志为核心的党中央高度重视全球治理课题，经过系统的思考和实践，逐渐形成了中国对改革完善全球治理体系的基本思路，并提出了构建合作共赢新型国际关系，打造人类命运共同体的设想。当前在国际社会多层治理格局中，除了主权国家和各级政府，各种类型的社会组织因其广泛的社会动员力和民意基础，在国际公共事务治理中的优势和影响力越来越明显，成为推动全球治理中不容忽视的一股新生力量。

当前社会组织类型日益丰富，其中枢纽型社会组织因其独特的运行模式、组织机构、工作项目和支持体系等鲜明特色，逐渐在参与全球治理实践中占据重要位置。对于人类发展来讲，青年是未来的领导者和建设者，随着国际间交流交往交融的深入，越来越多的青年通过社会组织参与到国际事务之中，为全球治理不断贡献着青年智慧和青春力量。本研究定位于青年组织参与全球治理，通过对两个枢纽型青年组织——欧洲青年论坛和世界青年大会的分析，明确枢纽型青年组织的概念、特征，通过案例分析枢纽型青年组织参与全球治理的具体状况，获得枢纽型青年组织参与全球治理的经验与启示。

第一节　枢纽型青年组织的概念及主要特征

一、枢纽型青年组织的概念辨析

从词源学角度来看，"枢纽"一词出自《文心雕龙·序志》，主要用来比喻重要的地点、事物的关键之处。其中"枢"指打开和关闭门户的轴，而"纽"则是指器物上可以抓住而提起来的突起。"枢纽"一词常用于交通运输领域。在组织管理学中，"枢纽"主要被研究者用来形容不同组织或不同个体之间发挥桥梁与纽带作用的关键因素。

通过对文献的梳理发现，学术界对枢纽型社会组织的研究较为丰富，普遍认为该类组织仍是社会组织的大范畴，[1]是"市场经济体制改革不断深化以及传统社会向现代社会转型关键时期而产生的一类特殊组织形态"，[2]它一定程度上打破了传统的"政社合一"模式，重新界定了政府与社会组织之间的关系。这对于构建有序的利益表达渠道，化解社会矛盾以及全面深化社会领域的体制机制改革创造了良好的社会条件，"标志着我国由'国家法团主义'的社会管理模式向'社会法团主义'的社会治理模式转型"，[3]成为近年来党和政府构建社会治理现代化体系，提升社会治理能力，有效协同不同社会力量的重要组织形式。

现有资料显示，我国最早将"枢纽型"社会组织纳入到官方话语体系的文件是 2008 年北京市委、市政府下发的《关于加快推进社会组织改革与发展的意见》（京办发〔2008〕18 号），其中明确提出了要构建"枢纽型"社会组织工作体系，并从分类管理、组织设立、工作机制等方面提出了指导性意见。之后出台的《关于构建市级"枢纽型"社会组织工作体系的暂行办法》（京社领发〔2009〕1号）又对规范全市枢纽型组织建设、管理和服务提出了具体的工作部署。2017 年公开资料显示，"北京全市已认定市级'枢纽型'社会组织 51 家、区（县）级 231 家、街道（乡镇）级 465 家，共联系各级

（1）　石晓天：《我国枢纽型社会组织的功能特征、建设现状及发展趋势——文献综述的视角》，《理论导刊》2015 年第 5 期。

（2）　余永龙、刘耀东：《游走在政府与社会组织之间——枢纽型社会组织发展研究》，《探索》2014 年第 2 期。

（3）　崔玉开：《"枢纽型"社会组织：背景、概念与意义》，《甘肃理论学刊》2010 年第 5 期。

各类社会组织超过 3 万家，市、区、街三级工作体系基本形成。"[1]
按照文件的定义，枢纽型社会组织是指由国家行政部门认定并授权，对辖区范围内组织类型相似、组织性质相同、活动领域相近的社会组织进行发展、服务、管理的联合型社会组织。之后这一定义也被研究者所认可并广泛引用（万军等，2009；刘新圣，2015；卢磊，2018）。从定义和政策条文来看，枢纽型社会组织的主要职责一是强调政治定位，有效发挥党政与一般社会组织的"桥梁纽带"作用，贯彻执行党政方针政策；二是发挥引领功能，积极带领领域内的社会组织共同发展，形成较大的凝聚力和工作合力；三是承担平台作用，在日常管理和服务上要承担政府所授权的责任，打造类业务主管单位的属性，负责社会组织的业务指导，进行日常联系、服务和管理。

结合学术界和社会实践对枢纽型社会组织的理解与定位，我们认为枢纽型青年组织是众多枢纽型社会组织的一种，其概念可以借鉴枢纽型社会组织进行界定，即指由国家权威部门根据有关法律、法规，认定并授权在业务发展中处于龙头地位，能够带领各类青年组织共同发展，并有能力承担业务主管单位对各类青年组织进行发展、服务、管理等职责的新型组织形态。

二、枢纽型青年组织的主要特征

从组织属性来看，枢纽型青年组织具有双重属性。即除具备服

---

[1] 北京市人民政府：《北京市社会建设工作办公室社会组织工作信息公开情况说明》，2017 年 6 月 29 日，见 http://www.beijing.gov.cn/ywdt/jiedu/zxjd/t1484423.htm。

务青少年成长与发展的一般特征外，同时还具有枢纽型社会组织的独有特点。

（一）组织地位的官方认可

枢纽型青年组织的成立并不是自封的，也不是各类组织推荐的，而是由国家权威机关或由主权国家组成的机构联合体根据法律、法规，经过一系列评估程序，正式认定并授权其承担有关社会组织的政治引领、业务管理、发展服务等活动。这是政党赋予枢纽型青年组织的特殊政治资源和制度设计，其主责主业是有效发挥政党与一般社会组织、普通青年之间的"桥梁纽带"作用。

（二）组织类型的代表性

作为联合性组织和普通性组织的组合体，枢纽型青年组织不仅代表了一般性的青年组织，还要求自身在业务发展领域中处于龙头地位，在指导协调能力，联系广大青年群众，以及主营业务管理、提供服务方面具有统领作用和排他性，通过发挥引领功能，积极带领领域内的社会组织共同发展，形成较大的凝聚力和团队合力。

（三）组织运行的服务性

服务是枢纽型青年组织的基本职能。只有具备良好的服务能力、强大的政府关系和资源网络，其他青年组织才能围绕枢纽型青年组织开展工作。也正因如此，枢纽型青年组织才能够有效地为普通组织供给服务。

（四）工作资源的整合性

枢纽型青年组织为发挥其代表性作用，就必须功能齐全且在人力、物力和公共资源等方面具有较强的整合能力，通过打造"类业务主管单位"的属性，负责其他青年组织的业务指导，获取具有与其地位相配的分配和管理、服务权力。

（五）组织存在的稳定性

随着制度环境逐渐完善，管理体制不断创新，青年组织发展步伐也逐步加快，但受经费、福利保障以及人员流动的制约，很多社会组织的稳定性较差。作为枢纽型青年组织，为了代行国家权威部门或机构联合体的相关职责、保障普通青年组织的合法权益，必须保证其发展的长期稳定。

第二节　枢纽型青年组织参与全球治理的实践探索

一、欧洲青年论坛参与全球治理的基本概况

欧洲青年论坛成立于 1996 年，是欧洲最具有代表性和影响力的青年组织联合体，其会员组织包括 100 多个国家级和国际性的青年组织。作为欧盟层面事实上的枢纽型青年组织，欧洲青年论坛为欧盟机构、各国青年组织和广大青年的沟通和联系搭建桥梁、织构纽带。欧洲青年论坛的工作重点是在欧洲青年政策问题和青年工作领域开展工作，通过全球参与，为欧洲青年的主张和利益诉求不断发声。截至 2017 年 7 月，它已经成为由 43 个国家青年理事会[1]和 61

（1）"Reforming the Budget, Changing Europe: A Public Consultation Paper in view of the 2008/2009 Budget Review" from the European Commission Archived 19 May 2011 at the Way back Machine.

个国际青年非政府组织组成[1]的青年机构。[2]

（一）欧洲青年论坛的成立背景、目标及组织架构

1. 成立背景

1995年，社会发展世界峰会在哥本哈根召开后，欧洲社会一体化日益得到欧盟官方和学界的重视。作为欧洲的国际组织，它承继了欧洲国家青年委员会理事会（Council of European National Youth Committees，CENYC）、欧洲共同体青年论坛（Youth Forum of the European Communities，YFEU）和国际青年组织欧洲协调局（European Co-ordination Bureau of International Youth Organisations，ECB）三家组织代表青年利益的责任，同时在国家青年理事会和国际非政府青年组织的基础上组建，这是一项重大的合理化改革。欧洲青年论坛除具有一般非政府组织民间、非营利、自治、自愿、非宗教（活动不是为了吸引新教徒）和非政治（不卷入推举公职候选人）的特点外，还把年轻人的发展整合进欧盟的建设事业中，号召欧洲青年为建设统一、联合、民主与和谐的欧洲而奋斗。为了更好地与欧盟对话，其总部设在布鲁塞尔。

2. 发展目标

欧洲青年论坛是一个独立、自主，由青年主导的平台，它代表欧洲青年发声，成为欧洲各地国家青年理事会和国际青年组织的重要集合体。欧洲青年论坛致力于通过代表与宣传青年的需要和利益

（1）　YFJ press release 1 July 2008, "French EU Presidency: Young Europeans need to hear good news" Archived 21 July 2011 at the Way back Machine.

（2）　"European Youth Forum website opening page. Accessed 2 January 2008". Youthforum.org. Retrieved 2013-06-15.

以及该组织的利益，促进青年积极参与社会事务以改善自己的生活。欧洲青年论坛的目标包括：通过促进青年组织独立、可持续的发展，为广大年轻人在国家和国际性层面的参与提供便利；鼓励欧洲青年思想和经验的交流，相互理解，为权利和机会的平等努力；将影响青年人和青年组织的政策问题，上升为欧盟以及其他国际组织关注的议题；为青年组织独立可持续发展争取更可靠的政治资源和充足的资金支持；坚持不同文化间的理解、尊重、多样性，促进人权、积极的公民身份和团结；促进世界其他地区青年工作的发展。

3. 组织架构

欧洲青年论坛的组织架构主要由会员代表大会（Member Organization）、理事会（Board）、秘书处、财务控制委员会（Financial Control Commission, FCC）和会员申请咨询机构（Consultative Body on Membership Applications, CMBA）五部分组成。会员代表大会是欧洲青年论坛的最高决策机构，每两年举办一次，由各个会员组织推荐代表参加，一般总规模在200人左右。代表大会主要内容包括总结论坛过去的成绩和经验，选举新的理事会成员，制定未来两年的工作计划、预算、青年政策文件等。在大会闭幕期间，论坛的日常工作主要由理事会和秘书处负责决策和执行。

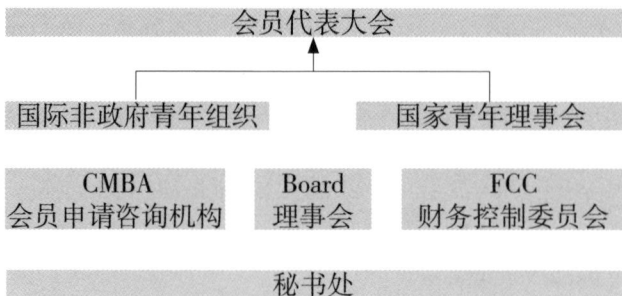

图 3-1　欧洲青年论坛组织架构

在具体职责上，会员申请咨询机构审查意向会员申请资料的完整性和合规性，并向理事会提交有关会员申请报告。欧洲青年论坛的会员包括正式会员（full member, A）、候选会员（candidate member, B）和观察会员（observer member, C）三种会员，其中正式会员享有投票权，有权在理事会和秘书处会议上列席并发言，有权为论坛的所有法定机构、工作机构、外部结构和代表团提出候选人；候选会员和观察会员均有权在理事会和秘书处会议上列席并发言，并有权为论坛的所有工作机构提出候选人，但无投票权。会员申请咨询机构可以由欧洲青年论坛的现有成员提出，会员申请咨询机构可根据已经通过论坛理事会和秘书处的成员资格地位更改（如法规和／或法律地位的变更）和提议采取相关的措施。

理事会是欧洲青年论坛的领导机构。理事会根据大会或理事会成员组织的指导方针确定欧洲青年论坛的总体战略，监督工作计划的实施，负责财务和预算事宜，准备法定会议，确保论坛的外部代表性。理事会是成员组织之间的主要联系机构。理事会包括1名主席、2名副主席和8名理事，其成员候选人由各会员组织推荐，在会员代表大会上公开演讲和接受质询，以差额选举的方式由各会员组织代表投票产生。理事会成员大多都是兼职，定期参与论坛的理事会会议，制定组织的工作方针，同时代表欧洲青年论坛出席一些重要活动。他们的工作属于志愿性质，仅仅领取最低的工作补贴。工作任期结束以后，他们可竞选连任。

财务控制委员会负责对欧洲青年论坛的财务进行内部审计，它以咨询的身份向理事会、会员代表大会和秘书处提供有关根据战略优先事项和工作计划分配现有资源以及确定新资源的建议，向理事会和会员代表大会提交关于年度预算和欧洲青年论坛账目的书面报告。欧洲青年论坛主要由欧盟的"伊拉斯谟＋计划"、欧洲理事会（The Council of European Commission）和欧洲基金会（European Foundation）共同资助，其活动经费约80%来自欧盟委员会教育文化总司的拨款，5%为会员费，约3%来自欧洲理事会，其他经费来自联合国、各级政府以及合作组织给予的支持。欧洲青年论坛在每两年举办一次的代表大会上选举出财务监督委员会，对论坛的经费执行情况进行监管，并在每年财政年度结束后向社会披露经费来源和支出明细。

秘书处是欧洲青年论坛的常设机构，负责论坛日常事务和政策执行。它由在秘书长监督下的雇员组成，秘书长对理事会和论坛的秘书处负责。秘书处办公室设在欧盟总部布鲁塞尔，秘书处办公室设有秘书长、秘书长助理、会员及能力建设官员三个职位，秘书处均为专职工作人员，由秘书长领导开展工作。秘书长可从秘书处内部晋升，也可从其他国际组织中招募选拔比较有经验的人来担任。除秘书处办公室外，秘书处还设有政策倡导部（Policy & Advocacy Department）、管理财务部（Operations & Finance Department）和通讯活动部（Communications & Events Department）三个部门，秘书处下设的组织机构详见下图。

秘书处办公室

秘书长
Anna Widegren

会员和能力建设官员
Ivana Davidovska

秘书长助理
Irene Miguelsanz

政策倡导部

政策倡导部部长
Francois Balate

政策倡导队长
Stephanie Beecroft

可持续发展政策官员
Jan Mayrhofer

社会经济融入政策官员
Nikita Sanaullah

社会经济融入政策官员
Flavia Colonnese

政策倡导队长
Alfonso Aliberti

欧盟机构官员
Una Clarke

青年政策官员
Liva Vikmane

青年组织政策官员
Assia Oulkadi

政策倡导部协调员
John Lisney

参与政策官员
Rita Jonusaite

青年组织政策官员
Manuel G. Gil

管理财务部

管理财务部部长
Sandra Moreau

人力资源协调员
Marie-Aimée Musanase

会计师
Laila Baraz

办公室经理兼会计师助理
Sarah Jane Schlögel

ICT/章程会议协调员
Estefania Asorey

通讯活动部

通讯活动部部长
Nana Moe

通讯队长
Loïc Marszalek

通讯官员
Hannah Grieve

通讯官员
Inès Abbas

活动队长
Josh Cope

翻译/活动助理
Anne Debrabandere

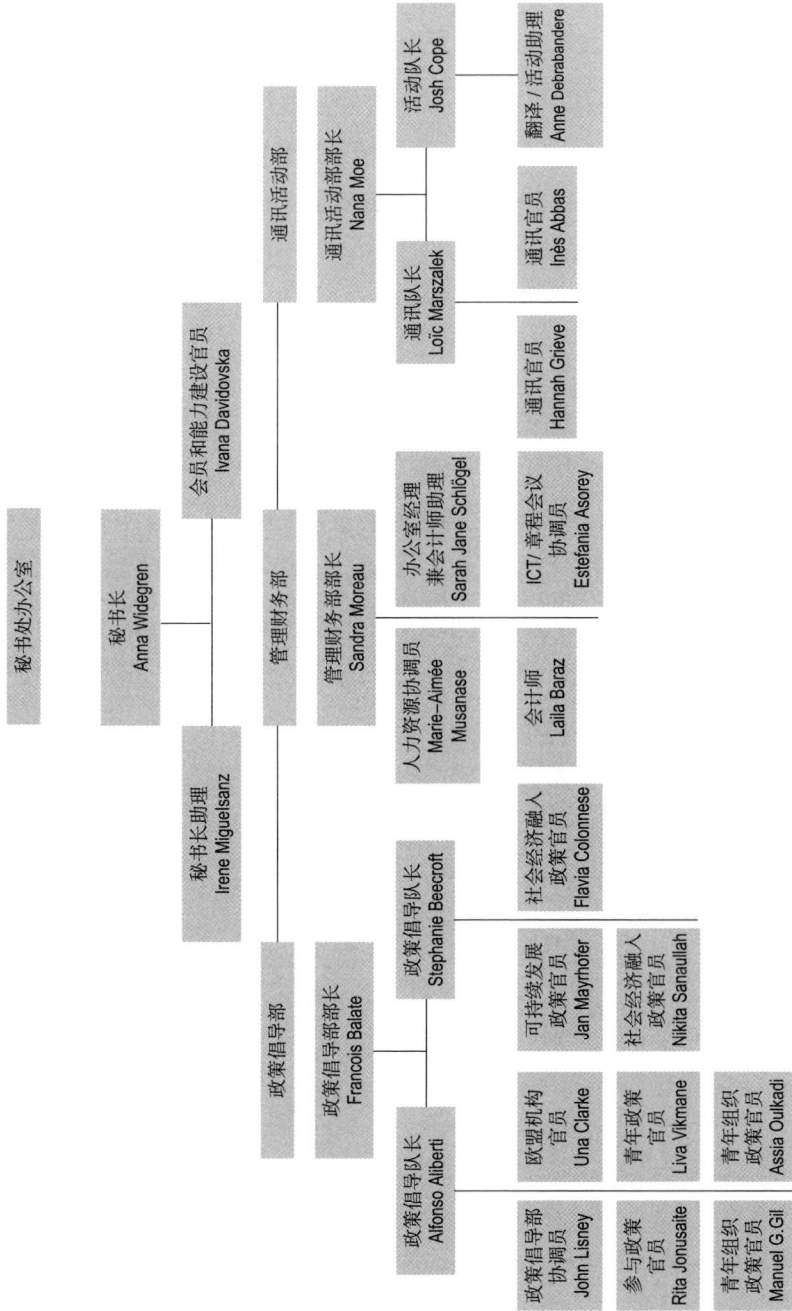

图 3-2 欧洲青年论坛秘书处治理结构（2017 年 6 月）

(二)欧洲青年论坛参与全球治理的主要议题

欧洲青年论坛通过游说、倡议、运动、组织青年交流等一系列行动，为不同成员组织的互动营造和谐氛围，以增加欧盟社会的宽容、理解与多样性。作为欧盟、欧洲委员会和联合国的伙伴组织，欧洲青年论坛在青年和政策决策者之间起着信息和沟通桥梁的作用，其参与全球治理的主要议题包括：

1. 青年政策议题倡导和全球青年合作。在青年政策议题方面，欧洲青年论坛聚焦于在更具参与性的欧盟框架内为青年制定成功的欧洲青年政策。例如参与在欧洲公约框架下欧洲未来的讨论、在欧洲层面号召对青年组织给予充分的财政支持、为与青年相关的地区和全球政策及项目提供政治性支持或建议。在全球青年合作工作上，欧洲青年论坛联系和凝聚来自不同大陆的地区性青年平台组织代表，来商讨和协调战略合作。如非欧青年峰会（Africa-Europe Youth Summit）、欧洲阿拉伯青年进程（Euro-Arab Youth Process）以及欧洲拉丁美洲青年论坛（Euro-Latin American Youth Forum）等。通过发展全球青年间的跨文化联系，增加青年对联合国、欧盟和欧洲委员会主要进程的参与，确保青年人在国际合作和全球化进程最高层面的话语权。同时，作为区域性青年组织，欧洲青年论坛还支持欧洲各国制定全面的、跨部门的国家青年政策等。

2. 增强青年公民意识。公民教育一直是欧洲青年论坛的重要议题，特别是在其下属组织——青年选民联盟（the League of Young Voters）中地位尤其凸显。欧洲青年论坛提倡积极的公民意识，支持和促进青年和青年社团对欧洲公民社会的认同，防止青年发生社会排斥现象。2014年7月，欧洲青年论坛确定了公民教育模块，并在青年选民联盟研究（the League of Young Voters research）准备就绪后研发了公民教育的内容，同时将该政策文件分发给了教育工作组和其他相关的工作组。

　　3.青年非正规教育与青年就业。欧洲青年论坛一直致力于非正规教育和终身学习的全球治理，论坛认为教育是支持青年积极参与社会各个领域的必要条件，非正规教育有助于发展工作、学习、兴趣和生活所需的学习技巧和能力，推动青年社会化和学习适当的社会技能，提高青年积极参与社会的水平。2009年欧洲青年论坛及其成员组织在教育领域投入了大量资源和时间，制定了《2010年教育培训计划》(Education and Training)，并加强了其作为非公有制教育中利益攸关方的地位。[1] 2009年，欧洲青年论坛还启动了《非正规教育质量保障试点工程》(Pilot Project on Quality Assurance)；2011年，欧洲青年论坛开始研发非正规教育质量保障体系网络(Network on Quality Assurance of NFE)；2012年，欧洲青年论坛开展了青年组织的非正规教育对青年就业能力影响的研究(The Impact of Non-Formal Education in Youth Organizations on Young People's Employability)，编撰了《非正规教育质量保障手册》(Manual on Quality Assurance of NFE)，并举办了非正规教育活动周，进一步推动非正规教育在国家和欧洲层面政策和实践中的认证进程；同年，在多年的建构性合作基础上，欧洲青年论坛还与欧洲终身学习公民社会平台(European Civil Society Platform on Life-Long Learning, EUCIS-LLL)签署了官方教育合作文件，旨在提高教育、培训和青年利益攸关者在欧洲地区的地位，强化对欧盟政策的影响。此外，欧洲青年论坛还支持正规教育和职业培训，重视青年实习和就业问题，提高欧洲青年就业水平，提倡为欧洲青年提供更全面的社会

（1）　European Youth Forum, 2009 *Annual Report* ,Brussels: European
　　　Youth Forum,2010,p.26.

保护。

4. 人权和平等。在人权和平等议题上，欧洲青年论坛游说欧洲机构把人权教育纳入其议程，在欧洲层面为抗击种族主义、排外主义、不宽容和歧视作出了积极贡献。例如，2009 年，欧洲青年论坛在欧洲理事会发起了《欧洲青年权利公约》倡议，旨在加强对青年人基于权利做法的讨论，促进男女性别平等，与少数民族青年组织发展合作，吸收少数民族青年加入欧洲青年论坛的各成员组织；2015 年，欧洲青年论坛推出了《国际青年权利法》(the International Law of Youth Right) 的更新版本，继续努力在 "基于权利手段" 的基础上制定青年政策，旨在解决生活中各个方面持续侵犯青少年权利的问题，致力于在欧洲委员会中形成青年权利的建议，并通过《欧洲社会宪章》(European Social Charter)，重点提出要求和保护青年人权利的法律途径。

5. 可持续发展。可持续发展是欧洲青年论坛在参与全球治理过程中不断更新和加强的工作领域，论坛研发了有关可持续发展的专门知识，并被欧洲联盟委员会任命为执行《2030 年欧洲可持续发展议程》的关键利益攸关方。2017 年，在可持续发展高级别政治论坛上，欧洲青年论坛呼吁全球领导人作出更大努力，执行联合国 2030 年议程。来自阿塞拜疆、白俄罗斯、比利时、荷兰和斯洛文尼亚的国家青年理事会在自愿国家审查的框架内提出了他们的建议，并引起了联合国官方的重视。此外，欧洲青年论坛在加强国际青年气候运动方面也发挥了至关重要的作用，其中包括在联合国气候变化框架公约缔约方大会（COP15）建立青年选区，从而加强青年参与相关气候政策制定的过程。2017 年，欧洲青年论坛派出代表团出席了在波恩举行的第 23 届联合国气候变化大会（UN Climate Change Conference），就气候行动发出了青年声音、贡献了青年力量。

6.青年难民社会融入。伴随着恐怖主义和局部战争，欧洲青年难民的社会和经济融入成为欧洲青年论坛关注的议题之一。欧洲青年论坛认为当年轻人易受伤害并处于困境时，例如逃离战争国家的年轻难民，他们的声音被听到并且他们的权利受到保护比以往任何时候都更加重要。2015 年，欧洲青年论坛议员委员会通过了《欧洲青年难民保护和融入决议》(Protection and Integration of Young Refugee in Europe)，并采取了相关行动保护青年难民融入新的国家和社会。2017 年，欧洲青年论坛为确保《欧洲社会权利支柱法案》(the European Pillar of Social Rights)的最后文案重点关注青年而作出了强有力的呼吁。同年，欧洲青年论坛组织代表团参加了在哥德堡举行的社会问题首脑会议，论坛主席向所有欧洲领导人发表讲话，呼吁他们确保欧洲所有青年人在社会和经济上能够有效融入。此外，欧洲青年论坛还呼吁公平、有偿的实习工作，组织全球实习生罢工，并推动欧洲对外行动服务部改变其内部实习政策；发起"工作透明"(Transparency at Work)活动，让年轻人与实习生一起评价他们的专业经验。此外，欧洲青年论坛还同联合国人权委员会合作，发起欧洲青年倡议基金，通过青年的行动，支持青年难民融入收容地社区。

7.欧洲青年选举参与。欧洲青年论坛致力于积极推动欧洲青年行使参加选举的权利，例如：2010 年，该论坛推出了"16@ 选举"(16@Voter)活动，提出青年在 16 岁的时候就可以参加选举，而不用等到 18 岁。该活动直接促使 16 至 17 岁的青少年参加了苏格兰公投，年轻人的投票权得到了更大的关注。同年，欧洲青年论坛还开始举办"哟！节日"(Yo! Fest)活动，该活动是在欧洲议会场地(斯特拉斯堡或布鲁塞尔)所举办的公共活动，活动形式包括政治辩论、研讨会、现场音乐和艺术表演等等。2017 年 2 月，"哟！节日"活动聚集了 1500 名与会者参与讨论欧洲大陆的未来，为 2018 年和

2019 年欧洲议会选举营造了浓厚的气氛。该活动此后成了欧洲青年论坛的年度常规活动，截至 2019 年已连续举办了 10 届。此外，2010 年，欧洲青年论坛还在欧盟开展的新结构性对话中发挥了主导作用，确保了国家和欧洲层面的各青年组织参与到国家青年理事会和欧洲委员会的密切合作中去。2014 年，欧洲青年论坛通过欧洲选举再次为年轻人提供了一个分享他们心目中的欧洲的平台，他们在青年选民联盟（the League of Young Voters）的框架内，通过"青年爱未来"（Love Youth Future）竞选活动在众多方面做了大量工作。

二、世界青年大会参与全球青年治理的基本情况

（一）世界青年大会历史沿革、组织架构

世界青年大会（World Assembly of Youth，简称 WAY）成立于 1949 年，总部位于马来西亚马六甲，是由 140 个国家和地区的青年理事会、代表性青年组织组成的国际协调机构，是当前会员组织数量最多、覆盖面最广的国际性青年组织之一。它以《世界人权宣言》为基础，旨在促进世界青年和各国青年组织的社会参与和发展。它的宗旨是：增进不同种族、性别、语言、宗教及政治信仰的青年人之间的相互宽容、理解、团结与合作；鼓励青年积极参与社会生活及各种青年组织；传播有关青年组织的活动、运作等方面的信息；建立和保持与国际组织的联系，促进青年志愿者活动。[1]

1. 历史沿革

1949 年 8 月，在几十个联合国成员国的青年理事会的共同号召

（1） World Assembly of Youth: THE ORGANISATION.2018 年 10 月 15 日，见 http://www.way.org.my/ 。

下，由英格兰青年理事会牵头的第一届世界青年大会在伦敦召开，与会各国青年理事会达成共识，决定成立一个世界各国青年理事会的联合体，协调推进世界青年运动，促进世界青年之间的理解与合作。这次大会将拟成立的联合体命名为"世界青年大会"。1950年，比利时青年理事会组织召开了世界青年大会首次官方会议，来自37个国家的100多位青年代表出席，其中的29位国家青年理事会代表在会上通过了《世界青年大会章程》，WAY由此宣告正式成立。

WAY总部相继设在布鲁塞尔、巴黎、伦敦、哥本哈根、吉隆坡，1999年起至今设在马来西亚的马六甲。从1993年总部搬至吉隆坡起至今，大会的主席一直由马来西亚人担任，并且与马来西亚青年体育部、马六甲州政府和市政府、马来西亚青理会、亚洲青年理事会建立了紧密的合作伙伴关系，得到了东道国在资金、人员等后勤上的大力支持。同样，马六甲市希望借助世界青年大会的组织形象和影响力，塑造全球青年之城的国际形象，提升国际知名度。

2. 组织架构

世界青年大会的最高权力机构是全体大会（General Assembly），负责规划组织的发展方向、修改章程、制定政策、吸纳会员、选举领导机构等，每4至5年一届。最近一次全体大会是2014年在阿尔巴尼亚召开的第16届，主题为"青年领导力的传承：过去与未来"。大会局（Bureau）由世界青年大会主席和5位副主席组成，负责审议执行委员会和秘书处工作。执行委员会（Executive Committee）由13位来自世界各地有代表性的委员组成，负责执行全体大会制定的工作任务，至少每年召开一次会议。秘书处（Secretariat）为大会常设机构，由1位秘书长、若干副秘书长和全职工作人员组成，负责完成执行委员会交办的日常事务。

目前，世界青年大会共有92个正式会员组织、25个观察员组织、

6 个有合作关系的非正式会员组织，这些会员组织遍布全球，其中仅非洲就达 45 家。另外，WAY 还有 16 个区域性咨商组织，包括亚洲青年理事会、欧洲青年论坛、加勒比青年论坛、泛非青年联盟、阿拉伯青年联盟、非洲—阿拉伯青年理事会、太平洋青年理事会等。WAY 的资金来源主要依靠联合国、马来西亚政府和社会组织的捐赠，绝大多数会员组织均未能按照章程规定上缴会费。

(二) 世界青年大会的枢纽功能及参与全球治理的议题

世界青年大会的枢纽功能主要体现在 3 个方面：首先，它是一个具有广泛代表性的各国青年组织联合体，它较少直接动员青年个体，而是以联系青年组织为主，堪称"组织的组织"。下属 140 个会员组织的性质各有不同，既有全国性的青年理事会、青年联合会，又有针对特定群体或领域的青年社会组织，既有国别组织，又有区域性组织。其次，它的根本属性和组织形式是大会。正如其名所言，"大会（Assembly）"是该组织枢纽功能的主要实现方式，是汇聚各成员意见和声音、协调全球青年议题和青年政策、形成共识并引领行动的主要渠道。再次，它发挥着桥梁纽带的功能，一方面构建全球青年组织的网络，提供了各国青年组织间交流合作的平台，另一方面连接起广大会员组织与联合国等国际机构，建立起会员组织参与国际事务及全球治理的通道。WAY 已与联合国经社理事会、联合国艾滋病规划署、联合国环境署、国际劳工组织、联合国教科文组织、联合国人口基金会、联合国儿童基金会、世界贸易组织等建立了合作伙伴关系。

从当前世界青年大会开展的活动来看，该组织参与全球治理的主要议题体现在每年的《马六甲国际青年对话宣言》之中。通过对近年来对话活动的梳理，我们发现 WAY 参与全球治理的主题紧扣联合国可持续发展目标。一是关注环境保护。如 2016 年 WAY 的马六甲国际青年对话的主题是"环境可持续发展中的青年：我们的未来，我们的关切"。对话针对"环境服务中的社会创业""健康和环境：聚焦共同利益"以及"青年和环境可持续性"等进行了积极的探讨。二是青少年违法犯罪。2017 年对话的主题是"我们在解决青少年违法犯罪问题中的角色"。值得一提的是，中方代表在会上主动介绍全国青联预防青少年违法犯罪的工作成果和《中长期青年发展规划（2016－2025 年）》，推动了将中方经验纳入对话宣言。三是全球城市化。2018 年对话的主题是："青年在可持续城市化中的作用"。2018 年对话宣言指出，到 2030 年约 60% 的世界人口即有 50 亿人将居住在城市，城市化过程将继续带来交通拥堵、土地匮乏、环境破坏等挑战，提高淡水供应、污水处理、生活环境和公众健康等治理压力。参加对话的各国青年代表一致认为，可持续的城市化进程与青年发展应形成良性互动，呼吁各国政府、私营部门、研究机构、社会团体、青年组织等加强合作伙伴关系，统筹资源来解决城市化中的青年问题，为青年参与可持续的城市发展搭建平台。宣言还提出了一些行动指导原则，如鼓励在私营部门中推广 5R 原则（节约资源，减少污染；绿色消费，环保选购；重复使用，多次利用；分类回收，循环再生；保护自然，万物共存），小学教育中就引进可持续城市化相关的教育课程，地方政府在城市规划中要建立青年参与决策的机制等。

三、枢纽型青年组织参与全球治理的主要机制

机制是以一定的运作方式把组织运行的各环节、各因素、各主体有机结合起来，并使其协调运行而发挥作用的综合系统。在任何

组织中，机制都起着基础性作用。因此，厘清枢纽型青年组织参与全球治理的机制对于组织结构优化升级和组织发展问题"诊断"具有重要作用。通过梳理欧洲青年论坛和世界青年大会参与全球治理的实践，我们发现两者存在着参与机制的一致性。

（一）注重政策倡导，为青年发展权利提供保障

积极维护青年发展的合法权益是枢纽型青年组织成立的初心，也是该类组织存在的根基。而推动相关政策的出台对于满足青年群体利益诉求，促进青年健康长远发展，为组织开展相关活动营造制度环境至关重要。枢纽型青年组织借助其良好的青年群众基础，在其组织的各种活动中更容易发现青年的真实诉求，借助政府机构，促成具体的青年问题改革，引发相关青年政策与法规的制定或修正。例如，欧盟委员会作为欧盟的常设执行机构，有 28 个委员分别负责各领域的事务。其中一名委员是教育、文化、青年、体育事务委员，分管教育文化总司，协调欧盟层面的青年事务。欧洲青年论坛的秘书处中专门设有政策倡导部，该部门常借助欧盟委员的青年事务定期就重大时事和与青年相关重要问题公开发表意见，表达青年呼声，反映青年诉求，维护青年权益，影响青年政策走向，为青年营造良好政策和社会环境。近年来，欧洲青年论坛相继推动欧盟委员会出台了鼓励成员国为青年就业制定政策措施和配备资源的青年就业一揽子计划，对欧盟出台关于终身教育、技能认证、非正规学习等政策性文件提供了实质性帮助，发挥了重要作用。而世界青年大会则采取制定青年政策相关议题，通过机制化的国际会议和政策建议方案不断影响各国政府重视青年问题等。如 WAY 从 2000 年起提出"千年行动计划（Millennium Action Plan）"，每四年更新一次，作为组织活动的总纲领，对政府部门形成政策倡导。近年来涵盖了青

年教育平等、性别平等、可持续发展、青年就业、消除贫困、食品安全、加强国际伙伴关系、青年决策参与等多方面内容。

(二)搭建参与平台,举办国际型青年交往活动

对于广大青年群体来说,青年组织一方面通过组织活动搭建青年发展的舞台,了解青年群体的利益诉求;另一方面,各类交往活动的开展也为组织参与全球治理提供了极佳的路径。例如欧洲青年论坛以承接欧盟购买服务形式,参与了为期 7 年(2014—2020)斥资 147 亿欧元的"伊拉斯谟 +"计划。该计划是欧盟有史以来实施的规模最大的综合性教育交流合作项目,旨在促进欧盟国家与第三世界高等学校之间学生、研究人员和教师的交流,它首次将交流拓展到欧洲以外的国家和地区,推动欧洲与发展中国家的高等教育机构间的合作,以促进人才、知识以及技能等方面的交流。WAY 则重视为各国青年组织搭建发声、交流和人脉三个平台。例如每年主办的"马六甲国际青年对话(Melaka International Youth Dialogue,简称MIYD)"就是典型代表。它是由世界青年大会于 2001 年创立的一场年度国际青年领袖会议,旨在为世界青年精英和国际组织青年代表搭建探讨青年问题、分享青年工作经验的平台,截至 2018 年已举办了 18 届。此外,WAY 拥有广泛多样的合作伙伴,包括政府部门、社会组织等,不定期地与它们合作举办青年活动,亦以国际会议类为主。在平台搭建方面,近年来 WAY 为加强与青年个体的直接联系,还发起了"国际青年志愿者项目(IYVP)",为全球 20—35 岁青年提供参与会议、秘书处志愿服务的平台,以扩大 WAY 在广大普通青年中的知名度。项目成立以来,已累计招募了 900 名各国志愿者,整合了丰富的青年志愿者人脉网络,培养了常态化的工作力量。

(三) 积极建言资政, 提升党政决策影响力

从组织属性来看, 枢纽型青年组织与其他类型的社会组织一样, 也具有非营利性、专业性、独立性、互益性等基本特征, 它们植根基层社会、贴近普通青年, 是政党沟通社会、联系社会的有效载体和重要渠道, 其专业意见经常会被纳入政府决策的议程之中。枢纽型青年组织在影响政策方面发挥的作用已经不止是扮演政府或市场"失灵"的"弥补者"角色, 而往往通过直接对话、媒体宣传、个人游说等更为积极主动的方式来动员舆论, 施加压力, 推进政府制定、修改、延续和变更青年政策。枢纽型青年组织参与全球治理时, 也会充分利用建言资政的机会, 不断扩大机构的影响力。欧洲青年论坛利用自己旗下 104 个来自欧洲各地的青年机构以及与各国青年组织和青年群体的紧密联系和多种渠道, 收集一手数据和材料, 通过开展第三方调研听取各方声音和意见, 进行调查研究和分析, 大量出版研究报告, 为欧盟及成员国官方和青年组织提供政策咨询。例如, 2018 年, 欧洲青年论坛向人权理事会提交了一份关于青年与人权的报告, 倡导要促进青年组织与国家平等机构之间更密切的联系, 以解决年轻人遭受的年龄歧视问题; 同年, 欧洲青年论坛发布研究报告《青年与政党——欧洲青年友好政治工具包》, 研究了关于政党如何更好地将青年纳入其中并促进青年加入政党的兴趣, 研究报告对促进欧洲青年加入政党和参与欧洲选举取得了很好的效果。WAY 则采取提出政策建议来发挥组织的咨商作用, 通过发布《国家青年政策规划指南》, 指导、跟踪会员组织中的各国家青年理事会制定、更新国家青年政策或发展规划, 向联合国经社理事会及其他机构提供青年政策咨询, 协助后者做好青年事务的顶层设计。此外, WAY 的主要负责人积极参与联合国机构举办的活动, 在重大国际场合代表 140 个会员组织反映问题, 发出呼吁, 贡献智慧。

（四）及时上传下达，打造青年事务的信息枢纽

枢纽型青年组织通过其全球网络的合作机制以及各组织联合中心的地位，进行及时准确的信息收集和发布，同时对政府及政府间国际组织的行动过程施加影响和压力，从而起到推动和监督的作用。它与其会员组织保持着较为密切、通畅的双向沟通渠道，互通有无。例如，世界青年大会不定期地就一些重大青年事项和活动安排征求各会员组织的意见，通过打造青年事务的数据中枢，了解收集各国最新的国家青年发展规划、青年政策和热点青年问题，发现各地青年工作的经验教训，及时发现具有普遍性、苗头性的青年思潮、运动和突出的社会现象，适时向联合国提交参考报告，并指导自身工作重点。另一方面，世界青年大会通过网站及新媒体的信息发布和定向发送向会员组织传播青年议题的理念政策，引导青年积极参与全球治理。通过建立国际日公告制度以及筹建世界青年大会图书馆，围绕国际日主题，分析青年在该领域的角色作用，提出观点，发出倡议等。

第三节　枢纽型青年组织参与全球治理的效果及影响

多年来，枢纽型青年组织通过上述四种参与全球治理的机制，在服务青年成长、维护青年合法权益、推动青年政策出台、促进全球合作方面发挥了巨大作用，取得了良好的治理效果。目前欧洲青年论坛已经成为欧洲重要的青年政治力量，成为欧盟委员会、欧洲委员会和联合国所认可的合作伙伴。从社会影响力来看，欧洲青年论坛作为欧洲青年和欧盟机构之间的桥梁，受到大量青年的追随，尤其是在青年互联网新媒体上，如 Facebook、Instagram、YouTube 和 Twitter 等社交媒体，欧洲青年论坛的影响力尤其显著。此外，欧洲青年论坛围绕关键事件的讨论，包括电视辩论，多次成为数个欧盟国

家的热门话题。世界青年大会也是通过围绕联合国议程推动青年组织参与全球治理，先后与联合国经社理事会、联合国艾滋病规划署、联合国环境署、国际劳工组织、联合国教科文组织、联合国人口基金会、联合国儿童基金会、世界贸易组织等建立了合作伙伴关系。

一、加大了国际间各主体合作，促进了经济社会文化融合

无论是欧洲青年论坛还是世界青年大会，两类组织都是由不同政府之间青年社会组织组成的，这无形之中就加强了不同国家间青年社会组织之间的合作与交流，促进了各国之间经济、社会、文化的交往交流交融。如 2017 年，欧洲青年论坛与其成员组织—罗马尼亚国家青年理事会（National Youth Councils of Romania, CTR）和德国国家青年理事会（DNK）进行了深度合作，为这些国家的青年事务普遍定期审议提供政策咨询。另一方面，枢纽型社会组织还利用联合体身份，借助组织内部议事机构或沟通协调机制统一理念、统一发声、统一行动，不断与其他国际组织建立往来关系。例如欧洲青年论坛与欧盟不同机构接触，推动改进欧洲社会基金加强版方案（European Social Fund Plus）。在进行这一倡导之后，欧洲议会呼吁增加对青年就业、青年保障和社会包容的资助。此外，欧洲青年论坛还呼吁欧洲议会通过了禁止在欧洲议会议员办公室进行无薪实习的决议。罗马尼亚、德国、立陶宛、摩尔多瓦、芬兰国家青年理事会还联合向联合国人权理事会提出针对青年发展的建议。

二、提升了青年政治参与热情，维护了青年合法权益

枢纽型青年组织服务的群体是青年，因此不断维护青年发展权

益，促进青年有序政治和社会参与是组织发展的根本理念。广大青年借助组织参与国际事务、关注自身发展，激发了政治与社会参与的热情，同时通过参与全球治理，有效开阔了自己的视野，增强了参与能力，有效维护了青年在各方面的发展权利。如在 2004 年，在欧洲青年论坛的努力下，欧盟发起"青年决策"（Youth Decide）运动，年轻人通过该运动表达对欧盟的心声。[1]世界青年大会则通过合作举办多场大型活动来提高青年的参与度，包括与马来西亚青年体育部、联合国人居署合作举办亚洲城市青年大会，探讨城市化进程中的青年社会问题。在发展权利方面，欧洲青年论坛通过"敬业培训"和"为了青年的权利"（#ForYouthRights）等活动，促进青年组织与国家平等机构之间更多的对话与合作。为筹备 2019 年欧洲议会选举，欧洲青年论坛举办的"青年崛起：关于 2019 年欧洲选举的10 个想法"（10 Ideas to #Youth UP the 2019 European Elections）活动，为 2019 年欧洲议会选举提出了竞选战略和政策纲领。而世界青年大会正在筹建的世界青年大会学院，通过与马来西亚 LTT 移动通信公司合作，搭建互联网移动终端学习与培训平台，拓宽对青年能力建设的渠道。

三、影响了国际事务制定规则，贡献了全球治理青年智慧

枢纽型青年组织参与全球治理的影响还体现在国际事务规则制定上。组织通过参加国际会议时设置青年议题或在联合国事务框架中寻找青年问题，来发出青年声音、达成青年共识、贡献青年智慧。

（1）　European Youth Forum, 2004 Annual Report ,Brussels: European Youth Forum,2005,p.28.

如世界青年大会近几年的主题一直紧密贴合联合国可持续发展目标，高度关注全球化进程中的青年议题，试图在设置青年议题方面发挥作用，实现对全球青年问题治理的顶层设计。2015—2019 年第 4 个行动计划的主题是"青年在可持续发展中的角色"，涵盖了教育平等、性别平等、环境可持续发展、经济可持续增长、促进就业、消除贫困、食品安全、加强国际伙伴关系、青年决策参与等诸多方面内容。2018 年，欧洲青年论坛作为可持续发展和气候变化重要利益攸关方，将各成员国切的青年发展利益诉求带到高级别会议上，呼吁全球领导人作出更大努力以执行《2030 年欧洲可持续发展议程》。基于此，欧洲联盟委员会任命欧洲青年论坛为执行《2030 年欧洲可持续发展议程》的关键利益攸关方，为欧洲青年论坛倡导可持续发展奠定了坚实的基础。

第四节　枢纽型青年组织参与全球治理面临的挑战及启示

一、枢纽型青年组织参与全球治理存在的问题与挑战

虽然枢纽型青年组织具有诸多不可替代的组织优势，在当今的全球治理中也发挥了重要作用，但在全球治理结构先天不足、治理机制缺乏弹性以及现有治理体系失衡等背景下，枢纽型青年组织参与全球治理还面临着参与合法性、组织独立性、价值中立性以及意识形态输出等问题的挑战。

（一）参与治理活动的合法性挑战

从枢纽型青年组织的概念界定上来看，它作为一种非政府组织，必须在主权国家或国家联合体依据法定程序通过合法渠道注册。也

就是说，只有在特定的主权国家或联合体内部，枢纽型青年组织的活动才拥有相应的合法性。因此，有效参与全球治理活动，合法性是根本问题。但从枢纽型青年组织参与全球治理的实践来看，相关活动更多是跨国跨境行为，活动范围不仅不局限于主权国家，还将某一主题的讨论与合作延展到国际社会层面，这与传统意义上枢纽型青年组织在主权国家内部参与社会治理的实践明显不同。因此，如何在充满不同规则、不同观念的国际社会中寻求全球治理的合法性，并通过国际社会协商一致后获得授权，日益成为枢纽型青年组织参与全球治理的挑战。

（二）组织本身的独立性挑战

虽然参与全球治理活动获取各国一致授权是关键，但组织本身的独立性却是决定枢纽型青年组织能否参与国际事务不受强权政治干涉的基础。枢纽型青年组织一旦失去了对国家和政府间国际组织的批判性视野，那么对这些机构的监督与建议，也就只能是纸上谈兵。从参与实践来看，由于枢纽型青年组织的成立是建立在特定主权国家或地区之上，并且因枢纽型青年组织对经费以及相关资源具有一定的依赖性，这势必会影响到枢纽型青年组织对国际事务独立的判断能力，甚至会决定枢纽型青年组织的"选材"角度。

（三）参与过程中的权责分配问题

从概念界定和基本特征来看，枢纽型青年组织在业务发展领域中应该处于龙头地位，并且在指导协调能力、主营业务管理、提供服务方面具有统领作用。"全球治理的问题大多是超越一国主权范围的具有全球影响的国际社会共同面对的复杂问题，它需要国际社会的共同努力，因而具有明显的社会性。"[1]这也就意味着结构相对松散的枢纽型青年组织必须处理好同类青年社会组织之间的权责分配。从欧洲青年论坛与世界青年大会的实践来看，虽然枢纽型青年组织的成员较多，但真正决定参与全球治理议题的仍是组织体系中的少数成员，具有较强实力的青年组织对全球治理参与机制的影响远大于组织联合体本身，这就造成各个青年社会组织平等参与规则制定的权利受到损害，长此以往，将削弱枢纽型青年组织的龙头地位和统领作用。

二、枢纽型青年组织参与全球治理的启示

枢纽型青年组织通过借助政府专门机构，反映青年群体利益诉求，提议政策倡导，推动制定相关青年政策，在青年公民意识、非正规教育和终身学习、就业和工作发展、人权和平等、可持续发展、青年难民的社会和经济融入以及青年参与选举等众多议题上造成了较大的国际社会影响，取得了很好的全球治理效果。此外，枢纽型青年组织能够根据青年和时代特点，不断调适创新，在政府、青年组织和青年之间搭建桥梁，较好地实现了其自身的使命。我们从枢纽型青年组织参与全球治理的过程中得到如下启示：

（一）以青年发展为本，注重青年的主体地位

枢纽型青年组织参与全球治理工作的基本立足点是青年，其基本特征之一是通过青年自我管理，为青年组织和青年群体服务，在

---

[1] 钮菊生、刘敏：《中国引领全球治理的问题与对策》，《东北亚论坛》2019 年第 2 期。

活动中处处体现"以青年为本"的思想。从宏观层面来看，促进青年更好成长、更快发展是任何政党的基础性、战略性工程。因此，枢纽型青年组织参与全球治理时，要始终代表和维护青年利益，把服务青年发展作为一切工作的出发点和落脚点。通过在和而不同中积极寻找各主权国家和青年社会组织成员利益的"最大公约数"，进而在超越主权国家范围之外，寻找更大的全球治理参与空间，获得参与活动的合法性地位和丰富的参与资源。

（二）以合作共赢为核心，坚持人类命运共同体价值理念

构建人类命运共同体，是习近平主席深入分析当前世界经济社会发展形势和今后人类文明走向而给出的中国判断和中国方案。从当前错综复杂的国际交往趋势来看，虽然各主权国家为了各自利益会有彼此争夺，但在世界多极化、经济全球化、文化多样化以及社会信息化的今天，国与国之间已经形成了你中有我、我中有你，不可分割、相互依存的"命运共同体"。枢纽型青年组织参与的全球治理问题成因复杂，需要凝聚各组织的力量才能应对，这就要求枢纽型青年组织必须把单个组织的利益与全人类发展的共同利益结合起来，始终坚持人类命运共同体的价值观，跳出意识形态、种族、文化等方面的窠臼，用更广阔的全球视角看待问题，才能获得广大国家和青年的认同，发挥枢纽型青年组织在参与全球治理中的积极作用。

（三）以品牌项目为抓手，逐步扩大组织覆盖面和影响力

当前我国的枢纽型青年组织活动形式虽然开展较多，但与其他青年组织的活动相比，有着较高的同质性，无法吸引广大青年参与其中，也不会造成较大的社会影响，进入不到党政视野和政策议程之中。枢纽型青年组织应致力打造品牌项目，走差异化路线，并不断着眼品牌项目的引领性、覆盖面和影响力。例如，欧洲青年论坛开展的"欧洲青年首都"项目以及"哟！节日"（Yo! Fest）活动，动员了欧洲诸多城市青年参与包括政治辩论、研讨会、现场音乐和艺术表演等活动，激发了地方青年组织参与更高层面青年活动的积极性，同时也影响了欧盟的决策议题。世界青年大会的"马六甲国际青年对话"也逐渐形成了各国青年组织对话的品牌，不断凸显世界青年大会的枢纽型功能。因此，通过打造持续性、大规模的品牌项目，进一步创新活动内容，摆脱同质化活动的限制，才能不断凸显枢纽型组织的龙头地位和引领功能。

（四）以能力提升为要务，增强参与全球治理的话语权力度

马克思主义唯物辩证法指出，事物的发展是由内部因素和外部条件共同作用的结果，内部因素是根本性的，影响着事物变化发展的走向和快慢，而外部因素则像催化剂，是事物变化发展的重要条件。当前我国的社会组织总数已经超过 83 万个，但真正涉及全球治理的社会组织不超过 50 家，这一方面与我国青年组织发展先天性不足有关，另一方面也与社会组织参与治理的能力水平远不能满足国际社会治理规则有关。"'打铁还需自身硬'，不论是提升全球治理的话语权，还是为全球治理作出更大的贡献，都依赖于中国自身治理能力的提高。"[1]枢纽型社会组织作为"组织中的组织"，必须不断增强规则制定能力、议程设置能力、舆论宣传能力、统筹协调能力，通过疏通联动各方资源，构建四通八达的合作网络，不断增强其参

（1） 钮菊生、刘敏：《中国引领全球治理的问题与对策》，《东北亚论坛》，2019 年第 2 期。

与全球治理话语权的力度和厚度。欧洲青年论坛、世界青年大会之所以成功的关键因素之一就是协调联合国、欧洲各国多个层面以及双边和多边数个青年官方平台和官方机构资源，同时与各基金会、企业以及其他非政府青年组织建立合作伙伴关系，合作形式丰富多样，合作网络遍布全球，青年形象和组织代表性在广阔的范围内得到了认可和支持，为青年发展争取到了实实在在的权益。

第四章

政治型国际青年组织的历史发展脉络
及参与全球治理研究

第一节 政治型国际青年组织概念辨析

长期以来，政治型国际青年组织在学术界一直处于尴尬境地，其一是因为关注和研究这一课题的学者比较少，研究的著述就更加少了，即便是已经有的研究文献，对其本身概念进行界定的比较少，直接使用该概念的情况比较多；其二是虽然大家都对政治型国际青年组织保持一种"约定俗成"的态度，但这仅仅是表面上的"共识"，其实对该概念的内涵和外延并不清晰，大家只是按照自己的理解在使用这一概念，一般情况下都是需要时拿来就用。正是因为不同的学者对政治型国际青年组织理解上存在偏差，从而导致研究领域出现了对该概念研究内容、范畴、内涵和外延的不统一，甚至是出现了相互混淆的现象。本文意在通过比较分析，尝试对政治型国际青年组织的本质和属性、内涵和外延进行界定，以期准确理解和把握政治型国际青年组织的概念及其发展变迁，深入探讨政治型国际青年组织对国际青年运动和全球治理的客观影响和现实意义，从而为深入研究政治型国际青年组织参与全球治理提供参考。

一、政治型国际青年组织的概念

如果要解释政治型国际青年组织，我们首先看到它是一个复合性词语，由政治、国际和青年组织组成。那么要厘清一下上述各名词及其组合起来的概念。

青年组织是特定历史条件下的产物，是随着近代工业化的出现而出现的。伴随工业化的深入发展，社会分工更加专业化，从而引发了社会结构和社会关系的深刻变化，青年作为特殊年龄阶段的群体，他们不得不为争取自己的社会地位和自身利益而采取组织方式反映自身需求，最早的组织形式是协会、社团、联合会、联盟等等，这些青年组织代表自身特定的利益和文化，也是早期青年运动和有组织的社会行为形成的动因。有不少学者都对青年组织的概念、特点和组织行为进行过深入分析，如黄志坚在《组织、青年组织和青年群体》中是这样论述的："青年组织是指青年出于年龄的特征或自身的特殊的利益和需求，为实现某项目标并根据一定的规章进行活动的集体。青年组织一般具有下述特征：（1）有正式的规章制度；（2）有固定的成员；（3）有明确的组织原则；（4）有较为严密的组织结构；（5）每个成员有确定的权利义务和职责分工"。[1]他还指出，青年组织的特点一是有明显的年龄特征，二是有特殊的利益和需求，三是成员流动性大。这些特点体现了青年人这一群体的自身特点和特殊性。他同时还辨析了青年组织与青年群体和青年团体的区别。针对青年组织和青年群体的区别，他是这样表述的："按照青年组织学的理论规范，青年组织属于青年群体中的正式群体的类型。而青年群体还包括非正式群体的类型。青年非正式群体，是指那些组

（1）　黄志坚：《组织、青年组织与青年团体》，《青年探索》1989 年第 5 期。

织形态较为松散、成员来去有较大的随意性，相互认同的情感色彩较浓、规模比较小的群体。"[1]针对青年组织与青年团体的概念区分，他认为，"按照青年组织学的理论规范，（1）青年组织多有官方色彩或党派色彩，青年团体具有较多的自发因素；（2）青年组织有层级鲜明的组织结构，青年团体内部结构不甚严密；（3）青年组织维系成员之间关系的主要是政治信念或利益因素，青年团体维系成员之间关系的主要是共同的志趣、爱好和追求"。[2]从以上概念，我们不难发现，团体只是具有了组织的某些特点和表面的形态，它并不具备完整组织概念所要求的各项条件。

至于国际青年组织，梳理一下它的发展历程，我们可以看出，国际青年组织不是从来就有的，而是伴随国际共产主义运动的发展而兴起的，是特定历史条件的产物。随着马克思主义在欧洲的广泛传播，1907年，在第二国际的引导和帮助下，以欧洲国家为主的社会主义青年组织成立了社会主义青年国际。1939年底，由于战争使社会主义青年国际领导人之间联络困难，该国际宣告解散。1941年，面对法西斯侵略的共同威胁，以反对法西斯为宗旨的旅英国际青年理事会成立。1942年，该组织演变为世界青年协会。第二次世界大战后，世界青年协会成为国际青年组织的母体。后来，随着二战后世界格局的变化、东西方阵营的出现，国际青年组织也在不断分化组合，形成了支持不同阵营的国际青年组织。20世纪90年代苏联解体东欧剧变后，国际青年组织虽然还在不断发展，但随着国际共产主义运动和世界民族解放运动走入低潮，青年人在国际范围的政治诉求和政治参与程度在不断降低，他们往往更关注自身权益的维护和争取

（1）黄志坚：《组织、青年组织与青年团体》，《青年探索》1989年第5期。
（2）黄志坚：《组织、青年组织与青年团体》，《青年探索》1989年第5期。

现实利益。随之，很多国际青年组织的功能和活动内容也都发生了很大变化，变化最为典型的比如世界青年大会等国际青年组织。

从国际青年组织的起源、发展变迁及现存的几个重要的国际青年组织（如世界民主青年联盟、社会党青年国际、绿党青年国际、世界青年大会、国际青年民主联盟、欧洲青年论坛、伊比利亚美洲青年组织等等）来看，我们可以这样对国际青年组织进行定义：即国际青年组织是指不同国家的青年组织出于自身特殊利益和需求，为实现特定目标，根据一定的规章进行活动的联合体。在这里，我们所指的国际青年组织既包括一个区域内的国际青年组织，如欧洲青年论坛、亚洲青年理事会、伊比利亚美洲国家青年组织等；也包括世界范围内的国际青年组织，如世界青年大会、世界民主青年联盟、国际学生联合会等。

当然，也有学者如张旭东、孙宏艳在《世界主要国际青年组织运行经验及启示》一文中指出，国际青年组织是主要由具有共同信念或利益的青年人组成的，在一定物质和技术基础上为实现一定目标，按照自愿原则结合起来并遵从一定规章制度、具有层级结构和角色分配的相对独立的非营利社会组织。[1]其概念是放入青年组织、组织理论、社会组织以及国际社会等不同学术维度进行考量后进行的综合叠加的概念，该定义确实更加精确化，但其学术意义与我们前述的概念并没有什么不同。

在这里需要重点强调的是，无论国际青年组织的概念如何论述，其成员既可以包括同一政治倾向的青年组织，如绿党国际和社会党国际；也可以包括不同政治信仰的青年和青年组织，如 1945

---

[1]　张旭东、孙宏艳：《世界主要国际青年组织运行经验及启示》，《中国青年研究》2019 年第 10 期。

年8月成立的"世界民主青年联盟"成员就包括当时世界主要国家的各种意识形态、各种政治派别、各种宗教信仰的青年组织，不仅有共青团和民主青年组织，也有自由党、保守党、激进党的青年组织，还包括殖民地国家的民族解放运动青年组织和各国基督教、天主教、犹太复国主义青年组织。另一方面，其成员既可以包括国家级的青年组织，也可以包括区域性青年组织，比较典型的是国际民主青年联盟，也就是保守党青年国际。该组织成员不仅囊括了7个地区性的青年组织，即美洲青年民主联盟（Americas Young Democrat Union）、北欧青年保守联盟（Nordic Young Conservative Union）、欧洲青年保守党（European Young Conservatives）、北欧学生保守联盟（Nordic Conservative Student Union）、欧洲民主学生组织（European Democrat Students）、欧洲青年民主团体（Democratic Youth Community of Europe）、欧洲人民党青年组织（Youth of the European People's Party），也包括来自82个国家的121个单一国别的青年组织，如马尔代夫民主党（Maldivian Democratic Party）、玻利维亚民族主义民主行动党（Accion Democrática Nacionalista）、德国青年联盟（Junge Union Deutschlands）等等。[1]

此外，国际青年组织不仅有政治型国际青年组织，也有行业型、公益型、宗教型、教育型等不同功能性青年组织，如国际青商会、世界童子军组织、欧洲青年论坛、地球之友环保组织等等。可见，国际青年组织就是跨越国家界限的青年组织的联合体，是一个超国家的青年行为体，其最根本的特征就是跨越一国边界，这是国际青年组织这一概念能够成立的前提和必要条件。

政治型国际青年组织，顾名思义，就是指具有特定政治倾向和

---

[1] 参见国际民主青年联盟官方网站：http://www.iydu.org/。

政治需求，寻求发挥特定政治影响力的国际青年组织，它具备青年组织和国际青年组织的所有特征，但仅仅是国际青年组织中的某个特定类型。政治属性是这类国际青年组织的第一属性和基本要素。国际青年组织因其所处的特定时代背景，生来就具有鲜明的时代特征。也就是说，国际青年组织是随着国际共产主义运动发展、反法西斯国际统一战线建立和民族解放运动的兴起而出现的，在这一特殊背景下，国际青年组织成立伊始大多具有浓厚的政治色彩。因此，政治型国际青年组织也应运而生，成为那个特定年代国际青年组织的典型特点。只不过随着 20 世纪 80 年代末 90 年代初的苏东剧变，国际共产主义运动陷入低潮，国际青年组织大多开始从追求特定政治目标、开展世界青年政治运动、寻求民族独立和解放慢慢向满足青年需求、维护青年自身权益的目标转变，政治诉求和政治影响不再是青年组织的首要宗旨，政治型青年组织的政治功能不断被其他功能叠加，工作重心发生了转移。

二、政治型国际青年组织的内涵和特点

（一）政治型国际青年组织的基本内涵

1. 青年性是政治型国际青年组织的基本属性

政治型国际青年组织的成员是青年组织，它拥有青年组织的所有特性，青年性是其基本属性。青年组织本身诞生要比国际青年组织早，它是青年这一群体拥有了历史上的独立性后就已经开始生成并得到了发展的。无论是学者程刚认为的"青年组织从属于社会历史的范畴，是一种社会文化的表现，具有年龄阶段的特殊标志"，[1]

---

[1] 程刚：《青年组织论》，山东人民出版社 1991 年版，第 30-35 页。

还是学者黄志坚对青年组织的界定（参见上文），抑或是学者包志勤认为的"青年组织是由一定年龄规定的年轻人组成的形式化群体"。[1]这些定义都突出了青年群体的年龄特征和组织要素。此外，黄志坚还认为青年组织"是社会组织中的一种类型，它既具有一般组织的属性，又具有有别于其他社会组织的特点，在共性中有个性"。[2]可见，政治型国际青年组织与青年组织一样既具有一般社会组织的特点，同时还因为其成员有明显的年龄特征、特殊的利益和需求，以及流动性大等因素，[3]使得政治型国际青年组织还具有不稳定性、活跃性、暂时性等等特点，这些特点都是因政治型国际青年组织的青年性这一基本属性而形成的。

2. 政治性是政治型国际青年组织的基本要素

政治型国际青年组织大多成立之初就具有较强的政治性和明确的政治目标，很多组织还制定了自己独立的政治纲领和政治口号。政治型国际青年组织在行为方式上往往以发起政治运动、进行街头抗议、开展舆论斗争、进行意识形态宣传作为组织的主要活动方式。如社会党青年国际联盟在成立之初的政治主张中就表示"要反对帝国主义、法西斯主义和种族主义，使人类摆脱剥削并获得自由独立发展的权利"，世界民主青年联盟的政治纲领则主张"以自由、民主和团结的精神同帝国主义、殖民主义、新殖民主义、法西斯主义和法西斯政权作斗争"，它还通过举办世界青年联欢节达到开展政治运动、进行组织动员和舆论斗争、加强意识形态教育和宣传等目的。还有1976年成立的阿拉伯学生总会，其主要政治纲领就是联合一切

（1） 包志勤：《现代青年组织学》，中国青年出版社1991年版，第71页。

（2） 黄志坚：《青年组织学》，中国青年出版社1990年版，第28页。

（3） 黄志坚：《青年组织学》，中国青年出版社1990年版，第28-29页。

阿拉伯民主力量和进步政权团结起来对抗帝国主义进攻等。

3. 国际性是政治型国际青年组织的基本前提

政治型国际青年组织是从国际层面动员各个成员组织和青年，通过发起青年运动、举办青年会议、发表共同宣言、制定行动计划、实施共同纲领、开展各类活动等方式，来促进成员之间的交流与合作，实现组织目标和宗旨。从上述概念来看，政治型国际青年组织的组成成员是来自不同国家的，组织行为和活动范围是超越国家的，甚至连其宗旨和目标也不是局限于一国国内的，而是着眼于全世界青年群体的，甚至有的是着眼于全人类的。可见，国际性是政治型国际青年组织的基本前提。

（二）政治型国际青年组织的外延

政治型国际青年组织作为国际青年组织的一部分，当然也具有国际青年组织概念的部分内涵和外延。与国际青年组织一样，政治型国际青年组织根据不同的分类标准，也有不同的排列组合。

一是从其会员性质来看，可以分为政党型和非政党型。前者如社会党青年国际、绿党青年国际，后者如世界民主青年联盟（前面已经论述过）、国际学生联合会、阿拉伯学生总会等。

二是从会员构成类型来看，可以分为单一型和混合型。前者如国际学生联合会、阿拉伯学生联合会等，全部都是由各国学生联合会组成的，成员性质非常单一。还有一些政党国际青年组织，他们的构成类型也比较单一，主要由各国该政党的青年组织组成；后者如世界民主青年联盟、国际民主青年联盟等，它们既有政党青年组织，也有宗教类以及其他类别的青年组织；既有国家青年组织，也有区域青年组织，类型丰富复杂，所以称之为混合型青年组织。

三是从组织行为来看，可以分为紧密型和松散型。如政党国际青年组织作为政治型国际青年组织的重要组成部分，相对其他政治型青年组织而言，政党国际青年组织主要依托于各国母党，政治理念受母党影响，是各国政党培养和锻炼该党接班人和后继者的重要摇篮。所以，政党国际青年组织结构更加严密、目标更加坚定、行动上也更有纪律和一致性，可以称之为紧密型的政治型国际青年组织。其他的则可以称为松散型的政治型国际青年组织。

需要指出的是，政党国际青年组织受政党政治的影响，目前已经成为政治型国际青年组织的主要形态。规模可能也是现存政治型国际青年组织中最大的。

四是按照政治型国际青年组织的时间、活动区域、意识形态等不同生成依据来划分，可能还会有早期、中期、晚期，或者是潜在期、生长期、成熟期、衰落期，还有社会主义和资本主义等等不同类型。

总之，政治型国际青年组织的外延是按照政治属性、组织构成、组织行为等核心指标来厘定，这对我们全面理解和研究政治型国际青年组织会有所帮助。

(三) 政治型国际青年组织的特点

如前所述，政治型国际青年组织具备青年组织的基本属性。青年组织因其组织成员都是青年人，而青年群体又是一个特殊的群体，由于他们有明显的年龄特征、特殊的利益需求，思想活跃且易变，以及流动性大等因素，使得政治型国际青年组织具有了不稳定性、活跃性、暂时性等特点，这些特点都是因政治型国际青年组织的青年性这一基本属性而形成的。这也就解释了为什么政治型国际青年组织的政治功能必须不断叠加新的功能，主要是由青年群体的活跃性、不稳定性和价值取向的易变性所决定的。

当然，政治型国际青年组织也具备政治组织的某些特性，如政治性、权威性、约束性、价值性等等。政治型国际青年组织因其国际性的内涵，还具备国际组织的特性，即国际性和区域性、小多边和大多边等特点。

总之，正是因为政治型国际青年组织的内涵吸收了所有上述各类组织的组织性质，因而更具特殊性、独立性和指向性。

三、政治型国际青年组织、政治性国际青年组织和国际青年政治组织

要想研究好政治型国际青年组织，还需要正确辨析政治型国际青年组织、政治性国际青年组织和国际青年政治组织这几个概念。我们常常看见在不同的文章中，对这几个概念几乎是混为一谈的，很多人对这几个概念不加区分。那么这几个概念到底有什么不同呢？

首先，我们来比较一下政治型国际青年组织和政治性国际青年组织。这两个概念本质上并没有太大不同，只不过其划分的标准不一样，前者是根据国际青年组织的功能和作用，即从概念的外延进行划分的；后者则是根据国际青年组织的内在属性，即从概念的内涵上进行划分的。如果非要说它们有什么不同的话，政治性国际青年组织特指以特定政治目的而结成的国际青年组织，其成员往往是政治青年组织。政治性国际青年组织的政治指向性更强，政治性是其根本属性；而政治型国际青年组织是指以争取政治权益或发挥政治影响力为主要目标的青年组织，其成员并不一定都是政治青年组织。政治型国际青年组织的政治指向性没有政治性国际青年组织那么专一或者强烈，如前所述，政治性是其第一属性和重要因素。

其次，我们来看一下政治型国际青年组织与国际青年政治组织的区别。前面我们已经介绍了政治型国际青年组织的概念，这里不

再赘述。那么，我们来看一下国际青年政治组织的概念。目前，学术界对国际青年政治组织没有明确的定义。但是，我们都知道，国际青年政治组织从字面上理解，就是国际和青年政治组织的概念叠加。孙鹏在《青年政治组织界定和辨析——基于类概念内涵和外延比较分析的视角》一文中对青年政治组织下过定义，青年政治组织是指特定政治主体为实现其政治目的而建立的，以政治认同为纽带、以青年成员为基础、以系统结构为保障的社会群体形式。[1]我们可以套用青年政治组织的概念，国际青年政治组织就是指不同国家的政治主体为实现其政治目的而建立的，以政治认同为纽带，以青年成员为基础，以系统结构为保障的国际社会群体形式。我们从定义中不难发现，国际青年政治组织更加强调组织成员所具有的共同政治信念、思想认同和利益诉求，更加强调组织的严密性，具有严整的内部管理架构和外部组织体系，其对组织成员能够实行更加有效的组织化管理。所以从这个意义上说，国际青年政治组织比政治型国际青年组织的政治属性更强，组织化程度更严密。

最后，我们来比较一下政治性国际青年组织和国际青年政治组织这两个概念。从上面我们提到的概念中，我们很容易比较出来，政治性国际青年组织和国际青年政治组织都具有很强的政治性，即政治性是它们的根本属性，只不过国际青年政治组织的政治性更加凸显，明确的政治指向性是其最具显示度的要素。此外，国际青年政治组织比政治性青年组织的组织化程度更高，除拥有严整完备的组织管理架构和体系外，更强调组织成员要能够按照一定的体制机制和共同约定而采取一致行动。从这个意义上说，国际青年政治组

（1） 孙鹏：《青年政治组织界定和辨析——基于类概念内涵和外延比较分析的视角》，《学术论坛》2016 年第 8 期。

织的组织动员能力更强，组织行为的集体性、协同性更高。

综上，我们可以看出，如果从政治性来比较的话，国际青年政治组织的政治性强于政治性国际青年组织，政治性国际青年组织又强于政治型国际青年组织；从组织化程度来看，国际青年政治组织的组织化程度最高，政治性国际青年组织的组织化程度次之，政治型国际青年组织则更为松散一些。

第二节　政治型国际青年组织的历史发展脉络

政治型国际青年组织的形成与发展是时代的产物。青年运动最早出现在欧洲资本主义发展较早的国家，是各国国内社会政治运动的一部分。19 世纪末 20 世纪初，随着世界进入帝国主义和无产阶级革命时代，青年运动逐步发展为国际化现象。政治型国际青年组织是国际青年运动的领导者和组织者，也是青年群体参与全球治理的组织化平台，其发展历程大致可以划分为三个阶段。

一、兴起阶段（20 世纪初到二战结束）

1907 年 8 月，来自欧洲 13 个国家的社会主义青年运动组织的 20 名青年代表在德国斯图加特召开"社会主义青年组织国际联盟"成立大会（1946 年更名为"社会党青年国际联盟"，以下简称"社青国际"）。[1] 大会确定了社青国际未来工作的三大重点，即反对战争和

（1）　社会主义青年组织国际联盟英文名称为 Socialist Youth International，简称为 SYI；社会党青年国际联盟英文名称为 International Union of Socialist Youth，简称为 IUSY。

军国主义、创造更好的工作和生活条件、社会主义教育。大会选举产生了社青国际的领导层，并把秘书处设在奥地利维也纳。社青国际是目前世界上历史较长、规模较大的政治型国际青年组织，是国际青运的重要力量之一，它的成立标志着政治型国际青年组织参与全球治理的开端。

这一时期，社青国际的主要工作包括出版通讯，通报各国社会主义青年运动的发展状况；发展新的成员组织；组织国际会议。社青国际第二、三次代表大会先后于1910年和1912年在丹麦哥本哈根和瑞士巴塞尔举行。在社青国际的领导下，欧洲各国社会主义青年运动蓬勃发展，围绕当时最紧迫的反对军国主义以及青年工人遭受政治、经济双重压迫等问题开展斗争。1914年，第一次世界大战爆发，社青国际秘书处被迫关闭，瑞士社民党青年组织在苏黎世建立了社青国际临时秘书处，并于1915年召开临时代表大会。社青国际的主要工作转为支持交战国成员组织的发展，主要工作方式是印发《青年国际》杂志。

一战结束后，各种政治力量的青年组织进行了调整和重组。其中，共产主义青年组织在莫斯科成立了"青年共产国际"[1]（也译作"少共国际"），与社青国际分别领导共产主义和社会民主主义两大阵营的青年运动。这一时期，社青国际总部迁至柏林，主要通过举办国际活动发挥信息交流平台的功能，中心议题是反战。自1925年起，法西斯统治下的意大利青年组织被迫停止参与社青国际的活动，这触发了社青国际反抗法西斯主义威胁的斗争。1926年，社青国际在荷兰阿姆斯特丹举办联欢节，6000多名青年参加。1929年，来自18个

---

[1] 青年共产国际英文名称为 Youth Communist International，简称 YCI。

国家的 5 万多名青年聚集在维也纳，交流争取和平、反对战争的经验和意见，这是社青国际在两次世界大战期间举办的最大规模的青年活动。通过这些大型国际青年活动，社青国际在国际舞台上发出了青年的声音，引起了各国政治力量的重视。

20 世纪 30 年代中期，社青国际在如何应对法西斯威胁的问题上出现分歧。一些成员组织，特别是法国和拉美地区的组织主张与共产主义青年组织反法西斯运动密切合作，而英国和斯堪的纳维亚地区的组织则没有认识到建立反法西斯人民阵线的必要性。1935 年 8 月，在哥本哈根召开的社青国际大会通过决议，决定在国际层面不与共产主义合作反对法西斯，但允许各成员组织在国家框架内决定自己的政策。这一决议削弱了建立对抗法西斯的统一民主阵线的动力，法西斯势力对世界和平的威胁日益加剧并最终给世界带来严重灾难。社青国际的成员组织相继被法西斯政权解散，社青国际总部被迫从德国柏林迁往捷克布拉格，后来又迁到法国巴黎。1940 年，德军侵入巴黎，社青国际及其成员组织的活动和联系完全陷入停顿。伴随反法西斯战争的发展，少共国际于 1943 年解散。社青国际和少共国际为各国青年组织的创建、为政治型青年组织参与全球治理发挥了积极的推动作用，积累了宝贵经验。

二、兴盛阶段（二战后至冷战结束）

二战后，政治型国际青年组织在全球普遍活跃，进入兴盛发展阶段。一方面，世界民主青年联盟[1]（以下简称"世界青联"）、社青

（1）　世界青联英文名称为 World Federation of Democratic Youth，简称 WFDY。

国际、世界青年大会等政治性国际青年组织得以建立或重建并发展壮大。另一方面，各国意识形态相同或相似的政党为了增强国际合作和竞争力，不断加强相互联系和支持，纷纷组建国际性、地区性跨国政党组织，其青年组织也纷纷开展了跨国、跨地区联合。其中，社青国际相较于其他政党型国际青年组织而言成立时间更早，与世界青联、世青大会等非政党型国际青年组织共同在国际青运史上发挥了重要作用并经历了数次功能转变，因此本文仍将社青国际与世界青联、世青大会一起进行讨论。

（一）政治性国际青年组织融合发展

为巩固世界反法西斯战争成果，各国青年组织一致认为有必要建立具有广泛统一战线性质的政治性国际青年组织。1945年10月29日至11月10日，来自63个国家的青年组织代表600余人在伦敦召开"世界青年会议"，正式成立了一个统一的世界青年组织——世界青联。世界青联的成员组织成分非常广泛，包括当时世界主要国家的各种意识形态、政治派别、宗教信仰的青年组织，与会人士的职业和身份也涉及工人、农民、知识分子、社会主义者、共产党员、天主教徒和基督教徒等众多领域。[1]在当时二战刚刚取得胜利的国际形势下，此次会议得以把世界各方面的青年代表聚集起来，为了消灭战争、争取世界和平这两个人类共同的愿望和目标而共同奋斗。

世界青联的盟章规定，世界青联每三年（后改为四年）召开一次代表大会，大会闭会期间的领导机构是由大会选举产生的理事会。理事会每年召开一次会议，理事会闭会期间由世界青联执行委员会

---

(1) 《布达佩斯的回忆——参与世界民主青年联盟二十一年（1945年-1966年）》，共青团中央国际联络部编，第2-14页。

和领导机构人员负责日常事务。世界青联成立时，总部设在巴黎，主要机构包括：反殖民制度斗争青年部、保卫青年工人权利和需要委员会、援助战斗青年委员会、宣传部、旅行与交流部、会员组织联络部。另外还有两个专门委员会，一个负责拉美各国工作，一个负责德国工作。世界青联的出版物包括《新闻公报》《世界青年》杂志《反殖民制度斗争中的青年》。

自成立之日起，世界青联就大力引导世界各国青年投身清除法西斯残余势力、反对殖民主义、争取民族独立、维护世界和平和争取美好未来的伟大事业，为争取建立战后国际新秩序而奋斗。随着世界青联的成立，国际青运第一次实现了社会主义运动、反对法西斯主义民主运动和民族解放运动三大潮流的大融合，标志着国际青运的高涨。

（二）政治性国际青年组织分化对立

冷战开始后，世界青联采取了反对美英帝国主义破坏和平、镇压民族解放运动的鲜明立场，引起北欧一些社会民主党青年学生组织和西方右翼青年学生组织不满，他们指责世界青联为苏联对外政策服务。1946 年 9 月，社青国际重建，社会民主主义青年学生组织相继退出世界青联。[1]以西方右翼青年组织为主的欧美青年组织和一些中间派青年组织也纷纷退出世界青联，并于 1949 年 8 月在伦敦成立了与世界青联对立的国际青年组织——世界青年大会[2]（以下简称"世青大会"）。

（1）　董霞、徐林：《国际青年运动发展概述》,《中国青年研究》2008 年第 12 期。

（2）　世界青年大会英文名称为 World Assembly of Youth，简称 WAY。

　　自此，世界青联、世青大会和社青国际三大国际青运组织形成三足鼎立态势。在冷战格局下，世界青联演变为共产主义和社会主义国家的青年组织，同时联合了其他国家的一些社会主义派别和亚非拉民族民主青年运动组织，得到苏联支持。世青大会则以美欧国家的右翼青年组织为主导，宣称以《联合国人权宣言》为行动准则，反对一切形式的极权主义，在意识形态上反共色彩浓厚，得到美国支持。这两大派别是国际青年运动相对立的主体。社青国际主要是由欧洲国家的社会主义青年组织组成，宣扬社会民主主义或民主社会主义，既反对一切形式的资本主义，也反对以极权方式推行的共产主义，属于当时的中间派和左翼青年运动中的右派，一定程度上得到美国支持。

　　上述三大组织在各种国际场合、各类国际问题上展开争论和斗争，挖抢对方成员组织，同时禁止成员组织与对方成员组织之间接触和交往。各国青年组织主动或被迫选边站，在世界范围内形成了左翼青年运动与右翼青年运动、共产主义青年运动与社会民主主义青年运动的双重对立。

　　在世界青联方面，随着亚非拉地区民族解放运动逐渐高涨，世界青联在继续号召各国青年加强保卫和平的斗争的同时，加大了支持民族解放斗争的工作力度，并在工作中强调对中间力量要广泛争取和团结，以图打破世界青联活动仅限于左翼青年组织的局面。世界青联还开始注意把自身工作与维护青年的权利和各阶层青年利益结合起来，例如举办国际保卫青年权利大会和国际农村青年大会。世界青联还逐渐建立起世界青年与学生和平友谊联欢节（以下简称"联欢节"）这一品牌活动。自 1947 年举办第一届联欢节以来，至今已举办 19 届。联欢节以青年喜爱的文艺表演和体育竞赛为载体，以政治性议题为主题，例如 1947 年第一届联欢节主题为"青年团结起来，为了持久和平前进"，1957 年第六届联欢节主题为"为了和平与友谊"，1973 年第十届联欢节主题为"为了团结反帝、和平与友谊"，2001 年第十五届联欢节主题为"让世界联合起来，和平、团结、发展、反对帝国主义"，2017 年第十九届主题为"为了和平、团结、社会公正，铭记过去、缔造未来"。联欢节为各国青年加强接触、交流、团结提供了机会和平台，吸引了各国青年的广泛参加，在国际青年运动中产生了持续性影响。

社青国际重建大会于 1946 年 9 月在法国巴黎召开。会议达成三点共识：一是确认社青国际要在意识形态和政治策略上走中间路线，既反对资本主义也反对共产主义；二是确认新的组织名称为"社会党青年国际联盟"；三是支持社会党国际接纳德国社民党为会员，重新吸收德国社民党青年组织为会员。大会确定了社青国际的两大工作重点，即支持民族解放运动和推动欧洲一体化。这一时期，社青国际开始走出欧洲，在各大洲快速发展。20 世纪 60 年代后期，随着越战升级、全球反美运动高涨，社青国际因接受美国中情局所支持的民间组织的资助而受到广泛质疑，大部分成员组织相继退出。20 世纪 70、80 年代，社青国际进行整顿和战略调整。1973 年 5 月，社青国际第十次代表大会召开，强调在组织结构上发挥中小成员组织的积极性，提高组织决策透明度；在战略方针上，淡化反共和冷战色彩，提出新的工作重点，包括政治上反对独裁和压迫，支持建立民主体制；经济上反对跨国公司，推动建立国际经济新秩序；安全上反对军备竞赛，关注欧洲及其他地区的安全和稳定。国际层面，加强与其他国际性青年组织的合作，扩大国际影响力。在区域层面，建立拉美、亚太和欧洲委员会。通过推动建立国际经济新秩序运动，社青国际重新赢得欧洲社会党青年组织的信任和支持。在广泛支持亚非拉反对殖民主义和独裁统治、争取民族独立和自由的斗争中，进一步壮大了在发展中国家的会员。

(三) 政党型国际青年组织各自发展

世界上传统的国际性政党组织主要包括 1951 年战后重建的社会党国际、1947 年成立的自由党国际、1961 年成立的基民党国际以及 1983 年成立的"国际民主联盟"(又称保守党国际)。[1]二战后,随着冷战的深入发展,以上政党组织纷纷推动建立所属青年组织的国际联合组织,通过会议研讨、参访交流、舆论宣传等活动形式,在世界范围内宣传母党的政治主张、吸收发展青年新党员、支持母党政治选举。

自由党国际的青年组织是国际自由和激进青年联合会[2](以下简称"国际自由青联"),1979 年成立于瑞典施克堡,目前总部设在英国伦敦。其前身包括 1946 年在英国剑桥成立的世界自由和激进青年联合会和 1969 年成立的欧洲自由和激进青年联合会。起初,该组织主要在欧洲活动,1979 年开始向拉美和非洲地区扩展,1989 年后扩展至中东欧和亚洲地区。目前在各个大洲均有分支机构,有 70 多个会员组织。

国际自由青联是国际性的自由主义和激进主义青年组织的联合体,为全球自由主义和激进主义青年和学生组织间合作提供平台。该组织在政治上强调人权的普遍性和不可分割,倡导建立无歧视、机会平等、尊重个体和少数人群权益的自由宽容的社会;在经济上主张建立财富平均、生态稳定的市场经济。国际自由青联的主要目

---

(1) 赵可金:《政党外交及其运行机制》,《当代世界》2010 年第 11 期。

(2) 国际自由和激进青年联合会英文名称为 the International Federation of Liberal and Radical Youth,简称 IFLRY。

标是提高和代表青年自由主义者和激进主义者的利益，在全球青年中倡导自由主义理念。国际自由青联的最高机构是联合会大会，至少每两年举行一次。联合会大会以决议形式确定组织方针政策，通过组织政治纲领和宣言，制定两年行动规划，选出董事局成员并通过预算。董事局包括一名主席、一名秘书长和四名副主席。董事局负责国际自由青联日常事务，并任命一名执行主任管理秘书处。

基民党国际成立于 1947 年，是由世界上主要的基督教民主党组成的国际组织。基民党国际的青年组织中，较为活跃的包括欧洲民主学生联盟、欧洲民主青年社团、欧洲人民党青年组织。[1]

欧洲民主学生联盟成立于 1961 年，创始之初名为"国际基督教民主和保守党学生联盟"，1975 年改为现名，总部在比利时布鲁塞尔。欧洲民主学生联盟的主要目标是通过成员组织间的讨论和交流，加强和深化民主、自由和多元化的思想，并向相关政治机构提出政策建议。欧洲民主学生联盟现有各类会员组织 39 个，主要包括欧洲各国的基督教民主党和其他中右翼政党的青年学生组织。欧洲民主学生联盟是欧洲青年论坛的成员组织。

欧洲民主青年社团于 1964 年成立于德国汉堡，是欧洲中右翼青年政治组织。该组织以基督教的原则和理想，人类尊严、自由和社会正义为基础，追求创造更加团结的欧洲。现有来自 33 个国家的 45 个会员组织，共包括超 100 万个分支机构。其成员组织主要包括来自欧洲及周边地区的基督教民主党和其他中右翼政党的青年组织。欧洲民主青年社团于 1973 年取得欧洲委员会咨商地位，此后积极推

（1）　三个组织的英文名称分别为 European Democratic Students，简称 EDS；Democratic Youth Community of Europe，简称 DEMYC；Youth of European People's Party，简称 YEPP。

动成员组织参加欧洲委员会下属欧洲青年中心和欧洲青年基金的各项活动。欧洲民主青年社团是欧洲民主联盟的永久观察员，是欧洲青年论坛的成员组织。

欧洲人民党青年组织成立于 1997 年 1 月，前身是欧洲基督教民主青年组织，总部设在比利时布鲁塞尔。会员组织包括欧洲 39 个国家的 63 个中右翼青年政治组织。欧洲人民党青年组织的主要目标是把欧洲人民党、欧洲基督教民主联盟和欧洲民主联盟的成员党所领导的青年组织团结起来，加强欧洲内部的联系和交流，协调国际政策和战略，同时发展欧洲青年与其他大洲青年的关系。欧洲人民党青年组织是欧洲基督教民主联盟和欧洲人民党的青年组织，也是欧洲青年论坛的成员。

保守党国际的青年组织是国际民主青年联盟（以下简称"国际民主青联"），[1]成立于 1981 年，后于 1991 年在美国华盛顿重新成立，总部设在伦敦。国际民主青联是全球保守主义青年组织的联合体，倡导民主、政治自由、言论自由、个人自由和私有财产权利等保守主义价值观。国际民主青联的倡导人是英国前首相撒切尔夫人，她指出，该组织的作用是宣扬实践和振兴自由的理念，并将自由这一理念扩展至全球范围。目前该组织有 127 个成员组织，来自全球 81 个国家。

国际民主青联的最高权力机构是理事会，由倡导人、行政人员和国际民主青联的成员组成。理事会会议每年召开一次，主要职责包括选举倡导人、确立行政人员、审议工作和财务报告、确立组织目标政策和活动范围、审查会员申请、修改组织章程等。国

（1） 国际民主青年联盟的英文名称是 The International Young Democrat Union，简称 IYDU。

际民主青联每年在世界各地举办多场活动，主要包括自由论坛、参访活动及理事会会议。国际民主青联还针对非西方民主国家实施"自由运动"计划，支持此类国家的民主运动和支持自由市场的团体组织。

三、调整阶段（冷战结束以来）

（一）政治性国际青年组织从以意识形态为中心向以青年为中心过渡

冷战结束以来，世界政治经济格局的新演变和全球化的深入发展对政治型国际青年组织产生了重要影响，促进了其工作核心目标的调整。自产生以来，社青国际、世界青联、世青大会等政治性国际青年组织的斗争目标主要都是围绕意识形态展开的。反对战争、反对法西斯主义、反对殖民统治、两大阵营间势力范围的争夺，都是以发动或阻止政治革命、巩固或扩大势力（政权）范围为主要内容。即便青年群体对自身政治、经济和社会地位的争取，也从属于意识形态斗争。冷战后，随着东西方阵营对立的结束，世界范围内大规模的国家间对抗不复存在，政治性国际青年组织的意识形态色彩明显淡化，关于国家政权和势力范围的斗争大大减少。

另一方面，随着世界人权事业的发展，国际社会就青年自身生存、成长、发展等问题日益重视并达成广泛共识。在这一过程中，联合国积极倡导和发展世界青年事务。相对于青年运动以青年群体作为斗争主体，青年事务则把青年群体当作工作对象，主要是指"政府或社会组织围绕青年教育、健康、就业、参与等与青少年成长成才、生产生活、生存发展等有关方面，依照有关法律、法规行使青少年教育、监督、管理、保护、发展等职能过程中所涉及的综合性服务事项"。[1]国际青运在此潮流的影响下，也更加注重"以人为本"的工作目标，关注如何改善青年的生存和成长环境，保护青年权利和权益，促进青年健康发展。特别是围绕全球化带给青年群体的共同挑战，政治性国际青年组织间的合作增加、对抗减少。

以社青国际为例,20世纪90年代起社青国际在继续开展政治、经济和安全等传统领域工作的同时，提出要超越和淡化意识形态和政治立场，平衡各方利益，更加关注青年社会问题。早在20世纪80年代，社青国际就开始关注妇女运动、艾滋病等社会议题。社青国际在组织内部推行男女投票比例制度，女青年更加积极参与社会主义青年运动，并进入社青国际领导层。1985年，社青国际产生了首位女主席。冷战结束后，社青国际进一步成立了女权工作组，规定了领导机构中的男女比例，并把投票权、会员补助等与会员组织的男女代表比例挂钩。1997年，社青国际产生首位女秘书长。目前，在社青国际主席团中，主席、秘书长均为女性,18名副主席中有8名女性。

2007年，社青国际以"为和平与平等而奋斗100年"为口号，在德国柏林举办了大规模的100周年庆典活动，来自100多个成员组织的1300名青年和学生代表参加了活动。社青国际及其成员组织一致表示，将在社会民主主义旗帜的指引下，围绕和平、平等、民主和人权的宗旨，团结和带领广大社会主义青年，在新的百年中继续新的征程。大会将贫困、性别平等、青年教育问题作为优先工作领域，呼吁重视青年失业和就业歧视等问题。

世青大会的目标转变更为彻底。从20世纪90年代起，世青大

会逐渐把自己定位为国家青年理事会和国家青年组织的国际性协调机构，淡化政治色彩，突出交流和枢纽功能。目前，世青大会具有联合国经社理事会特别咨商地位，与联合国开发计划署、联合国环境规划署、国际劳工组织、联合国教科文组织、联合国人口活动基金会、联合国儿童基金会、联合国贸易和发展会议、世界卫生组织等联合国有关机构合作密切。世青大会以促进青年发展为中心目标，确立了 21 个与青年相关的重点领域，分别是：妇女问题、艾滋病、军事冲突、民主、残疾、毒品、教育、失业、健康、人权、人口、代际关系、未成年人犯罪、贫困、信息通讯、全球化、环境保护、闲暇活动、志愿服务、决策参与、领导力培训及人类发展。世青大会重视在全球范围内推动青年事务的发展，协助推动各国青年政策、青年行动的有效制定和执行。这与该组织 1949 年成立之初的宗旨和任务相比已发生了根本性的变化。

　　与社青国际和世青大会相比，世界青联仍然是左翼青年组织中最为激进的组织之一。目前，世界青联的政治原则和目标中仍明确规定，世界青联要在所有的国际性、地区性和国家青年组织间增进共识、加强合作，团结一切反对帝国主义、激进和民主力量，共同实现青年权益。世界青联坚持以下主张：教育青年树立自由、民主和团结精神，打倒帝国主义、殖民主义和新殖民主义，结束种族主义和法西斯政权，支持实现世界和平与安全的所有行动；反对所有在年龄、性别、教育、住所、财富、社会地位、宗教、政治信仰、肤色和种族等方面的歧视，保证青年言论、出版、宗教、集会、结社的权利；支持青年实现更高的生活水平、教育、工作、休闲以及文化、教育、运动等方面的活动；支持联合国宪章，在青年一代发展和平和国际友谊的精神。

　　但与此同时，世界青联也增加了关注青年现实处境和需求、维护青年权益等工作目标。2013 年，世界青联在西班牙召开理事会，认为单纯依靠意识形态斗争不足以凝聚青年，需要进一步关注社会事务及青年的现实需求，特别是青年的经济诉求，以吸引青年参与和支持。为此，世界青联通过政治报告，提出要关注青年的现实处境和诉求，维护青年劳工权益，为青年争取公共卫生、公共教育和就业权利，反对种族歧视，并呼吁青年参与保护自然资源和环境等领域工作。

（二）政治型国际青年组织之间的力量对比发生变化，在新型国际青运中的影响力有所下降

一是传统的三大政治性国际青年组织之间的力量对比发生重大变化。苏联解体导致世界青联失去了一批重要的会员团体，一度断绝了政治依靠和经济来源，许多成员组织解散或改旗易帜，成员组织大大减少。从代表性来看，世界青联目前主要代表在经济全球化过程中利益受损的青年，群众基础以社会边缘群体为主，代表性和影响力大幅度下降。世青大会方面，由于西方青年组织大多数退出，世青大会的成员组织以发展中国家为主，例如目前的 140 个成员组织中，非洲青年组织就达 45 个。社青国际抓住了冷战后世界青联分化改组的契机，积极接收和改造原属共产主义阵营或亲共产主义的青年组织，推动社会主义青年运动在各大洲的发展。21 世纪初，伴随社会党、社民党在全球 50 多个国家上台执政，社青国际的影响力继续上升，成为国际青运中最重要的组织力量之一。但近年来，随着民粹主义在西方社会发酵、右翼保守主义党派不断发展壮大，社会党、社民党等传统政党出现颓势，对社青国际的发展也造成影响。

二是近年来政党型国际青年组织间的力量对比发生变化。近年来，西方传统政党在青年中的影响力总体下降，绿党等新兴政党不断兴起，吸引了大量的青年追随者和支持者。绿党最早创立于 20 世纪 60 年代，80 年代逐渐兴起于德国、法国、荷兰等欧洲国家。2001年，绿党国际[1]召开首次世界绿党大会。2007 年，青年绿党国际[2]成立。绿党致力于推广绿色理念，将环保这一社会议题成功转化为强有力的政治议题，成为主流政党的共识。目前，"几乎所有的左翼政党，甚至中右翼政党，都在纲领中提及生态和环境议题"。[3]绿党自身也异军突起，逐渐成为国际政治舞台的重要力量。2019 年欧洲议会选举中，欧洲议会绿党、欧洲自由联盟党团斩获 751 席中的 75 席，较上次 2014 年选举增加 25 席。其中德国绿党得票率为 20.5%，超越德国社民党成为德国在欧洲议会的第二大党，英国绿党得票率比上届选举几乎翻倍。有媒体调查显示，年轻选民的力挺是欧洲各国绿党在 2019 年欧洲议会选举大获成功的主要原因之一。在法国，18岁至 24 岁的选民中，有 25% 把选票投给了绿党。在德国这一比例是 34%，超过基民盟、社民党和左党的总和。可以说，青年群体对绿党的支持是其不断取得成功的重要因素。一方面，环境保护、气候变化与青年的未来发展息息相关，青年群体对这一议题高度关注。另一方面，绿党把青年作为重要的工作对象，成功实现了把青年对发展权利的关切与自身的政治主张相对接。在历届欧洲议会选举民调中，一半左右的选民认可"绿党最关心的是政治对下一代的影

（1）　绿党国际的英文名称为 The Global Greens，简称 GG。

（2）　青年绿党国际英文名称为 The Global Young Greens，简称 GYG。

（3）　王聪聪：《比较视野下的德国左翼政党的"绿色转型"》，《国外理论动态》2019 年第 3 期。

响"。[1]

三是随着新媒体时代的到来，依托社交媒体平台产生的青年"自组织"运动日益成为青年参与政治运动的重要方式。自本世纪初以来，青年群体非组织化、多元化、碎片化趋势日益明显，越来越多的年轻人选择不参加传统意义上的政治组织，而是根据自身喜好、兴趣和利益，有选择性地参与线上平台的话题讨论。经由社交媒体等网络平台迅速在国际上串联的"自组织"运动成为新时期国际青年运动的新趋势。美国的占领华尔街运动、法国的黄背心运动就是其中的典型代表。

2011 年 7 月 13 日，加拿大一家非营利反消费主义网络杂志"广告克星"（Adbusters）在推特上发布了一份网络倡议书，号召全球网民发起对资本和政治的抗议行动。9 月 17 日，美国纽约爆发"占领华尔街"民众抗议运动，此后迅速蔓延至洛杉矶、旧金山、芝加哥、波士顿、西雅图、华盛顿等城市。"占领华尔街"运动的主体是青年群体，其核心诉求包括抗议美国经济、政治体制的不公，矛头直指华尔街的"贪婪"、金融系统弊病、政府监管不力，以及美国政府过度动用军力、对少数族裔不公、失业率高等社会问题。此后，占领运动外溢至德国、法国、西班牙、日本、新西兰等许多发达国家，并于 10 月 15 日迎来第一次全球行动，席卷东亚、欧洲和北美地区，这一天被称为"全球愤怒日"。据占领运动的组织者称，全球超过 1500 座城市出现过类似"占领"运动。[2]

（1）　世界说官方账号：《德国年轻人为什么选择了绿党》，2019 年 6 月 17
　　　日，见 https://baijiahao.baidu.com/s?id=1636588641643557074。

（2）　赵春丽、邢思雨：《新媒体时代西方国家政治参与的新变化及其民主
　　　调适》，《理论与现代化》2017 年第 3 期。

　　法国"黄背心"运动始于 2018 年 11 月 17 日，是法国巴黎 50 年来最大的骚乱，其导火索是法国政府宣布将自 2019 年 1 月 1 日起上调燃油价格和燃油税。为表达不满，法国民众纷纷走上街头。随着事态的恶化，这场因提高燃油税引发的运动逐渐演变为对马克龙的全面抗议，抗议事由也扩展到削减税收、提高最低工资、扩大社会福利、教育等各方面议题。迫于民众压力，法国政府最终作出让步。法国总理菲利普 12 月 4 日宣布，取消次年的燃油价格上调计划。"黄背心运动"是法国近年来罕见的一次没有通过工会组织、完全由社交媒体串联聚集的规模较大的示威抗议活动，青年在其中扮演了重要角色。一方面，青年凭借对社交媒体的娴熟运用，在线上运动中逐渐发挥主导作用，成就了一批网络意见领袖。另一方面，许多青年被极端情绪和极端思想左右，频繁卷入暴力打砸和警民冲突，成为黄背心运动逐渐演变为"打砸抢"骚乱的重要助推力量。

　　这种依托新媒体平台的"自组织"青年运动与以往由政治型国际青年组织发动的青年运动有很大不同，具体体现在：

　　一是组织动员方式的改变。在互联网特别是社交媒体普及以前，传统的组织动员方式大多依赖组织动员、广场演讲、街头游行等实体活动形式。互联网和社交网络的发展则为青年的组织动员提供了便捷的线上平台，能够打破时空、地域、行业限制，克服集体行动阻碍和资源依赖，形成灵活的网络动员体系，更易于形成跨国、跨地区的影响力。

　　二是组织形态的改变。传统的政治型组织一般都有明确的组织架构和层级差异，组织体系呈垂直化，组织的领导层制定组织纲领和行动计划，对组织有较强的掌控力。新媒体时代催生的"自组织"政治运动打破了这种"带有强烈的集体行动框架和高度组织化、集中化、垂直化的"传统运动模式，"横向化、分散化、去中心化的直接民主的社会运动模式初现端倪"。[1]

三是诉求表达的清晰程度不同。传统的政治型国际青年组织都具有明确的纲领宗旨和理论指导，政治诉求清晰明了，成为指挥和协调组织内部各层级行动步调的重要指南。而新的"自组织"青年运动往往由一个具体事件引爆，在一开始时并无明确的运动目标，更没有统一的指挥和指导，因此诉求表达是多元的、甚至凌乱的。例如最初发起占领运动的《广告克星》杂志并未提出明确的运动诉求。他们曾在接受采访时表示，"在运动成气候之前，提出具体目标是没有意义的。所以，开始的目标就是占领本身——占领意味着直接民主，而直接民主有可能产生特定目标，也可能不"。[2]

四是参与主体更加多元。政治型国际青年组织凝聚人心主要是依靠共同的政治目标和相近的价值观。新的"自组织"青年运动则主要得益于社交媒体的广泛聚集功能，能够迅速吸引和凝聚各种群体青年的参与，"过滤了人们在职业、性别、阶层、种族、肤色、国别等之间的差异"，[3]但凡在生活方式、兴趣爱好、利益关切等方面存在共同之处，青年就可以相互关联组织起来。

为了适应新媒体时代的青年在行为方式、表达方式、政治参与等方面呈现的新特点、新变化，传统的政治型国际青年组织也作出了许多新的尝试。例如本文中提到的政治性国际青年组织和

（1） 陈文胜：《社交媒体时代的国外社会运动及其对中国社会治理的启示》，《当代世界与社会主义》2016 年第 5 期。

（2） BBC News, Hundreds freed after New York Wall Street protests. http://www.bbc.co.uk/news/world-us-canada-15143509,2011-10-02/2013-04-02.

（3） 赵春丽、邢思雨：《新媒体时代西方国家政治参与的新变化及其民主调适》，《理论与现代化》2017 年第 3 期。

政党型国际青年组织都开通了脸书、推特等社交媒体账号，及时更新活动信息，发布宣言声明，开展线上会议、论坛、研讨、分享等活动，为组织发展新成员、募集资金，许多组织还把原来的印刷版宣传材料改版为在线上发布，并创建了线上交流讨论社区。这些互动方式的改变为传统的政治型国际青年组织发挥影响力带来了新的契机。

第三节　政治型国际青年组织参与全球治理的特点

一、提出政治主张、表达政治诉求是政治型国际青年组织参与全球治理的鲜明特征。

政治性是政治型国际青年组织的根本属性。提出政治主张、表达政治诉求是政治型国际青年组织的主要标志，也是政治型国际青年组织参与全球治理的主要特征。

三大政治性国际青年组织都提出了明确的政治目标。社青国际自成立之初就鲜明提出其首要政治目标是反对战争和军国主义，并主张通过政治手段解决问题。世界青联于1945年成立大会上就明确了以"为保卫世界持久和平、争取民主和国家独立、争取青年权利和美好未来而奋斗"为目标，以"青年团结起来，为持久和平、民主、民族独立和青年的美好将来而斗争"为战斗口号。世界青年大会作为与世界青联相对立的组织，宣称以《世界人权宣言》为基础，反对一切形式的极权主义。政党型国际青年组织也各自具有明确的政治诉求。

二、围绕政治议题开展活动是政治型国际青年组织参与全球治理的主要内容。

一是召开国际会议。各政治型国际青年组织均设有自身的最高权力机构并定期召开会议,以通过组织的政治纲领和政治宣言,制定近期和长期工作目标和行动计划,以此指导和协调各国成员组织的活动。例如,社青国际、世界青联、世青大会的最高权力机构都是代表大会,分别每两年、四年、四至五年召开一次。国际民主青联的最高机构是理事会,至少每年召开一次理事会会议。此外,政治型国际青年组织还定期举办研讨会、论坛、培训、分享会等活动,就特定的政治议题进行深入探讨和交流。

二是倡议和组织青年活动和运动。世界青年与学生和平友谊联欢节是世界青联的品牌活动,也是该组织团结各国青年和青年组织的重要活动平台。世界青联还定期举办"世界青年日""世界青年周""反对殖民制度斗争日"等纪念活动。社青国际支持和鼓励亚非拉地区当地青年组织开展要求保障民主、人权和工人结社自由等的示威、游行、集会等政治运动。欧洲民主学生联盟开展夏季学校活动,在进行体育活动和社会实践的同时,组织学生就有关政治、社会问题等交流观点、凝聚共识。国际民主青联每年举办多场参访活动,为现在和未来的领袖搭建交流和友谊平台。

三、宣传政治主张、开展舆论斗争是政治型国际青年组织参与全球治理的重要手段。

许多政治型国际青年组织通过广泛印发刊物等方式宣传其政治主张。例如世界青联的出版物包括:《新闻公报》,分英、法、西语版;《世界青年》杂志,在世界各中心城市(巴黎、莫斯科等)分别出版各种文字版本;世界青联还通过其官方网站发布声明、宣言等。社青国际自1907年成立之初就重视思想宣传和舆论斗争工作。该组织出版组织通讯,印发《青年国际》杂志,通报和支持各国社会主义青年运动的发展。其中《青年国际》杂志有德语、意大利语和斯堪的纳维亚语三种版本,至1918年停刊时共印发了5万余份。国际自由青联创办了季刊杂志《自由》(Libel)，介绍国际自由青联的各项活动，围绕热点议题开展辩论，帮助成员组织间进行信息和思想交流，后来为适应新媒体时代青年特点，该杂志调整为线上信息和交流平台。

四、国际格局和时代主题的变化是政治型国际青年组织工作重心演进的重要推力。

青年是新生的、增长中的社会力量，对所处的政治局势和社会矛盾往往具有敏锐的、理想主义的思考和追求，因此政治型国际青年组织参与全球治理往往会随着国际格局的演进和时代主题的变化而不断调整自身的工作重心。

20世纪30年代，随着二战爆发，反抗法西斯主义、争取和平成为当时的时代主题。各国青年迅速作出反应，纷纷加入到反抗法西斯侵略的抵抗运动中。后来，为了进一步扩大争取和平、反对战争的青年力量，于1941年成立旅英国际青年理事会，并最终成立世界青联。二战后，亚非拉人民争取民族独立和解放的斗争日益高涨，成为当时的时代主题之一。社青国际重建后迅速把支持民族解放运动作为两大工作重点之一。世界青联也改变了以往主要以欧洲为重心的策略，加大了对民族解放斗争的支持力度。东欧剧变、苏联解体宣告了"美苏争霸"两极格局的结束，但世界格局在朝着多极化方向发展的同时，霸权主义和强权政治依然存在并成为引发和平赤字的重要原因。在这一背景下，世界青联号召青年"消灭帝国主义和新老殖民主义，消灭种族主义和法西斯政权，维护世界和平"。社青国际也提出要与其他组织一道推动全球经济治理的平等化和可持续化。在全球化时代，生态环保、恐怖主义、贫富分化、移民难民等全球性问题日益严峻，成为影响青年自身利益的重要政治议题，也成为政治型国际青年组织不断关注的重要内容。

第五章

专业型青年组织参与全球治理研究

第一节　专业型青年组织概述

专业型青年组织特指以某一专业或特定人群为主要活动领域的青年组织，这是一个包含面广泛且相对模糊的概念，涉及各行各业以及经济、社会、文化等方方面面。专业型青年组织既可以是以某类业务活动为主导的青年组织，例如联合国志愿人员组织（UNV）、日本海外协力队（JOCV）等；也可以是以某行业或特定人群为对象的青年组织，例如国际经济学商学学生联合会（AIESEC）、国际青年商会（JCI）、童子军、国际青年记者网（INYJ）、亚洲医生协会（AMDA）等。

专业型青年组织最大的特点是其专业专务性，由于聚焦于特定人群或特定领域，因此具有针对性强、专业性高、服务性强等特点。相对于其他类型的青年组织，专业型青年组织往往具有较好的组织基础，与对象青年联系密切，同时可有针对性地应对青年、社会、政府的需求进行项目设计，组织开展活动，可以为青年和社会提供针对性更强、专业性更高、互动更为密切的高质量服务。既是发挥青年在现代社会治理系统中的作用，增强青年社会参与、组织青年服务社会的一项重要方式，也是联系青年、服务青年、引领青年的一条重要渠道。

当前我国青年社会组织普遍规模较小、专业性较差，缺乏国际视野、国际交流的经验以及针对特定对象群体开展服务性活动的经验。为了快速提高我国青年社会组织的专业性和国际化水平，积极参与全球治理，针对某一青年群体或聚焦于某一领域开展活动的专业型青年组织将是青年组织发展的重要借鉴方式，也是我国青年社会组织突破成长瓶颈，快速平稳发展起来，积极参与全球治理的重要途径。

专业型青年组织相对于其他类别的青年组织，看似缩小了服务领域，实则对其专业化发展提出了更高的要求。专业型青年组织聚焦于特定的目标和对象群体，在社会分工的基础上，以灵活的方式和制度化的形式向青年、社会和政府提供高质量的专项服务，从而实现在特定领域的发展和覆盖。这要求青年组织首先要具有更加明确的目标和理念，并以更加专业的方式针对其对象群体的需求，灵活设计项目及活动，同时以更加制度化的方式组织和保障青年项目及活动的有序展开。以下分别以联合国志愿人员组织（UNV）、国际经济学商学学生联合会（AIESEC）、国际青年商会（JCI）和童子军为例，探索专业型青年组织参与全球治理的主要方式和特点，以及对我国青年组织国际化发展的启示。

第二节　联合国志愿人员组织（UNV）参与全球治理状况

一、成立背景、目标及运行机制

（一）成立背景

国际志愿服务的诞生源自现实的需求和心理上的同情。第一次世界大战后，欧洲国家发起的旨在清理战争废墟的劳动营运动是国际志愿服务最早的大规模表现形式。1934 年，世界上历史最悠久的国际志愿服务机构——国际公民服务团（SCI）成立，旨在促进国际理解和修复被战争破坏地区。20 世纪 50 年代至 60 年代，澳大利亚、英国、美国、加拿大和日本等国先后建立了本国的志愿服务组织。1962 年 3 月成立的国际志愿服务秘书处（ISVS）致力于在全球推动以解决发展问题为目标的志愿服务，该组织也为几年后联合国志愿人员组织（UNV）的成立奠定了基础。

1968 年，伊朗国王穆罕默德·雷扎·巴列维在美国哈佛大学发表演说时，首次提到"应该在联合国框架下建立一个专门的志愿服务机构，以战胜人类的真正敌人——贫穷、饥饿和社会不公"。两年后的 1970 年，联合国大会投票表决正式通过了成立"联合国志愿人员组织"的提案。提案同时规定了该组织隶属于联合国开发计划署（UNDP），并成立一个"特别志愿服务基金"（SVF）以支持其开展各项活动。

联合国志愿人员组织成立之初，总部设在纽约，由伊朗人阿萨德·萨德里担任首任协调员。成立后的 1971 年，该组织就选派了 35 名志愿者赴乍得、东巴基斯坦（今孟加拉国）、也门等国，协助联合国开发计划署、联合国儿童基金会（UNICEF）和联合国粮农组织（FAO）开展工作。1972 年，组织总部迁至瑞士日内瓦。1995 年，又迁至德国波恩并延续至今。

（二）成立目的

1970 年，联合国大会同意建立联合国志愿人员组织的初始目的是要求后者动员和提供有能力的志愿者，协助联合国系统在相关国家开展和平与发展项目。半个多世纪以来，随着全球局势的不断演变和志愿精神的日益丰富，联合国志愿人员组织的职能也得到扩大。联合国通过一系列决议指导该组织聚焦青年参与，通过将志愿服务融入联合国和平与发展项目以扩大和深化有关项目的影响力。

2006年，联合国志愿服务人员组织执行委员会确立了该组织的三大工作目标：

第一，动员志愿者，使更多人能够直接参与联合国发起的人道主义、和平建设、战后复原、可持续发展和消除贫困等方面工作。

第二，推动和平与发展中的志愿服务和公民参与。

第三，促进志愿服务融入政策、法律、规划和为国际社会所认可的发展目标中。

2015年9月25日，联合国可持续发展峰会在纽约召开，与会各国领导人通过了《2030年可持续发展议程》，其中包含了旨在2030年以前消除贫困、不平等、不公正和解决气候变化的17项目标（SDGs）。《2030年可持续发展议程》明确承认志愿服务机构是实现17项目标的"利益相关者"，因为志愿服务有助于扩大和吸引赞助、动员人们参与到本国对落实17项目标的政策制定和执行中。由此，推动实现17项联合国可持续发展目标成为联合国志愿人员组织当前的首要工作重点。

（三）运行机制

联合国志愿人员组织总部位于德国波恩，拥有约150名工作人员，2020年有9400余名志愿者遍布世界各地。现任执行协调员为俄罗斯人托利·库巴诺夫（Toilyn Kurbanov），于2021年1月担任此职。副执行协调员为日本人横须贺恭子（Kyoko Yokosuka）。

联合国志愿人员组织驻纽约办事处负责通过与联合国各常设机构、工作伙伴、社会组织等开展合作，推广志愿服务项目和精神。

该组织另设有五个地区办事处，分别位于约旦安曼（负责阿拉伯国家、欧洲国家和独联体国家）、泰国曼谷（负责亚太地区国家）、塞内加尔达喀尔（负责西非和中非国家）、肯尼亚内毕罗（负责东非和南非国家）和巴拿马巴拿马城（负责拉美和加勒比国家）。地区办事处是参与联合国志愿人员组织项目的第一道入口，它们向各国政府、联合国系统机构、社会组织和私营部门提供服务和解决方案，并对当地志愿服务基础设施建设给予意见建议。在国家层面，联合国志愿人员组织的各国派驻机构与联合国系统机构密切合作，将志愿服务有战略有意义地纳入相关机构在当地开展的工作中。

联合国志愿人员组织招募志愿者的基本要求包括：1. 具有大学学位或高级技术证书；2. 年满 25 周岁；3. 至少 2 年的相关领域工作经验；4. 熟练掌握联合国志愿人员组织三大工作语言（英语、法语、西班牙语）中的至少一门语言。此外，申请者必须拥有对志愿服务精神的强烈认同感、在多文化环境中工作的能力、适应艰苦生存条件的能力和较强的人际交往与组织能力。曾在发展中国家开展志愿服务或工作过的申请者将得到优先考虑。

申请者需在联合国志愿人员组织网站的"人才库"中注册，提交相应的个人信息和技能、教育、职业经历，成为志愿者候选人。联合国志愿人员组织根据各志愿者接纳机构提出的任务要求，从"人才库"中筛选出素质匹配的志愿者候选人。志愿者接纳机构将从确认参与意愿的候选人中选出最终接纳的志愿者，后者将在 4—6 周内由联合国志愿人员组织派遣到位。志愿者的最低服务期限为 6 个月，最高服务期限为 4 年。联合国志愿人员组织将向志愿者提供每月生活补贴、每年一次国际旅费和医疗保险。

联合国志愿人员组织设有多个不同类别的志愿服务项目，如国际志愿者项目、国内志愿者项目、青年志愿者项目（包括"大学志

愿者项目"）、短期国际和出国志愿者项目、网络志愿者项目和社区
志愿者项目。每个项目对申请人的素质条件和服务期限有相应的个
性化要求。以青年志愿者项目为例，该项目面向 18—29 岁青年群
体，最高服务年限为 2 年（其中"大学志愿者项目"的服务期限为
3—6 个月）。

二、参与全球治理的主要方式和特点

联合国志愿人员组织参与全球治理的直接方式是招募和派遣志
愿者投身于以落实联合国 17 个可持续发展目标（SDGs）为宗旨的各
类项目中。这些项目的最大特点是具有较高的针对性，每一个项目
都明确指向若干个"目标"。以下简要介绍几个联合国志愿人员组
织派遣志愿者参与的有代表性的服务项目。

（一）阿富汗"女性青年志愿者计划"

联合国阿富汗援助团（UNAMA）是 2002 年 3 月根据联合国安
理会第 1401 号决议成立的政治援助团，旨在加强对阿富汗重建工作
的援助，巩固该国可持续和平与发展的基础。联合国志愿人员组织
派遣的志愿者是援助团的重要工作力量，仅 2018 年就有 77 位联合
国志愿者在该机构协助开展工作。

根据《2030 年可持续发展议程》设定的要求，联合国阿富汗援助
团聚焦于向当地女性青年赋权，通过开展青年志愿者服务项目为女性
青年提供知识和技术。为此，联合国志愿人员组织发起"女性青年志
愿者计划"，招募阿富汗 22 岁至 29 岁女性青年，培训她们成为联合
国志愿者。通过组织和指导阿富汗女性青年志愿者在当地协助援助团
开展工作，该计划有效推动了阿富汗女性青年实现个人职业抱负。

联合国志愿人员组织在阿富汗开展的工作主要针对 SDGs 的第 5 项（性别平等）、第 10 项（缩小差距）、第 16 项（和平、正义与强大机构）和第 17 项（促进目标实现的伙伴关系）。

（二）南苏丹支持重建与适应项目

南苏丹 2011 年独立，2013 年发生内战，导致该国安全局势恶化，贫困率从 2011 年的 44.7% 上升到 2018 年的 65.9%。2018 年，在联合国开发计划署发布的人类发展指数（HDI）排名中，南苏丹在 189 个国家中排名第 187 位。

根据联合国教科文组织的数据，2017 年该国 15 岁以上人口中只有 27% 的人拥有读写能力。此外，南苏丹儿童辍学现象严重，进一步导致了文盲、贫困和不平等。占该国人口 72% 的 30 岁以下青年人中有 90% 是非正规就业。女性受贫困困扰的程度远高于男性。

联合国开发计划署应对南苏丹问题的方法是：无发展不和平，无和平不发展，和平与发展相互强化，必须同时推进。为此，该组织在南苏丹开展了一系列支持重建与适应的项目，包括向无技能青年群体提供职业或创业培训，为中小企业创造有利的发展环境或提供创业启动工具等资源。联合国志愿人员组织派遣志愿者积极参与上述项目。

例如，联合国开发计划署在南苏丹西南城市亚比奥重建了一个名为"玛西亚市场"的农贸市场，方便当地女性创业者在合适和卫生的条件下出售水果和蔬菜。有 88 位在该市场经营的女性创业者接受了联合国志愿者提供的额外的创业和商业技能培训。2018 年 9 月，联合国开发计划署正式将玛西亚市场移交给当地政府管理，并继续派志愿者追踪市场的发展情况。

联合国志愿人员组织在南苏丹开展的工作主要针对 SDGs 的第 1 项（消除贫困）、第 5 项（性别平等）、第 8 项（体面工作和经济增长）和第 17 项（促进目标实现的伙伴关系）。

（三）非洲环境保护项目

西非和中非的环境保护工作对于实现 SDGs 发挥着至关重要的作用。萨赫勒地带因生态系统压力已导致乍得湖面积萎缩、降水减少、极端天气频发等后果。

联合国志愿人员组织派遣的志愿者在当地积极参与联合国开发计划署和联合国驻中非共和国多层面综合稳定团（MINUSCA）等机构的相关项目，提升当地环境管理水平，动员本地民众开展生态系统保护工作。仅 2017 年，就有 266 名联合国志愿者在西非和中非国家参与环保类项目。

例如，在塞内加尔、利比里亚和中非共和国，志愿者通过开展环保或清洁活动，改善当地居民的生活条件。2017 年，联合国志愿者在塞内加尔开展红树林生态系统管理项目，恢复了几十公顷的红树林种植面积，促进了鱼类的回归和生物多样性。2018 年 4 月 22 日"世界地球日"期间，联合国志愿者在中非共和国首都班吉的一所学校举办了清洁和植树活动，动员学生、维和部队士兵和当地居民清除塑料垃圾、种植树木。上述项目有效推动了当地居民应对气候变化的能力。

联合国志愿人员组织在西非和中非国家开展的工作主要针对 17 项"目标"中的第 13 项（气候变化）、第 15 项（陆生生命）和第 17 项（促进目标实现的伙伴关系）。

三、参与全球治理过程中的问题及对我国青年组织国际化发展的启示

联合国志愿人员组织凭借其联合国系统官方志愿服务机构的身

份，在国际上享有较高的公信力，能较为便利地与世界各国政府和社会组织建立合作关系。同时，联合国对"全球治理"问题享有较大的解释权，使其开展的志愿服务能与"全球治理"的现实需求建立更有针对性的衔接。这些构成了联合国志愿人员组织无可比拟的核心优势，推动该组织近年来在参与全球治理、落实可持续发展目标方面取得了积极成果，得到了国际社会的普遍肯定。

现阶段，大多数中国青年组织特别是青年社会组织的国际化发展还处于起步阶段，独立参与全球治理的能力尚显不足。在此背景下，与联合国志愿人员组织建立合作、"借船出海"可作为中国青年组织参与全球治理的一条捷径。参与联合国框架下的国际志愿服务，一方面可以使中国青年组织迅速打开对外合作渠道，借助联合国平台将国内青年输送到世界各地开展以全球治理为目标的志愿服务；另一方面，在合作过程中，中国青年组织可以学习借鉴联合国和各国青年组织提升国际化水平、参与全球治理的经验，反哺自身发展。

事实上，中国与联合国志愿人员组织早在1981年就建立了合作。截至2017年，已有超过250位中国和国际志愿者通过联合国志愿人员组织派遣为联合国系统在华项目服务，并有近200位中国志愿者被联合国派往35个国家，开展消除贫困、微观经济、环境保护、文化遗产保护、艾滋病防治、移民及非政府组织发展等领域的志愿服务。[1]2018年10月23日，中国青年志愿者协会与联合国志愿人员组织在北京签署谅解备忘录，标志着双方将建立更加紧密的联

（1）　联合国开发计划署中文网站，2018年10月26日，http://www.cn.undp.org/content/china/zh/home/about-us/united-nations-volunteers/unv-and-volunteerism-in-china.html。

系。[1]这一合作将有助于中国青年志愿者更广泛地参与国际志愿服务，培养出更多具有全球治理能力和国际视野的中国青年。

对于有实力独立开展国际合作的中国青年组织，[2]联合国志愿人员组织的部分经验对于其更好参与全球治理具有较强的借鉴价值。例如，联合国志愿人员组织将参与全球治理的途径明确为落实 17 项联合国可持续发展目标，派遣志愿者服务的每一个项目都针对其中若干项目标，有利于保障该组织参与全球治理的实效。中国青年组织可效仿该做法，在开展国际合作前明确参与全球治理的途径和效果评估范围，使其开展的活动更具针对性。此外，联合国志愿人员组织以"人才库"招募和储备志愿者的方法，相较于考试或推荐等形式更加透明、覆盖面更广，有利于吸引更多有志和有智参与全球治理的青年，值得中国青年组织借鉴。

第三节　AIESEC 参与全球治理状况

一、AIESEC 成立的背景、目标及运行机制

AIESEC 是全球最大的青年主导的非营利组织，于 1948 年成立于瑞典，是一个致力于为青年提供领导力培养、跨文化全球实习以及全球志愿者交流活动的国际平台。截至目前，AIESEC 已扩展到

（1）《中国青年报》，2018 年 10 月 26 日，见 http://zqb.cyol.com/html/2018-10/26/nw.D110000zgqnb_20181026_4-02.htm。

（2）　如中国青年志愿者协会自 2002 年起开展"中国青年志愿者海外服务计划"。截至 2018 年底，该项目已累计向亚非拉 23 国派遣 727 名中国青年志愿者，在当地开展医疗卫生、汉语教学、土木工程、网络工程、建筑工程、体育教学、电力分配等服务。——编者注

全球 120 多个国家和地区，全球成员约有 4.4 万名，合作组织超过
8000 个，毕业校友约有 100 万左右。[1]

（一）AIESEC 的成立背景及宗旨

AIESEC 最初是国际经济学商学学生联合会（Association Internationale
des Étudiants en Sciences Économiques et Commerciales）的法语缩写（英
文：International Association of Students in Economic and Commercial
Sciences）。这个全称现已不被正式使用，因为现成员已不再受其专
业背景的限制。

AIESEC 的理念始于 20 世纪 40 年代，当时欧洲正从战争中开
始复苏，一方面工厂和企业急需管理人员和领导者，另一方面，在
商业发展之外，欧洲大陆还需要修复被战争破坏的国家之间的关系，
促进国家之间的了解。正是在这样的背景下，来自比利时、丹麦、
芬兰、法国、荷兰、挪威和瑞典的七个国家的学生于 1949 年 3 月聚
集在一起，在斯德哥尔摩举行了第一届 AIESEC 国际大会，并确立
了"AIESEC 是一个独立的、非政治的国际性组织，其宗旨是建立
和促进成员间的友好关系"。[2]在 AIESEC 成立的第一年，共有 89 名
学生在成员国之间进行了交换。

（二）AIESEC 的组织及运行机制

在成立的最初，AIESEC 没有国际管理机构，是由每个成员国的
全国委员会主席组成的"首席委员会"共同管理。随着 AIESEC 的

（1） AIESEC 官网，2019 年 6 月 26 日，见 https://aiesec.org.cn/about-
us。

（2） AIESEC，2019 年 6 月 26 日，见 https://en.wikipedia.org/wiki/
AIESEC。

发展，逐步建立起一个由民主选举产生的秘书长任命和领导的中央
管理机构。1960 年，来自美国的莫里斯·沃尔夫（Morris Wolff）被选
为第一任秘书长，并在瑞士日内瓦设立了第一个 AIESEC 常设国际
办事处。在随后的十年中，AIESEC 扩展到东亚、澳大利亚，并在
欧洲、非洲、北美和南美洲进一步深入发展。AIESEC 的组织特色是
以学校为基本单位，以学生为主体运营，并与企业、非政府组织建
立合作伙伴关系，提供全球实习以及志愿者的机会。截至 2015 年，
AIESEC 已扩展到全球 127 个国家和地区的 2400 多所大学和国际交
流项目，得到了超过 8000 个合作伙伴的支持，每年可以向其成员提
供近 3 万个锻炼成员领导力的职位。[1]

　　AIESEC 提倡通过领导力培养模型，培养青年世界公民意识、
自我探索与认知、激励他人、解决问题导向四种青年领导力特质。
主要通过让学生志愿者直接参与具体项目运营并在其中承担领导职
责，从而获得领导力培训或跨文化体验。AIESEC 主推的青年项目有
海外志愿者、海外带薪实习、海外青创实习、青年助力全球目标、
青年发声等。

　　海外志愿者项目大多为 6—12 周的短期项目，通过将青年派遣
到海外参加志愿活动，向青年提供跨文化交流体验，鼓励青年挑战
自我以提升领导力并促进国际社会的发展。项目包括教学、艾滋病
防护、人权、环境可持续性、领导力发展等。目前涵盖 120 多个国
家，2018 年度提供项目超过 3 万项，[2]是 AIESEC 推动 17 个联合国可
持续发展目标的主要路径。

（1）　AIESEC，2019 年 6 月 26 日，见 https://en.wikipedia.org/wiki/
　　　　AIESEC。

（2）　AIESEC 官网，2019 年 7 月 19 日，见 https://aiesec.org.cn/global-
　　　　volunteer。

海外带薪实习时长 6—78 周，主要目标是为了让青年在国际化的环境中提升适应能力、交流能力、解决问题的能力，认识充实自我、增加行业选择经验和就业优势。与国内实习相比，以外语为工作语言的海外实习更具有挑战性，亦是深入了解国外企业运作、拓展国际视野的有利机会。且与留学不同，带薪实习生被作为企业 / 社会的一员，可以切实增加具有责任担当的工作经验。目前 AIESEC 海外带薪实习已涵盖 120 多个国家与地区，2018 年度提供项目近 4000 项，现可提供近 5000 个项目机会。[1]其中 AIESEC 全球交流合作伙伴每年可在全球总部或办事处提供大约 10—70 个项目，为超过 400 个不同专业的优秀人才提供在全球总部 / 办事处实习的机会。

海外青创实习多为 6—12 周的短期派遣，是在海外初创企业中进行实习的一类项目，通常为在新的文化和环境中探索、学习如何经营一家企业，培养创业精神和领导力，拓展面向世界的行业社交网络。失业已成为当今青年所面临的一个重要问题。AIESEC 通过海外青创实习，让青年获得在国外初创企业的经验，从而促进青年的发展和成长。海外青创实习目前涵盖 120 多个国家与地区，2018 年度提供项目近 4000 项，现可提供超过 2 万个项目机会。[2]

青年助力全球目标是 AIESEC 针对联合国制定的 17 个全球可持续发展目标（SDGs）所发起的对青年的呼吁。其独特之处是将复杂的语言诠释为与青年日常生活紧密相关的简单案例，拟定召集 100 万青年在了解、认知的基础上，选取自己的目标，通过日常生活或

（1） AIESEC 官网，2019 年 7 月 19 日，见 https://aiesec.org.cn/global-talent。

（2） AIESEC 官网，2019 年 7 月 19 日，见 https://aiesec.org.cn/global-entrepreneur。

是为期 6 周的海外志愿者活动，为所关注的可持续发展议题作出贡献，力争在 2030 年实现消除极端贫困、减少不平等、缓解气候变化等 17 个全球可持续发展目标。

青年发声是 AIESEC 发起的将青年的观点转化为对现实世界具有真实影响的一个项目。青年发声通过对全球青年实施调查，将青年的意见和想法转化为全球青年的声音。青年发声旨在收集全球青年的共同呼声，AIESEC 呼吁全世界 18 亿青年的声音需要被倾听。而青年发声却不仅仅是一项调查，而是一场运动，其目标是聚焦问题、创建意识、产生行动，推动教育和就业等方面的变革，从而使青年可以充分发挥自身潜力。同时，青年发声也是 AIESEC 通过调查了解青年如何参与执行 SDGs 的重要途径。并通过组织青年发声论坛，让青年通过跨行业的交流，采取行动，将灵感转化为实现 2030 年全球可持续发展目标的切实方案。青年发声问卷目前覆盖到 197 个国家，已有超过 18 万份回应。[1]

二、AIESEC 参与全球治理的主要方式和特点

（一）根植于组织理念和发展的国际化视野

AIESEC 在成立之初，就肩负着培养青年领导力以及通过个人的海外交流促进国家之间的交流和理解两个重要目的，"通过了解个人而了解国家，通过改变一个人而改变世界"[2]是 AIESEC 的理念，也是贯穿和根植于 AIESEC 发展的主线。

（1）　AIESEC 官网，2019 年 7 月 19 日，见 https://aiesec.org.cn/youth-speak。

（2）　AIESEC，2019 年 6 月 26 日，见 https://en.wikipedia.org/wiki/AIESEC。

因此，通过海外交流促进个人及国家间的理解既是 AIESEC 发展理念中的重要一环，也是其理念里另一个中心——青年领导力形成的重要途径和基础（参照图 5-1）。这样根植于 AIESEC 理念和发展中的国际化视野是 AIESEC 积极参与全球治理的重要保障。

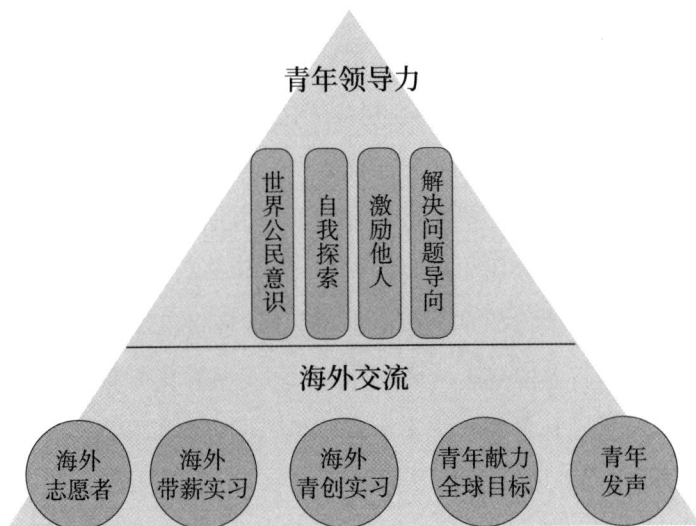

青年领导力

世界公民意识　自我探索　激励他人　解决问题导向

海外交流

海外志愿者　海外带薪实习　海外青创实习　青年献力全球目标　青年发声

图 5-1　AIESEC 发展理念及途径

(二) 包容且鲜明的价值观导向

AIESEC 虽然是一个学生组织，却以规范、高效的企业标准来要求自己，从而达到精英培训的目的。这种组织文化的形成与其鲜明的价值观密切相连。AIESEC 明确提出自身是一个独立的非政治性 NGO，不分人种、肤色、性别、性取向、信仰、宗教、国家、民族和社会出身，向全球大学生提供海外锻炼以及学习的机会。在充分展现包容性的基础上，进一步提出追求卓越、力行诚正、激发领导力、持续发展、乐于参与和体验多元的六大核心价值观。

在这样包容且鲜明的价值观导向下，AIESEC 所推动的项目主要有教育、青少年发展、特殊人群关爱、社区发展、环保等类型，与SDGs 中的优质教育、良好健康与福祉、性别平等、可持续城市和社区等高度契合，使得 AIESEC 不仅可以快速参与到全球治理之中，还在引领青年参与全球治理的过程中承担着积极主动的先锋作用。既有自身特色又与联合国可持续发展目标高度一致的价值观导向是AIESEC 积极参与全球治理的动力源泉。

（三）与联合国各机构的紧密联系

AIESEC 的国际总部设在加拿大蒙特利尔，是被联合国经济社会理事会（ECOSOC）授予"协商地位"的非政府组织，是联合国新闻部（DPI）的联系会员，亦是国际青年组织合作会（ICMYO）成员。AIESEC 作为由学生为主体运营的非政府组织，与联合国机构建立紧密联系既可以使其敏感应对联合国议题，积极参与全球治理，也是 AIESEC 区别于众多青年 NGO 组织，可以吸引更多高层次青年的核心竞争力。与联合国各机构的紧密联系是 AIESEC 积极参与全球治理的实力支撑。

（四）明确依照 SDGs 展开的"青年助力全球目标"活动

2015 底，AIESEC 全球总会主席向联合国作出承诺，作为全球最大的青年主导的非营利组织，AIESEC 将通过培养青年领袖来提升对SDGs 的认知，并联合合作伙伴，采取实际行动推动 SDGs。AIESEC随即推出"青年助力全球目标"活动，计划到 2030 年让 100 万青年了解 SDGs，让 10 万青年知道如何为 SDGs 作出贡献，让 5 万青年投身于 SDGs 的实际行动。并将目前所有 AIESEC 海外志愿者项目都归类于消除饥饿、性别平等、优质教育等与 17 项 SDGs 相关的目标。主力依托涵盖 120 多个国家、年度超过 3 万个机会的海外志愿者项目，激励青年采取行动，将灵感转化为推动 SDGs 的切实解决方案，助力 2030 年之前达成 17 项可持续发展目标。旗帜鲜明地依照 SDGs 组织"青年助力全球目标"项目是 AIESEC 积极参与全球治理的重要途径和保证。

此外，与其他青年志愿者组织相比，AIESEC 遍布六大洲，几乎在全球各国都设有分会，项目内容也从企业运营、教育一直到文化交流、环境保护，涉及内容广泛而全面，无论是组织的分布广度、项目的内容，还是对发展中国家的关注方面，都使得 AIESEC 成为有效针对联合国 17 个 SDGs，组织青年积极参与全球治理的重要青年组织。

三、AIESEC 参与全球治理过程中的问题及启示

(一) 参与全球治理过程中的问题

AIESEC 的海外交流项目中，以联合国提出的 SDGs 为目标，践行全球治理的主要活动为海外志愿者项目。AIESEC 作为全球最大的学生 NGO，其海外志愿者项目虽然具有强大的组织网络、联合国背景、积极参与的学生志愿者以及理念相同的企业 /NGO 合作伙伴的支持等一系列优势，但在具体运营中也存在一些较为明显的问题。

1. 运营规范程度不足、效率较低

AIESEC 是以学生为主体进行运营的青年 NGO，其主打项目之一的海外实习对实习生的要求较高，主要依托与 AIESEC 理念相同的企业或 NGO 展开，项目落实主要由接收实习生的企业 /NGO 进行，因此管理较为规范，效率较高。而海外志愿者项目主要由当地 AIESEC 成员运营，虽然符合 AIESEC 的"发挥青年力量，开发青年潜力"的理念，也是 AIESEC 最具特色的地方，但由于 AIESEC 学

生成员都是志愿者身份，年轻且缺少经验和必要的培训，素质参差不齐，从而导致了 AIESEC 志愿者项目的不稳定性。与专业运营的 NGO 相比，由于管理、运营人员的不同，在项目质量、推进效率和体验上差异明显，其中一小部分项目更是效率低、质量差、体验差，且存在一定的安全隐患。[1]

2. 项目质量不能保证

AIESEC 海外志愿者项目质量不能保证的原因，除了运营方面的问题，制度设计上也存在一定的缺陷。首先对志愿者的面试较为简单，只是大致对志愿者的兴趣、理念和语言能力进行了解，之后虽然有全球信息数据库让志愿者和项目方实现相互配对，但匹配的主要因素也只是相互的时间和兴趣，对志愿者能力的考察较少，志愿者对项目的了解也不够深入。

其次，AIESEC 针对海外志愿者项目仅有"出国志愿者大会"等简单的出境培训，并没有针对项目的开展进行必要的知识、能力以及素质培训，这样既不能为志愿者在海外顺利生活提供保障，也因为志愿者缺乏实践经验和能力，难以保证志愿工作的质量和效率。

且 AIESEC 虽然将海外志愿者项目设定为深度跨国文化体验，但为期一般只有 6—8 周，与其他长达 1—2 年的志愿者项目相比，很难真正了解掌握当地的真实状况并为当地的发展作出切实贡献。

3. 较高的经济负担

由于 AIESEC 是一个非营利组织，运营费用主要依靠合作伙伴赞助以及收取一定的项目费。因此，参与海外项目的志愿者需要承

（1）　XH5：《我从 AIESEC 走出，却对它有些失望》，2019 年 6 月 27 日，见 https://www.jianshu.com/p/4ced263a5b08?open_source=weibo_search。

担不菲的费用。根据项目不同，有少数国际志愿者会获得少量工资，但绝大多数志愿者没有薪资报酬。虽有70%以上的项目可由当地NGO或学校提供住宿，60%的项目可提供三餐，但志愿者需要自己承担机票、签证以及项目费。[1]目前在中国的项目费为2500元，包括了前期申请费用和后期组织以及保险费用等。总体来说，参加AIESEC海外志愿者项目虽然可以践行奉献理念、扩展视野、体验异国文化、交流交友，但需要承受较高的经济负担。尤其对于中国学生来讲，除了去往东南亚的费用较少外，去往欧洲、美洲均需要不菲的费用。

4. 类似的志愿者组织众多，项目不具备明显优势

除了AIESEC之外，世界各地设有国际志愿者项目的组织以及专业开展国际志愿者活动的组织众多，目前在中国比较有名的有IVHQ（International Volunteer HQ）、格林卫（GREENWAY）、GAPPER、HIVE、Lean In等，这些志愿项目亦主要以优质教育、消除饥饿、性别平等、野生动物保护、环境保护等为目标，与AIESEC项目内容重叠较多，具有一定的同质性。且其中一些与AIESEC相比或费用较为低廉，或项目内容更加充实，或项目推进更具效率，或所面向的人群更为广泛等，对AIESEC的国际志愿者项目形成一定的冲击。

（二）对我国青年组织参与全球治理的启示

从对AIESEC参与全球治理的途径、特点和问题点的分析中，可对我国青年组织参与全球治理主要带来以下两点启示。

（1） 中南财大AIESEC：《Hey朋友，海外志愿者了解一下？》，2019年6月27日，见 https://www.sohu.com/a/223769809_776825。

1. 价值理念：凝聚打造与 SDGs 相契合的、具有我国特色的核心价值观

作为专业型青年组织，其核心要素即是面向对象群体提出具有吸引力的核心价值观以及与之相应的活动项目及议题。AIESEC "追求卓越、力行诚正、激发领导力、持续发展、乐于参与和体验多元"的六大核心价值观，以及 AIESEC 一直以来主要运营的海外交流项目尤其是海外志愿者项目与积极参与、推动联合国可持续发展目标高度契合。因此在联合国提出 SDGs 后，可以立即发挥自己的优势，将 AIESEC 的发展与 SDGs 紧密结合起来，以自己的影响力号召青年加强对 SDGs 的认知，积极加入到 SDGs 的实践中，同时也使有志于推动全球可持续发展的青年汇集到 AIESEC 的组织之中。

新时代我国青年组织在成立、发展以及参与全球治理的过程中，在理念方面需要提炼出具有中国特色的价值观，同时也要符合时代特色，针对 SDGs 的 17 个目标，打造出特点鲜明的一系列项目。既要表现出我国优秀的传统文化特点，也要鲜明地体现出积极参与联合国 SDGs 的时代特色。主线明确、形式多样才能吸引志同道合的青年，在中国参与全球治理的过程中更好地发挥青年的积极性和创造性。

2. 组织运营：加强政府扶助、增强网络机制建设以及专业人员培训

以学生志愿者为主体运营是 AIESEC 的特色，同时也是造成 AIESEC 项目运营中效率较低、费用较高、质量不能保证、在类似项目中不具备明显优势的主要原因。而与之相对，大力发展 NGO，且不断通过海外志愿项目扩大自身影响力的日本政府则在 2015 年制定了 NGO 开发合作大纲，明确表示进一步推进政府与包括青年组织在内的 NGO 的合作，加强对 NGO 的资金投入、能力建设扶助

以及协商对话，从而提高 NGO 的项目实施能力、专业性以及网络建设。

中国青年组织与其他运营多年的国际青年组织相比，在组织建设、运营资金、专业人才培养等方面还存在许多欠缺。中国青年组织想要尽快参与全球治理，在其中承担自己的责任、发挥自己的作用，一方面需要青年组织加强和拓展组织的全球视野，立足世界，凝聚青年；另一方面，我国包括青年组织在内的社会组织规模较小、资金不足、缺乏专业人才以及在海外发展的政策依据,[1]无论是从法律保障、资金扶助还是网络建设以及专业化人才培养方面都需要政府的大力扶持。在青年社会组织发展初期，要想突破初期成长瓶颈，快速平稳发展，积极参与到全球治理之中，"民办官助"将是一条重要的发展途径。

第四节　国际青年商会参与全球治理状况

一、成立的背景、目标及运行机制

（一）成立背景

国际青年商会（Junior Chamber International）的最初雏形是美国人亨利·杰森比尔（1892—1935）18 岁时在其家乡圣路易斯设立的一个舞蹈俱乐部，旨在为社区青年提供一个社交场所。1915 年 10 月 13 日,32 位当地青年在该俱乐部组建了"青年进步协会"，被视为第一个国际青年商会组织。1920 年 6 月，来自美国 41 个城市的代表参加

（1）　黄浩明等:《中国社会组织国际化战略与路径研究》,《中国农业大学学报》2014 年第 2 期。

了美国青年商会成立大会，通过组织章程，选举杰森比尔为第一任会长。杰森比尔在大会发言中提出，希望该组织能培育出更多拥有更高理想、更多优势、更大机遇、更纯粹爱国精神、更广泛服务意识和更强幸福感的公民。1944 年，美洲大会在墨西哥城召开。来自美国、哥斯达黎加、萨尔瓦多、危地马拉、洪都拉斯、墨西哥、尼加拉瓜和巴拿马的代表同意将美国青年商会扩大为跨国组织，成立国际青年商会（JCI）。

国际青年商会成立后，立即开展多项活动，为该组织树立国际影响力打下坚实基础。例如，1965 年，国际青年商会将中国香港青年商会发起的"关心项目"推广到越南、墨西哥和美国阿巴拉契亚山区，为当地弱势群体提供牙科和初级护理；1982 年，国际青年商会在韩国首尔举办世界大会期间，发起向朝韩边界难民募捐和援助的活动；20 世纪 90 年代，国际青年商会与联合国儿童基金会（UNICEF）合作开展面向儿童的全球和平与教育普及计划等。

1954 年，联合国经社理事会授予国际青年商会特别咨商地位，以体现联合国对该组织的支持。

（二）成立目的

国际青年商会是一个非营利性组织，其目标是组织动员全球各地 18 至 40 岁的青年在合作中影响各自所属社区的发展。青年是世界未来的创造者，国际青年商会希望团结社会各界的青年精英，推动其知识、技能和理解力的发展，使其具备全面的决策力和行动力。

除上述总目标外，不同国家或地区的青年商会也会制定贴近本地实际或文化传统的附加宗旨。

例如，韩国青年商会（又称"韩国青年会议所"）坚持只吸收 20 至 40 岁的优秀企业家、医生、律师等青年精英为成员，并把通过

"折磨式"训练提高会员的社会化技能作为组织的核心理念之一。很多青年精英加入韩国青年商会后，有效拓展了人脉、扩展了商机，管理企业和人际交往能力都大幅提高，对组织有很强的认同度和归属感。

香港青年商会面向21至40岁青年，以"培养青年、关心社会"为口号，主要向青年会员提供个人发展训练、行政管理训练、社会发展工作训练和国际交往训练四方面机会，以促进其潜力的提高和社会改善。

(三) 运行机制

国际青年商会现有国家级机构100余个，地方机构5000余个，会员总数20多万人。2002年，商会总部迁回其创立地点——美国圣路易斯。

国际青年商会的地方机构称作"分会"，建有相应的地方董事会。国际青年商会的大部分活动——如会议、项目、出版刊物等——都是在地方层面开展的。每一个分会隶属于所在国的国家级青年商会，后者由国家级董事会领导。各国家级青年商会共同组成国际青年商会。

国际青年商会每季度出版一期《世界青商》(JCI World)杂志，每年11月召开一次全球会议，同时定期召开各地区会议。国际青年商会的领导职务（包括分会主席、国家级主席、全球主席）原则上每年选举更换一次。"一年领导制"保证了各级商会组织始终具有新鲜的理念、观点，对青年会员解决社区挑战的需求保持最大的适应性。

现任全球主席为1981年出生的日本人Ryubun Kojima，2012年加入日本大阪市青年商会，历任大阪市青年商会主席、日本青年商会国家级主席、国际青年商会副主席、国际青年商会负责亚太地区的常务副主席。国际青年商会还在土耳其、加拿大、英国等国家设立推广大使，聘请当地政治、商业、文化、科技或社会领域中认同商会价值观的杰出人士担任。商会总部拥有一支长期稳定的全职工作团队，负责领导层换届、会员身份变更、全球性活动举办等，保证各层级商会始终聚焦组织宗旨。现任秘书长为摩纳哥人凯文·金（Kevin Hin）。

国际青年商会下设几个专业机构。国际青年商会基金会是商会的主要财政来源，负责动员青年会员和社会各界向商会捐款，以支持商会在全球开展的各类活动。国际青年商会校友会旨在团结因超龄退会的前会员，使其保持与商会全球人脉网络的联系，并推动其继续为商会的发展提供资金或知识支持。国际青年商会元老会则主要吸纳对商会工作作出过杰出贡献的往期或现任会员，元老会会员身份是一种终身荣誉。

二、参与全球治理的主要方式和特点

2004 年，在国际青年商会与联合国共同举办的领导人峰会上，国际青年商会通过一项决议，提出要团结世界各国的商会成员推动联合国千年发展目标的落实。这标志着该组织正式将其开展的主要活动纳入到参与全球治理的轨道中。2015 年，千年发展目标期满，联合国又通过了《2030 年可持续发展议程》，明确了 17 项可持续发展目标。由此，实现可持续发展目标成为国际青年商会参与全球治理的主要方式。

国际青年商会的落实举措主要为开展思想交流和实施具体项目。在这两个方面，国际青年商会不仅自主开展活动，也积极参与其他机构的活动。以下列举国际青年商会参与全球治理的一些代表性活动。

（一）思想交流

1. 自主开展的活动——以"金泽会议"为例

2015 年，国际青年商会在日本金泽市举办年度全球会议。会后，来自 120 个国家的青年商会又召开了一次专门会议，发表了一份联合宣言，强调各国的分会组织要共同推动 17 项可持续发展目标的落实。此后，国际青年商会每年都会在金泽市举办会议，追踪上一年度各项可持续发展目标在全球的推进情况，分享各国分会的优秀案例和经验。会议的组织工作由日本青年商会承担。

2019 年 6 月，金泽会议召开。本届会议的主题聚焦 17 个目标中的第 5 项（性别平等），主要介绍了日本青年商会在推进日本性别平等方面的经验。日本青年商会首先从审视自身出发，通过改革会员中的男女比例、调整女性会员的工作安排、吸纳更多女性会员进入领导层等手段，在会员间传播性别平等理念，并以实际行动为推动全社会的性别平等作出表率。

2. 积极参与的活动——以"全球行动节"为例

联合国可持续发展目标全球行动节由联合国可持续发展目标行动办公室和德国联邦经济合作与发展部、德国联邦外交部共同举办，自 2017 年以来每年在德国波恩举办一届。全球行动节的主要目标是扩大和加强可持续发展目标行动的影响力，推动各国采取切实的落实行动。该活动提供了一个活跃的活动空间，方便各国交流最新的技术、工具和行动经验。每年的全球行动节都会吸引来自世界各地的政府或社会组织代表踊跃参加，国际青年商会是该活动的积极参与者。

在 2019 年 5 月的全球行动节上，国际青年商会代表介绍了近年来该组织在推动各国青年社会活动家了解可持续发展目标、联结不同地区孤立的可持续发展促进行动方面所取得的成效。国际青年商会还特别分享了社会型企业创业对促进可持续发展的积极作用。

（二）具体项目

1. 自主开展的活动——以"你就是领袖"项目为例

"你就是领袖"项目由土耳其伊斯坦布尔卡德柯伊区青年商会于 2014 年发起，以落实 17 个可持续发展目标中的第 4 项（优质教育）为宗旨，不断提高本地区青年的领导力和创业能力，弥补土耳其高等教育大纲的短板。

卡德柯伊区青年商会与该区最著名的大学马马拉大学合作，在该校理工系设立"领袖学院"必修课程。该课程由 12 周的授课（每周 3 课时）和期中、期末考试构成，主要教授领导力理论，并聘请成功的商业人士（包括国际青年商会领导人）分享创业和企业管理经验。

该项目自发起至今，已有 1380 余名学生投身商业活动。很多学生表示，他们从"你就是领袖"项目学到的创业知识、管理技能和工作方法对他们的事业发展起到了关键的推动作用。

2. 积极参与的活动——以"世界清洁日"为例

世界清洁日（World Cleanup Day）是一个国际性的社会行动，由爱沙尼亚"让我们干起来"基金会（Let's Do It）于 2008 年发起，致力于通过影响和改变人类行为模式来应对全球日渐失控的陆地和海洋垃圾问题。

国际青年商会是"让我们干起来"基金会的战略合作伙伴，也是"世界清洁日"活动的积极参与者，每年都会要求各国分会动员各自会员参加所在地的清洁活动。在国际青年商会等合作组织的共同推动下,2018 年的"世界清洁日"突破了历史纪录,共吸引来自157 个国家的 1800 万人参与其中,在社会各界有效传播了应对气候变化和科学处理垃圾的观念。

三、参与全球治理过程中的问题及对我国青年组织国际化发展的启示

在世界范围内的专业型青年组织中,国际青年商会的历史积累和组织网络无疑具有非常明显的优势。相较于联合国志愿人员组织的"官方"地位,国际青年商会更加民间化、社会化。它不像联合国下属机构能够直接与各国政府建立合作,也无法直接调动各国公共资源,要实现上述目的必须依赖其各国会员自身的影响力。因此,该组织开展活动的成败主要取决于会员的积极性,而会员的积极性来源于会员对该组织理念的认同以及该组织给予会员的获得感。

在参与全球治理方面,国际青年商会同样以联合国的相关定义为准绳,先后将落实联合国千年发展目标和可持续发展目标作为积极参与全球治理的主要方式。在具体方法上,国际青年商会既通过自身网络自主举办活动,也"借台唱戏",积极参与其他组织发起的全球治理活动。

广泛而高质量的人脉网络是国际青年商会参与全球治理并取得一定成效的重要优势。由于国际青年商会的会员大多为政商界精英,商会充分抓住这些资源,在开展参与全球治理的活动时特别注重开展政策对话、创业技能培训等项目,形成了明显的组织特色。

中国的青年社会组织在参与全球治理的进程中也要加强资源积累,在积极争取党政部门支持的同时,尽可能广泛地建立可为本组

织所用的人脉网络。除了开展一些常规类的志愿服务行动，中国的
青年社会组织还应结合所在领域的特点，适当举办一些能够发挥自
身优势的专业类活动，既能提升活动对广大青年的吸引力和凝聚力，
也能让组织的既有成员加强参与全球治理与发展本组织事业两者间
的关联性，使这一工作保持更健康的可持续性。

第五节　世界童军组织发展及参与全球治理的状况

一、起源与背景

童子军（Boy Scouts，与之对应的还有女童军 Girl Scouts，下文
均以童军为统称）是世界上最大的非营利、非政府青少年组织之一。
其组织遍及 216 个国家和地区，成员达 5000 万人。童军运动的使命
是：以童子军的价值观为基础促进青少年教育，推动青少年个体在
建设美好世界的事业中得到自我实现，并为社会发挥建设性作用。
它的 2023 年愿景是：成为世界领先的青年教育运动，在共同价值基
础上促进青年成为积极参与社会的社区及世界公民。自 1907 年在英
国首先成立以来，童军组织在世界上迅速普及开来。直至今日，100
多年过去了，童军组织在全球范围内保持着很高的活跃度，不仅维
持了其青少年教育的核心特色，而且不断向组织青少年参与全球治
理的方向深入发展。[1]

童子军的创始人是英国陆军中将罗伯特·贝登堡（Robert Baden-
Powell），当时贝登堡发现英国的青少年体格普遍不够强壮，于是从自

（1）　World Organization of Scout Movement，2019 年 3 月 5 日，见
http://www.scout.org/vision。

身从军的经验中摸索出一套适应英国青少年体质和年龄特征的军事训练体系，用于提高本国青少年的身体素质和公民意识，形成基本的战斗力，以备可能发生的战争需要。贝登堡曾写道，"鉴于当今英国青年道德堕落，体格衰弱，故研发出一套可行的训练方法试图挽救这种危机"。1907 年 8 月，他召集了 20 名青少年到英国南部的白浪岛进行首次野外训练，并将其命名为"童子军：一个建议"。这次带有试验性质的训练首次提出"童子军"的概念，它包括了野外行军、求生技巧、露营扎寨、野炊等一系列军事素养内容。1908 年，他写了世界上第一本关于少年军事训练的著作——《童子警探：成为良好公民的训练手册》(Scouting for Boys: A Handbook for Instruction in Good Citizenship)，成为童军组织的"鼻祖指南"。

关于童子军出现并迅速推广的历史背景，综合以往国内外的学术研究，主要有三个方面：

一是应对青少年社会问题、创新校外教育方式的结果。贝登堡虽为军人出身，但具有很强的社会责任感和忧患意识。第二次工业革命后直至 20 世纪初，英国社会大量涌现工薪阶层，他们忙于工作，无暇顾及子女，导致孩子们体质虚弱、成长环境闭塞、社交能力退化；快速的城市化进程拉大了贫富差距，能胜任新岗位的青年人才不足；青少年踏入社会后感到格外迷茫无助，从而滋生了失业、帮派犯罪、歧视等一系列青少年社会问题。19 世纪末，英国城市街头出现了很多青少年帮派，例如伯明翰的尖帽缘帮（Peaky Blinders）、格拉斯哥的红人帮等，造成了"1898 年流氓恐慌"。如何使少年儿童成长为适应社会和国家发展所需的公民，成为亟待解决的问题。贝登堡创造性地组织少年野外露营训练，来锻炼他们的体魄和意志，提高与人交往的能力和团队合作精神。他尤其注重营员背景的多元性，活动中只有少数来自伦敦市区的青年轻骑团或贵族学校，大部分是市郊普通家庭的学生。他们的成长、家庭环境差异很大，原本生活在相对封闭的阶层圈子里，彼此缺乏了解和认知。童子军有意去打破阶层、贫富界限，帮助青少年尽早地建立共同成长的同伴关系，在实践中向孩子们输入人人平等、合作共事等价值观。[1]

二是新人文主义教育思潮的影响。19世纪至20世纪初，新人文主义教育思想在德国萌发，随后在美欧国家兴盛起来，它以人的自我实现作为教育的最终目的，推崇人的全面、创造性发展，核心是尊重人性，主张教育应充分尊重人性的和谐发展，促进人的身体和精神的均衡。德国的赫尔德、歌德，美国的马斯洛等一批著名新人文主义思潮代表人物积极推动各自国家教育体系的变革。他们认为，青少年是每个个体的人性成型的关键时期，教育发挥着帮助他们展现人性、发现个性、健康成长的关键作用。新人文主义教育思潮的观点认为，当时欧美国家的教育体制普遍存在严重弊端，学校如同工厂，教学如同流水线，即仅对学生进行知识灌输，而忽视了对身体素质的锻炼、对人格品质和社交能力等综合素质的培养，以至于走出校门的青年无法适应社会发展的需要，进入社会后产生"水土不服"的问题。童军组织一经出现，其特色恰恰契合了新人文主义教育思潮的理念，故受到各国的追捧，这是童军短时间内推广开来的重要原因。[2]

三是西方帝国新一轮军事斗争的需要。第二次工业革命后期，随着资本主义生产的社会化大大加强，垄断资本应运而生，帝国主义争夺世界霸权的竞争暗流涌动，促进了世界殖民体系的形成。部

（1）　吴小玮：《童子军运动探析及启示》，《外国教育研究》2015年第6期。
（2）　龚国钦：《英国童子军组织管理与课程体系述评》，《世界教育信息》2017年第24期。

分大的垄断组织走出国门，形成国际垄断集团，要求从经济上划分国际势力范围。在此背景下，英、德、美、日等资本主义国家相继进入帝国主义阶段，重视对新生军事力量的培养，以备扩张海外殖民地过程中随时可能爆发的军事斗争的需要。这就赋予了童子军组织的军事意义。据《泰晤士报》制作的纪录片《英国童子军》称，一战期间，英军招募了 25 万童军少年参战，近一半伤亡，而英政府对这一丑闻长期刻意隐瞒。在二战期间，德国等国家均不同程度地动员了童军队伍参战。

二、童军组织的发展与活动内容

（一）发展阶段

纵观童军组织 112 年的发展史，可大体分为四个阶段。一是萌芽起步阶段（1907—1914）。1907 年首次在英国成立以后，1908—1909 年，加拿大、澳大利亚、新西兰、印度和南美的智利、阿根廷、巴西相继出现了童子军。1909 年 12 月 10 日，童子军总会第一届执行委员会成立，贝登堡担任会长，他召集了一大批童军运动的志愿者。1910 年，童军运动蔓延到美国。同年，欧洲大陆的比利时、荷兰、法国、丹麦、挪威、瑞典等国也诞生了童军组织。二是军事化阶段（1914—1945），即一战开始到二战结束。这一时期国际局势战乱不断，英、德等许多两次世界大战参战国不同程度地将童军视作一支预备役力量。贴近实战的军事素养训练成为童军组织的鲜明特征，英国、加拿大还提出了"战时童军"的概念，为此遭到了一些儿童保护组织和人权人士的质疑。在此期间，童军的教育功能被削弱，全球传播亦受到战争影响。1920 年，首次国际童军大露营在伦敦奥林匹亚举行，当时各支队伍的军事技能比拼成为重点。三是发展和成熟阶段（1945—2000）。随着世界趋于和平稳定，国际童军运动在这几十年里得到蓬勃发展，逐渐形成品牌。运作机制日臻成熟，在保持传统本色的同时有所创新，深受青少年的追捧，在世界青少年社会组织中独树一帜。其功能超出了校外教育的狭窄范畴，被一些国家政府视作促进青少年发展的重要手段。当今西方许多政商领袖都曾于这一时期接受过童子军培训。四是参与全球治理阶段（2000至今）。进入21世纪，面临层出不穷的全球化新挑战，全球治理成为热词。童军的活动内容大大拓展，不再局限于传统的营地训练。世界童军运动组织的引领作用愈加凸显，借助发达的信息技术，各国童军组织间的交流合作显著增加，它们有组织、成体系地参与到全球性青少年议题之中，发出倡议、提出政策意见、参与问题的解决实践等，使童军组织逐步朝着系统化、运动化的方向发展。

（二）特色制度

1. 传统的准军事化训练制度。这是传统意义上的童军组织的天然使命，也是该组织区别于其他青少年组织的核心特色。主要包括：

侦探技能（Scout craft）。侦探是童军最核心的培训素养，基于少年儿童的冒险精神和在军事斗争中小巧灵活的优势，以野外生存、查看地形、探取情报为主要训练内容。

露营技能（Camp craft）。露营是童军最主要的训练手段，围绕少年儿童的年龄特点，突出趣味性和协作性，培养学员们的动手能力和团队意识。

森林技能（Wood craft）。森林是童军开展训练和活动的传统场地，欧美地区森林覆盖率高，训练大多在森林进行。现在已不局限于森林，而是因地制宜，培养学员适应不同类型野外环境的能力。

2. 徽章与晋级制度。贝登堡在设计徽章和晋级制度之初，力图将少年儿童的荣誉感以徽章、等级的方式进行具象化，既体现了"儿童军"的军事特色，又能更好地起到激励作用。晋级是一套对童军学员的完整考评体系，包括了精神、技能、团队合作等各个方面，每一个细分的年龄段均对应一定的评价标准，当参与者完成所在阶段的童军训练并通过考试后，即可获得相应晋级并佩戴徽章。以美国为例，分为初级（Tender-foot Rank）、中级（Second Class Rank）、高级（First Class Rank）、星级（Star Rank）、生命级（Life Rank）、鹰级（Eagle Rank），同时还设有130枚专业徽章（Merit Badge），涉及科技、运动、职业发展等各个领域。不同级别对应不同的制服。

3. 小队制度。小队是童军开展活动的基本编制单位。它效仿军队里班的概念，一般把6至8名学员编为一支小队（Patrol），4到5支小队组成一个童子军团（Troop）。每个小队设1名小队长，大家共同商定队徽、队歌、队旗、口号，童子军团设团领导。日常训练中每支小队就是一个战斗集体，要求队员们分工协作，共同完成任务。小队制度既考虑到了组织管理的便利，又满足了学员结伴训练的需求。每队6至8人的数量设置能最大化地发挥每位队员的主动性。

（三）当代活动内容

除了传统的准军事化野外训练外，自20世纪后期开始，当代童军组织的活动内容日益多元化。有公益服务类的，如环保、扶贫、教育；有维权类的，如关爱残疾、贫困和受虐待的少年儿童，保护童工、挽救失足者；还有促进青少年发展类的，如职业知识普及、就业技能培训、社交能力培养等。需要指出的是，经过几十年的积累，各地的童军组织摸索出了适应各自少年儿童特点和需要、适应各自国情的活动形式，这些活动并非是传统准军事化训练内容的替代，而是有益的补充，它们是童军组织实现国际化和社会参与的主

要方式，使童军的影响力扩展到育人范畴之外，为其参与全球治理
奠定了基础。

三、参与全球治理的路径与案例

进入 21 世纪，童军组织日益广泛、深入地参与全球治理。基
本路径可概括为"顶层设计 + 组织化动员 + 国际机构合作 + 基层
自主探索"。其中，世界童军运动组织（World Organization of Scout
Movement，简称 WOSM）作为国际童军组织的"统领者"，发挥着牵
头人的关键作用。现任 WOSM 秘书长艾哈迈德表示，"童军是世界上
能动员最多数青少年参与可持续发展目标的组织"。在全球治理领
域，童军将参与主体定位于 16 − 25 岁的青少年，而不是童军传统意
义上的 14 岁以下少年儿童，选择相对心智成熟的青少年来参与全球
治理才能有实际效果，并提升组织的全球影响力。

（一）顶层设计

童军的顶层设计者是 WOSM。它成立于 1922 年，是世界各国
童军的总联盟组织，有组织会员 170 个（每个国家以本国童军组织
联盟的形式加入），参与者达 5000 万人，总部位于瑞士日内瓦，执
行秘书处设在马来西亚吉隆坡。WOSM 主要包括三个机构：世界童
军会议（World Scout Conference）是最高权力机构，每 3 年一次，各
国童军总会派 6 位代表参加。大会负责决定章程调整、会员增补、
发展方向、活动规划等重大问题。世界童军委员会（World Scout
Committee）是大会的常设执行机构，由选举出来的 15 位委员（兼
职）组成，在大会休会期间代表大会执行决议。世界童军局（World
Scout Bureau）是委员会的秘书处，由全职工作人员组成，负责具体

事务，代表 WOSM 与其他国际组织交往，下设欧洲区、欧亚区、亚太区、非洲区、泛美区、阿拉伯区 6 个地区办事处。WOSM 拥有联合国经社理事会的特别咨商地位，其经费主要来源于世界童军基金会的捐助和各成员国缴纳的童军会费，并不受特定国家或官方的控制。

WOSM 参与全球治理的最集中体现是，全面对标联合国 2030 年可持续发展议程，以该议程的 17 个总目标作为自身努力的方向，为全球 5000 多万童军会员参与可持续发展规划了顶层路径，促进消除贫困和不平等、保护地球、创造包容性的经济增长。2017 年第 41 届世界童军大会的决议中提出了"为了 2030 年可持续发展议程的童子军"（Scouts for SDGs 2030）这一宏大愿景，对照联合国可持续发展议程的 17 个总目标，制定了童军参与全球治理的 17 个领域的顶层设计，包括：消除极端贫困；粮食安全；儿童健康福利；教育的公平性和质量；消除性别歧视；水资源的卫生；清洁能源使用；包容性的经济增长；持续性的工业化；缩小贫富差距；可持续城市发展；可持续的消费和生产；应对气候变化；保护海洋资源；保护陆地生态系统；构建和平、包容、可持续发展的社会；全球发展合作与伙伴关系。其中，每个领域目标下还明确了若干条子目标，鼓励各组织结合本地实际和优势，对照自行开展项目，从而明晰了童子军参与全球治理的方向。

截至 2018 年底，国际童军组织累计志愿服务 6.3 亿小时，WOSM 的目标是到 2030 年实现累计 200 万个基层社区项目，志愿服务总时长达到 30 亿小时。

（二）组织化动员

围绕顶层设计，WOSM 通过提出行动倡议、搭建重大活动平台的方式，设立宏观目标评价体系、激励机制，自上而下地动员遍布世界的童军组织积极行动起来。近年来，发起的主要行动倡议有"和平使者倡议"（Messengers of Peace Initiative），"美好世界框架行动"（Framework for Better World）等。活动平台方面，除世界童军大会外，还有世界童军大露营（World Scout Jamboree）、世界童军青年论坛（World Scout Youth Forum）等。这些倡议或活动均着眼于联合国2030年可持续发展目标，有的侧重于行动，有的侧重于对全球青年议题的研讨和青年政策建议。例如，世界童军青年论坛每3年一届，特意安排在童军大会前夕举办，就是要请代表们抛出问题和见解，研讨未来3年童子军能为全球治理做什么、哪些青少年问题亟待政府和社会关注解决，形成初步共识和解决方案，提交大会讨论通过。

案例一："和平使者倡议"及"欢迎时刻"[1]

WOSM于2011年发起"和平使者倡议"（MOP），号召全球的童军组织联合行动，共同应对全球化带来的地区性挑战，并通过互联网进行故事分享，目标是构建一个全球青少年和平使者的网络，实现资源共享。该倡议不仅是一个简单的号召，它尤为强调联合与分享这两个关键词，还包含了资金保障、评价和激励机制。值得注意的是，这里的"和平"是个宽泛的概念，并非狭义的与战乱相对应的和平，而是针对资源匮乏（食物、水、能源、医疗、教育）、互信缺失（文化和宗教冲突、信息不对称等）、资源错配（贫富差距大、气候变化）等一系列阻碍可持续发展的问题提出的行动倡议。由此可见，WOSM将发展问题视作爆发战乱、丧失和平的根本原因，

---

[1] Messengers of Peace Initiative，2019年4月9日，见http://www.scout.org/events。

促进上述任一方面问题的改善都是它参与全球治理的体现。

MOP 框架下的一个具体例子是，2016 年 12 月至 2018 年 11 月，世界童军局欧洲区发起了为时两年的"欢迎时刻"（Time to Be Welcome）项目，旨在针对近些年大量移民和难民涌入欧洲的问题，动员欧洲各国童军组织联合行动，促进青少年移民和难民的社会融入。该项目的目标包括 6 个方面：促使欧洲本地青少年敞开胸怀接纳外来者；为外来少儿提供教育机会和文体活动；促进跨文化、宗教的沟通对话；为外来少儿提供心理和健康服务；呼吁社会关注难民潮带来的青少年问题；在行动中培养锻炼基层童军组织。法国和希腊的童军组织牵头，英国、丹麦、瑞士、马其顿等多国童军积极响应，纷纷在救助站、难民营、社区服务中心等外来青少年集中的地方开展形式多样的志愿服务活动，包括语言培训班、夏令营、文化节、体育比赛等，内容上突出"非正规教育"特色，强调与学校实现互补。各国童军的侧重对象和活动方式不一，例如希腊重点关注那些只身来到欧洲的少年群体，丹麦关注那些刚刚抵达欧洲的少年群体，爱尔兰聚焦社会呼吁并发动基层社区力量，法国着重于吸纳少年难民加入童军组织等。作为"和平使者倡议"框架下的项目，"欢迎时刻"得到了 WOSM 的资金支持，另外还申请到了欧盟委员会"伊拉斯莫 +"计划、阿卜杜拉国王国际对话中心（KAICIID International Dialogue Centre）的资金。据粗略统计，两年内该项目动员了欧洲地区的 7000 名童军学员，志愿服务总时长 1 万小时以上。2018 年 12 月，欧盟委员会副主席卡泰宁出席了在布鲁塞尔举行的项目总结会，除欧洲外，非洲、阿拉伯等地区的童军组织也应邀参加。

（三）国际机构合作

童军在参与全球治理过程中十分注重与国际机构特别是联合国

机构的合作，寻求在国际场合发声的平台、项目指导和资金支持，并借此提高全球影响力。WOSM 与联合国系统等多个机构建立战略伙伴关系，包括联合国儿基会、环境规划署、妇女署、教科文组织、世界粮农组织、世界自然基金会等，实现资源共享。目前，童军组织已成为国际重大场合的常客，自 2009 年哥本哈根全球气候大会起，童军应联合国邀请派团参加了历次气候大会，这种国际曝光度的提高从一个侧面反映了童军参与全球治理的水平。

案例二：世界童军环境项目（WSEP）[1]

亲近自然一直是童军组织的教育法宝，因此环保事业被童军视作联合国 17 个可持续发展目标之中可以重点作出贡献的领域。在 2008 年的第 38 届世界童军大会上，世界童军与联合国环规署（UNE）建立合作，在 UNE 支持下发起世界童军环境项目（World Scout Environment Program）。该项目明确了童军组织在环保领域要聚焦 5 个重点方向：清洁空气和水、濒危生物物种保护、毒害物质防控、自然灾害应急和环保知识科普。童军与联合国环规署各自发挥比较优势，前者有遍布全球的组织网络、数以千万的青少年人力和很强的组织动员力，后者作为联合国环保事务专门机构和实现环境领域可持续发展目标的牵头机构，是国际上环保领域治理规则的制定者，可发挥专业权威的作用，提供指导和资金支持。童军在参与环保治理的过程中，尤其强调环保与育人的相互促进，注重在实践中提升青少年的环保意识及公民素养。另外，还专门设置了世界

（1）　Florida Aquarium,2019 年 5 月 18 日，见 https://www.flaquarium.org/scouts。

童军环保奖章，以激励各地童军组织投身环保事业。

双方合作十年来，一是联合成立了 28 家童军自然环境保护示范中心（Scout Centres of Excellence for Nature and Environment），大部分以挂牌方式授予基层童军组织的活动场地。例如，美国童军下辖的佛罗里达童军位于佛州群岛的训练基地，是专门进行水上训练项目的场所，由于在海洋环保方面表现出色，被授予全球首家示范中心。二是常态化开展联合研讨和调研，组织会议、论坛等活动。三是实施了数千个具体项目，例如，印尼拥有世界面积最大的珊瑚礁体系，但 36% 遭到气候变暖、海洋垃圾、渔业滥捕带来的破坏，近年来，印尼童军发起保护珊瑚礁行动，定期组织青少年清理海上垃圾，到渔村进行知识普及，提高居民意识，呼吁政府关注。[1]

（四）基层自主探索

世界童军组织鼓励各地基层童军和学员个人发挥主观能动性，自主创造符合当地青少年需要和国家实际情况的项目，还专门为此制定了操作指南。其中，提出基层自主探索的 4 个步骤：一是项目设想（inspire），弄清楚要做什么；二是学习并作出决策（learn & decide），拿出项目实施的具体方案、争取童军组织和伙伴们的支持；三是执行（do）；四是分享（share）。世界童军局成立了专家评委会，对已实施并取得良好实际效果和传播效果的项目团队予以奖励，授予和平使者徽章和和平使者英雄称号，获此殊荣的童军学员便有了导师资格，可以指导后来者的项目策划评审。

（1）　Messengers of Peace Initiative，2019 年 8 月 23 日，见 http://www.scout.org/events。

案例三：艾勒维童军乐队

2014年，23岁的叙利亚青年艾勒维（Elewi）作为难民来到了土耳其，此前他是叙利亚霍姆斯地区童军的成员，是一个积极的童军参与者。为了帮助几十万和他一样的叙利亚青少年难民尽快适应土耳其生活、融入当地社会，他首先加入了针对在土叙利亚难民的童军组织（Ibn-Walid Scouts），利用音乐特长，发起组建了"叙利亚童军乐队"，他认为音乐能对促进沟通融合发挥巨大作用。这支乐队由十几名叙利亚童军学员组成，利用课余时间义务表演，尽管技巧并不特别专业，但十分打动人心。他们的演出分两种，一种是去叙难民集中的学校、营地、社区进行抚慰演出；一种是面向土耳其社会和青少年群体的募演，募集到的资金捐赠给极其困难的难民家庭。艾的乐队得到土耳其国家童军联盟的支持，该联盟在组织露营、集会等大型童军活动时会邀请乐队现场演出，扩大宣传效果。艾勒维的童军乐队引发土和叙两国童军学员的强烈共鸣，打破了战争给两国青少年带来的隔阂，帮助叙青少年难民融入土耳其社会，在社交媒体上的粉丝越来越多。

四、问题与启示

（一）世界童军组织面临两方面突出问题

1. 对未成年人的保护缺乏制度保障和有效监管

童军组织的对象主要是未成年人，如何确保未成年人的人身安全、身心健康及各项合法权益得到保障一直是困扰该组织的一个难题。尽管各国童子军均纷纷出台了各种形式的规章措施，但是丑闻事件时有发生。主要原因有3个方面：一是从全球范围看，世界童军组织结构松散、缺乏约束力，且保护未成年人的举措制定受限于各国不同的法律规定，缺乏全球统一的协调管理，基本上是各国童军自行作出有关安排；二是各童军组织普遍缺乏对有关保障举措实施的常态化、制度化监管及惩戒手段，导致一些举措流于形式，停留在纸面上；三是童军本身特有的军事化色彩和准军事训练活动客观上为不法分子提供了作案机会，许多受害儿童在强调纪律、服从、隐忍等军事价值观的氛围影响下，遭遇侵害后不敢告诉家人朋友，助长纵容了施害人。

2. 如何在庞大的组织体系中保持童军的鲜明特色

童军组织成立 100 多年，覆盖全球 200 多个国家和地区的数千万青少年人口，不论从其历史跨度还是成员的广泛性和规模上看，均堪称世界上最大的青少年社会组织之一。尤其是进入 21 世纪后，童军组织积极参与全球治理，在国际社会上的曝光度和对全球青少年事务的参与度、贡献度均不断提高，其举办的项目范围亦日渐广泛，童军成立之初的军事化训练所占其全部项目的比重逐步降低，历史上长期形成的鲜明特色有淡化的趋势。从上文案例中可见，不论是倡议和平、参与环保还是组织乐队促进社会融入，均在形式上脱离了军事训练的内核。换言之，作为一个专业型青年组织，童军的"核心专业"正在弱化，而向其他领域涉足越来越广，有"集团化"发展倾向。如何适应时代需要，在保持核心特色与积极广泛参与全球治理之间实现平衡，恐怕是童军组织需要研究解决的课题。

（二）对我国青年组织参与全球治理的启示

从世界童军组织参与全球治理的经验和面临的问题中我们总结出以下几点启示：一是密切对标当今全球治理的核心议题。世界童军组织全面对标联合国 2030 年可持续发展议程并提出自身的 17 个相对应的努力目标。中国作为世界上最大的发展中国家,2020 年全面建成小康社会和全面实现脱贫后，中国在可持续发展领域已积累了较为成熟的模式和经验，并为世界广大发展中国家作出了表率。中国的专业型青年组织应当突出自己的专业优势特色，在所擅长领域与联合国 2030 年可持续发展议程紧密对接，以此为核心进行顶层设计，发出倡议，制定行动计划，积极参与相关国际活动。同时，注意不宜"广撒网"，避免弱化组织特色，脱离自身专业和立足之本。二是学会"借船出海"，通过积极参与本行业、本领域的国际化平台走出国门。当前，中国青年组织的全球影响力比较有限，在专业型青年组织的萌芽和初级成长阶段很难像世界童军组织那样直接参与全球治理。不妨借助本行业、本领域的国际会议、国际协会等渠道和平台，先以发声亮相为主，再循序渐进从中发挥议题的引导作用。要树立双赢理念，参与全球治理不仅是为世界贡献中国的解决方案，而且可以同步促进组织自身壮大发展。三是加强法律保障，健全监督机制。美国童子军的未成年人侵害丑闻给专业型青年组织作出了警示。专业型青年组织普遍具有服务青年发展的职能，在此过程中应强化青少年权益保护的意识，加强风险防控意识。要严格按照行业有关法律法规制定组织章程和各项管理运行的规章制度，完善监督惩罚机制。要坚持公开透明原则，学会主动向社会公开信息，注重与公众社会的交流。

第六章

美国青年组织参与全球治理研究

第一节　美国在全球治理中的角色

近 30 年来，美国作为世界上唯一的超级大国，在国际事务和全球治理中掌握主导权，扮演着最重要的角色。美国最早塑造了全球治理机制，以全球多边主义先锋的角色来维系和巩固其霸权地位。但是在特朗普政府时期，美国民族主义、民粹主义、孤立主义思潮抬头，在"美国优先"的旗帜下陆续退出由其主导成立的全球治理机制。回顾历史，我们可以发现，美国外交思想中充满了理想主义和现实主义、艺术和科学、理论性和工具性等不同视角的交织、博弈和妥协，最终决定了美国如何认识自己在世界上的定位，在全球治理中应该扮演一个什么样的角色。不管在不同时期作出什么样的不同选择，其根本目的都是为了促进美国利益的最大化。

历史上，美国多边主义和孤立主义思潮交织。19 世纪，美国一直遵循着孤立主义的传统，除了对外发展商业贸易往来，并不热衷于参与全球事务。到了 20 世纪初期，美国国家实力的绝对上升以及两次世界大战的爆发，把美国推到了全球领导者的地位。在第一次世界大战接近尾声时，美国威尔逊总统在 1918 年提出"十四点计划"，论述了成立国际联盟的想法。这是美国首次试图构建全球蓝图的尝试。但是因为 1919 年巴黎和会上经过美英法的相互妥协，《凡尔赛条约》中议定的条款大多不符合"十四点计划"的初衷，由共和党控制的美国参议院拒绝批准《凡尔赛条约》，也未批准加入国际联盟，这标志着"十四点计划"的失败。条约中的苛刻条款激发了德国民众的怨恨和不满，最终导致希特勒的上台和第二次世界大战的爆发。

第二次世界大战结束以后，世界格局发生了新的变化。美国成为世界上最强的经济体，全球其他地区的工业体系则被战争摧毁殆尽。为了重建国际经济秩序，加强国际经济合作，二战后美国主导建立了布雷顿森林体系，推动成立了国际货币基金组织、世界银行、关税与贸易总协定等一系列国际经济、贸易和金融组织。以布雷顿森林体系为基础形成的美元霸权，决定了二战后美国在全球的经济霸权地位和对国际机制的主导权。

冷战时期，因为不存在技术和资源在发达国家和发展中国家之间自由流动的条件，因此全球治理中的国际规则制定行为渐于销匿。美国政府在对外政策中采取"遏制"战略，把苏联作为主要战略对手，从经济、政治、军事各方面进行包围、封锁和压制。为了在冷战中以较小代价赢得美苏对抗，美国开始用意识形态传播、思想和经济渗透等方式推动"不战而胜"。20 世纪 60 年代肯尼迪政府时期，美国在对外行动中增加了经济援助等非军事手段的运用，成立"和平队"、设立总统自由勋章，积极对外输出"软实力"。这成为肯尼迪最重要的精神和政治遗产。

20 世纪 90 年代冷战结束，美国成为世界唯一超级大国。全球两极格局瓦解，被暂时压制的民族、地区、宗教矛盾日益上升，包括恐怖主义在内的全球性问题日益凸显。在全球化快速发展的背景下，美国政府更加关注全球性问题的解决。老布什政府提出"建立世界新秩序"。克林顿政府签署《京都议定书》，延长《不扩散核武器条约》决议，完成了《全面禁止核试验条约》的开放签署进程，同时对外积极传播美国价值观。小布什政府在新保守主义思想的指导下，在全球治理上明显倒退，在对外政策上采取单边主义战略维护国家霸权，退出《京都议定书》，退出《反弹道导弹条约》，拒绝批准《全面禁止核试验条约》。在 2001 年"9·11"事件后，美国把反恐作为对外政策优先事项，在没有得到联合国安理会授权的情况下发动了对伊拉克战争。同时，恐怖主义的跨国际威胁也让美国政府认识到了大国合作的重要性。在反恐领域，布什政府外交战略的重心调整为"融合战略"，主导建立了广泛的国际反恐联盟，共同应对恐怖主义的威胁。[1]

2008 年次贷危机和金融危机以来，美国面临发展失衡、经济衰退、失业率高的困窘局面。奥巴马政府期望通过全球国际合作来解决美国关注的国内问题和全球性问题。美国推动 G20 成为全球经济治理的最重要平台，在气候行动、应对核扩散方面都作出了积极尝试。奥巴马政府提出了"巧实力"概念，在对外传播美国价值观、推广美国民主模式时更加注重文化渗透、对外援助等软实力的运用。[2]

到了特朗普时期，美国参与全球治理实践发生重大转向。随着全球化的深入发展，联合国、世界贸易组织、国际货币基金组织等原有国际治理机制日益不能适应各国的实际需要，在解决冲突时屡屡失灵。发达国家和新兴国家都对改革全球治理提出了自身诉求。

（1）刘丰：《美国霸权与全球治理——美国在全球治理中的角色及其困境》，《南开学报》2012 年第 3 期。

（2）刘丰：《美国霸权与全球治理——美国在全球治理中的角色及其困境》，《南开学报》2012 年第 3 期。

美国特朗普政府认为现有全球治理体系和规则不公平是导致美衰落的主因，采取措施倒逼全球治理体系向其有利的方向调整。因此，特朗普政府在全球治理的各个领域都发生了重要的变化，特别是在政治取向上发生了新的转向，即从多边主义转向了单边利益优先，从大国合作走向大国竞争，从相对包容走向强调捍卫美国价值观和生活方式。[1]

回顾美国近代历史，我们可以看到从一战后到21世纪初，美国在对外战略实践中总体上是支持多边主义的，通过主导国际机制的建立和运作体现美国的全球领导地位，促进美国利益的同时，客观上也推动了国际资源流动与合作。但是，美国国孤立主义的声音从未停歇。全球化给美国带来的是利益居多还是弊病更多，美国国内争论不休。这与美国国内形势的变化有关。相比较20世纪50年代的辉煌和繁荣，70年代以后美国经济开始相对回落，各种社会矛盾凸显。帕特南在《我们的孩子：危机中的美国梦》中以美国城市 Port Clinton 为例，描绘了"美国梦"衰落的过程。Port Clinton 赖以生存的制造业基础在70年代时开始摇摇欲坠，标准化产品工厂、军需基地、矿山等相继关闭，经济下行，贫富差距逐渐拉大。到20世纪末期，"美国梦"变成了人与人之间差距越来越大的美国噩梦。[2]对于美国内问题的凸显，美国民族主义者、反全球化人士将其简单地归咎于全球化对美国造成的冲击，在舆论引导下，一些美国中下阶层民众也认为是全球化带来了失业、贫困、社会冲突等问题。因此，对全球化、多边主义、全球治理的怀疑和质疑，在日积月累中等待爆发。

（1）　刘贞晔：《美国全球治理战略新转向及其动因》，《人民论坛·学术前沿》2018年第22期。

（2）　罗伯特·帕特南：《我们的孩子：危机中的美国梦》（田雷、宋昕译），中国政法大学出版社2017年版。

美国在参与全球治理过程中的一个重大特点是，私人部门、非政府组织与民族国家相互补充，成为全球治理目标的重要承担者。全球目前总计有 5161 家非政府组织具有联合国经社理事会的咨商地位，其中美国有 997 家组织（含 188 家候选），[1]几乎占到全球五分之一。美国非政府组织以"专业性""独立性"的形象出现，通过参与国际制度安排体现自身价值，而且在该过程中体现和影响了全球治理的发展趋势。这种方式不仅容易被对象国所接受，也彰显了美国的"多元主义"。青年组织作为非政府组织中的一个类别，在影响治理的过程中更加具有"隐蔽性""长远性"，成为美国参与全球治理的一个重要选择。

第二节　美国青年组织和青年运动发展

美国重视青年群体在国家治理中的作用。青年工作在着眼于改善国内青年民生和权益的同时，随着美国谋取世界霸权的野心膨胀和外交战略的调整，美国青年组织逐渐成为协助美国参与全球治理的一支重要软性力量。

跟英国的早期青年工作发源于宗教一样，美国的青年工作也与宗教活动密不可分。美国是一个绝大多数人信仰基督教的国家。18 世纪的早期欧洲移民就是因为宗教原因，漂洋过海来到美洲定居。美国最高法院 1811 年宣布："我们是基督教的人民"，参议员司法委员会 1853 年说，"我们是基督教的人民，几乎全国民众都属于或是同情

（1）　United Nations: https://esango.un.org/civilsociety/displayAdvancedSearch.do?ngoFlag=&method=getSearchByParameters,2020 年 3 月 26 日。

基督教的某一教派"。[1] 19世纪50年代，基督教青年会从英国传入美国。1853年，首个非洲裔美国人基督教青年会在华盛顿成立。1854年，美国和加拿大联合成立基督教青年会北美协会。1856年，首个基督教青年学生会在田纳西州坎伯兰大学成立。基督教青年会在促进青年福祉中发挥了巨大作用。他们教授新移民英语，帮助他们融入美国；为从农村到城市工作的青年人提供廉价住房。在美国内战期间，林肯总统通过基督教青年会招募成千上万的志愿者，为北部军队提供医疗、教育、传教服务。基督教青年会还专门建造了给青年进行体育运动的场所，开发健身课程，成为现代健身房的雏形。[2]在以盎格鲁－新教为核心文化的美国，基督教青年会以宗教社团的形式，开展各式各样帮助青年的项目，在近170年的历史中保持了长盛不衰的活跃态势。

　　美国的另一个重要类型青年组织是政党青年组织。1932年美国民主党成立其官方青年组织：青年民主党。[3] 1935年，美国共和党也成立了青年共和党。[4]两党先后成立青年组织，主要目的是为了推动母党价值理念的传播，在竞选中争取来自基层青年民众的支持，同时也促进青年精英的政治参与，为党派培养青年骨干力量。两党的运行模式基本相同，主要依托州一级以及基层组织开展各种活动，吸

（1）　塞缪尔·亨廷顿：《我们是谁：美国国家特性面临的挑战》（程克雄译），新华出版社2005年版，第83页。

（2）　《History-1800-1860s》，见美国基督教青年会官网 http://www.ymca.net/history/1800-1860s.html，查阅于2019年3月17日。

（3）　《History》，见美国青年民主党官网 https://www.yda.org/history，查阅于2019年3月17日。

（4）　《Young Republicans》，见维基百科 https://en.wikipedia.org/wiki/Young_Republicans，查阅于2019年3月17日。

引年轻人的参与和投票，为有抱负的青年人施展政治才华提供工作平台和舞台。

20世纪60年代是美国的社会大变革时代，也是青年运动最为集中的时代。60年代社会矛盾尖锐，贫富差距拉大，种族歧视问题凸显。一方面，生活在底层的穷人感觉到被遗忘了；另一方面，中产阶级的青年生活在战后繁荣时代，敏感地感觉到社会的僵化和对青年的束缚，产生了强烈的异化感和对社会现实的严重不满。青年从50年代"沉默的一代"发展到60年代"失落的一代"。青年感到"失落"的一个突出表现，就是青年人与其父辈有着截然不同的生活态度和生活方式。在政治上，表现为通过抗议活动、示威游行，来反对战争、表达诉求。在生活上，因为对现实的不满，青年人开始追求自由和享乐，以吸毒、滥交来逃避现实。60年代的青年文化演化出了著名的"嬉皮士文化"和"嬉皮士运动"，通过流浪的生活方式音乐甚至毒品来对抗传统的价值理念和政治现实。

随着青年运动的发展，新左派运动兴起，这是以激进的青年学生为主要群体发起的社会运动。在这期间，"学生争取民主社会同盟"成为新左派的主要旗手，通过组织学生运动争取民权。他们关注贫困、失业、种族不平等问题，并掀起了反战高潮。可以说，新左派青年学生组织深入地参与到美国社会治理的主战场。青年运动的整体发展为青年赢得了更多政治权利。1971年，美国宪法通过了第二十六条修正案，"年满十八岁和十八岁以上的合众国公民的选举权，不得因为年龄而被合众国或任何一州加以拒绝或限制"，[1]确

（1）《Constitution of the United States》，见美国参议院官网 https://www.senate.gov/civics/constitution_item/constitution.htm，查阅于2019年3月17日。

认年满 18 岁人群的投票权，从而在法律上保证了青年的政治参与权利。

到了 70 年代和 80 年代，美国的青年运动逐渐衰落。特别是在 80 年代，美国在与前苏联的竞争中占据优势，给青年个人带来优越感，青年群体开始更为关注青年个人发展问题。各个地区、各个领域的青年组织、青年社团越来越多地涌现出来。美国政府在联邦层面没有专司青年事务的职能机构，也没有整体性的青年政策，对青年的管理和服务主要在地方，有关监管部门从自身职能角度负责制定与青年相关的规章制度。同时，各类民间组织如行业协会、非政府组织、非营利机构、基金会等在保障青年发声、促进青年参与、维护青年权益方面发挥着重要作用。美国于 2008 年成立联邦青年项目跨部门工作小组，并于 2013 年 2 月发布《青年的路径——联邦协作战略计划草案》，以期整合政府部门、私营领域以及教会、社区组织、志愿服务组织等各方的力量，更好地服务青年、凝聚青年。

美国青年工作在关注国内青年的同时，也一直在拓展其全球视野。先前，美国主要是通过非政府国际性青年组织来对国外青年进行影响，到了奥巴马政府时期，美国政府就更加突出自己的官方引导色彩了。时任国务卿希拉里大力倡导公共和人文外交，主张运用"巧实力"配合硬实力，注重直接做外国公民社会的工作。2011 年，美国国务院在其内部专门成立全球青年事务办公室，作为面向全球开展青年活动的最高协调机构，旨在通过促进全球青年参与政治、经济、社会等事务，推动世界和平、发展与稳定。事实上，该全球青年事务办公室成为美国国务院开展青年公共外交的重要牵头单位，针对亚洲、非洲、拉丁美洲的青年领袖开展培训等活动，做外国青年领导者的培养和人脉工作，服务美国的公共外交目标。

第三节　美国青年组织参与全球治理案例分析

美国青年组织参与全球治理主要可以分为四个类别。第一类是志愿服务组织开展援外志愿服务，最为有名的是美国和平队；第二类是国际性大学生组织，如最早起源于美国的模拟联合国，促进全球大学生创新创业和能力发展的创行组织；第三类是国际性创新创业组织，如国际青年商会、国际青年基金会、国际青年成就等，以青年企业家、青年创业者为主要对象，扶持青年创业、鼓励青年履行社会责任；第四类是美国的宗教青年组织。美国基督教青年会在开展国内青年工作的同时，推动在更多国家成立基督教青年会分支机构，积极向外拓展，传播盎格鲁－新教文化。[1]例如,19 世纪 80 年代，中国基督教青年会的成立主要就是受到美国的影响。

现主要选取三个美国主导性较强、在全球具有代表性的组织来作为典型案例，进行解剖和分析，以此来了解美国青年组织参与全球治理的主要途径、效果和影响。

一、美国和平队

（一）和平队成立的背景 [2]

20 世纪 60 年代，国际政治形势出现了大的动荡和分化，苏联的军事实力持续增长，日本和西欧的政治和经济实力不断扩大，第三世界国家迅速崛起。肯尼迪上台后开始实施新边疆的外交战略，主

（1）《History:The YMCA in the United Stated》，见美国基督教青年会官网 http://www.ymca.net/history，查阅于 2019 年 3 月 17 日。

（2）美国和平队官网 https://www.peacecorps.gov/about，查阅于 2019 年 3 月 17 日。

要目的是继续争取美国在世界上的霸权地位。由于第三世界的兴起，美外交战略的重点也转向亚非拉发展中国家，增加了经济援助等一些非军事手段的运用，与竞争对手争夺第三世界国家的好感和支持。这是肯尼迪外交战略的一个新的特点。肯尼迪在其国情咨文中声称："在总统的盾形纹章上，美国之鹰的右爪抓着一根橄榄枝，左爪则抓着一束箭。我们准备对两者都给予同样的重视。"[1]这表明，在肯尼迪的外交战略中，做好了一手硬、一手软的两手打算。在这种背景下，和平队应运而生，成为肯尼迪政府争取第三世界国家的软实力抓手。

和平队的成立，直接起源于时任参议员肯尼迪的一次即席竞选演说。1960年11月2日，肯尼迪在旧金山的密西根大学向大学生发表演讲，挑战他们是否能贡献出两年的时间到发展中国家去帮助当地的人民。1961年3月1日，在肯尼迪当选总统几周以后，美国政府颁布了行政令组建和平队。萨金特·施赖弗（R.Sargent Shriver）就任和平队首任队长。同年，和平队就派遣青年志愿者到5个发展中国家提供志愿服务。1962年9月22日，肯尼迪总统签署了法律，使之正式生效。在持续运营多年后，到1981年，和平队成了美国政府的一个独立机构。和平队的主要任务是派遣美国青年志愿者到亚洲、非洲、拉美不发达国家和地区从事志愿服务，促进当地的教育、健康事业等发展。其主要宗旨是：帮助发展中国家满足对训练有素的人员的需要，增进发展中国家对美国人民的了解，增进美国人民对其他国家人民的了解。经过五十多年的发展，和平队已经向世界上141个国家派遣23万多名志愿者提供服务，在受援国形成了良好的

（1）　西奥多·索伦森：《肯尼迪》（复旦大学世界经济研究所译），上海译文出版社1981年版，第344页。

口碑，为塑造美国积极形象作出了巨大的贡献。

（二）和平队的运行机制 [1]

1981 年以后，和平队在法律上成为美国行政部门的一个独立机构。和平队的主要负责人是队长、副队长，均必须由美国总统来任命，并得到参议院的批准。美国参议院外交委员会和众议院外交委员会对和平队的活动和项目进行总体负责。和平队的经费每年从国会预算中划拨。一般来说，和平队的预算大概是美国对外行动总经费的 1%。和平队遵循财务透明原则，每年都会在其官网上发布年度财务报告、工作计划等。和平队 2018 年总经费为 4.1 亿美元。

和平队在队长和副队长以下，设置办公室主任一职，统领 9 个职能部门的工作，分别是财务、对外事务、志愿者招募和选拔、卫生服务、全球行动、安全保障、行政管理、人力资源、信息化办公室。在全球行动办公室下，根据服务对象国的不同，又划分为三个海外服务办公室开展工作，分别是非洲办公室，欧洲、地中海和亚洲办公室，中美和太平洋办公室。在每个服务对象国，设置一个国别主任的职务，下面分别有负责项目、培训、安全、医疗、财务和行政管理的工作队伍。此外，和平队内部还专门设有一个独立的监督机构，主要目的是防止欺诈、浪费、滥用权力和管理不当，促进机构运转的有效性。该监督机构直接向国会与和平队队长汇报，以便他们完整地、及时地了解和平队的项目和运作情况。和平队的员工分为美国直接雇佣和服务对象国本地员工两类，目前有 951 名美国直接雇佣人员，2940 名本地员工（包括短期的语言和跨文化培

（1） 美国和平队官网 https://www.peacecorps.gov/about，查阅于 2019 年 3 月 17 日。

训师）。

根据和平队最新披露的 2018 年财务和业绩报告（2017 年 10 月 1 日至 2018 年 9 月 30 日）显示，[1]目前和平队在岗服务志愿者和培训师数量为 7367 名，其中 64% 为女性，36% 为男性，单身的占到 99%，平均年龄为 27 岁，50 岁以上的占到 4%。和平队志愿者在服务对象国主要是在以下几个领域提供服务：教育（42%）、卫生（20%）、环境（7%）、青年发展（12%）、社区经济发展（7%）、农业（9%），还有 3% 从事和平队后勤服务。2018 年，和平队志愿者为 61 个国家提供了服务。服务对象国分布情况为：非洲（46%）、中南美洲（17%）、东欧中亚（14%）、亚洲（9%）、太平洋岛国（6%）、加勒比地区（4%）、北非中东（4%）。

和平队建立了比较完善的志愿者招募、选拔、培训和保障机制。美国青年可以通过网上申请报名，在审核同意后，和平队给每位志愿者提供往返国际旅费、住房、生活津贴和医疗保险，以满足他们在服务对象国的基本生活。志愿者每个月可以享有两天带薪假期，来访问邻近国家，丰富自己的阅历。在完成两年志愿服务以后，和平队还会给每位志愿者提供税前 8000 多美元的补助，作为他们回国后的过渡费用。志愿者可以自由支配该补助经费。

和平队还建立了调查和反馈机制。每年，和平队针对志愿者、雇员、合作伙伴、服务对象国员工分别开展有针对性的调查问卷，了解他们对项目的意见和反馈，以此提高项目的运行管理效率。

（1）《Agency Financial Report-Fiscal Year 2018》，见美国和平队官网 https://files.peacecorps.gov/documents/open-government/agency-financial-report-fy18.pdf，查阅于 2019 年 3 月 17 日。

（三）和平队的效果和影响

1. 为发展中国家提供志愿服务，在一定程度上改进了当地民众的处境。

和平队的首要战略目标是促进服务对象国的能力发展。和平队在海外的志愿服务主要集中在教育、卫生、环境、青年发展、社区经济发展、农业等领域，与当地的政府机构和组织合作，以社区服务的方式，促进当地的可持续性发展。不可否认的是，从客观上，和平队的确给许多发展中国家带来帮助，改善了民众的处境，这也是服务对象国民众改善对美国印象的重要原因。例如，美国和平队从 1983 年起启动"小项目援助计划"（SPA），2000 年以后累计在全球各地投入 4400 万美元，当地社区或第三方配套投入 3400 万美元，在第三世界国家的卫生、教育、农业、就业、救灾、公民参与等方面促进社区发展。[1]小项目援助计划针对国外的基层社区和基层民众，通过一个个接地气的项目，满足当地民众的迫切需求，并且通过长期、持久的投入，形成了可持续效应。

2. 改善美国人的形象，传播美国文化和理念。

和平队的经费由美国国会预算划拨，其工作管理又直接隶属于美国务院，因此和平队本身就带有强烈的官方色彩。可以说，和平队本质上是美国公共外交的一个重要手段，是服务于美国国家战略利益的组织。和平队对外发布的报告或者文章里，都提到过这一特性。通过美国青年志愿者在第三世界国家的工作，他们与服务对象国的民众同吃同住，面对面交流，向他们介绍美国和美国人，与当

（1）《Small Project Assistance（SPA）Program》，见美国和平队官网 https://www.peacecorps.gov/about/global-initiatives/small-project-assistance-program/#impact，查阅于 2019 年 3 月 17 日。

地人增进感情。通过这种交流，当地社区的民众更多地了解美国，也更愿意与美国人打交道。和平队称呼自己的志愿者为"友好大使"，他们认为相比较其他发展项目和跨文化交流项目，志愿者海外服务是促进国外民众对美国认同的最有效的方式。

例如，和平队从 1992 年开始向乌克兰派遣志愿者，到目前为止共派遣了 3000 多名志愿者。在现有的 60 多个服务对象国里，乌克兰是派遣志愿者规模最大的国家，反映了乌克兰在和平队的对外版图中处于重要地位。2019 年，和平队在乌克兰共有 350 名志愿者，主要是在青年发展、教育和社区经济服务领域开展志愿服务活动。这与乌克兰在国际格局中的特殊形势分不开。苏联解体以后，乌克兰一直在欧美与俄罗斯之间摇摆不定。美国对乌克兰提供大量援助，是想扶持乌克兰作为"反俄先锋"，拉拢其站在欧美一方来对抗俄罗斯。乌克兰 1991 年脱离苏联独立，1992 年和平队就向其派遣志愿者，可以看出和平队选择哪个国家是紧紧跟住了美国的对外战略。和平队以志愿服务形式，在乌克兰青年中教授英语，传播美国文化和价值观，在乌克兰的"去俄化"进程中起到了推波助澜的作用。

3. 培训了一大批国际化的美国青年人才。

和平队创建之初的一个重要出发点就是为了培训美国的青年人才。因此，和平队吸引美国青年参与的一个重要动力就是，志愿服务经历会极大地帮助他们个人的职业发展。志愿服务本身的工作内容会在无形中帮助青年拓宽视野、增长知识、掌握技能，如外语能力、跨文化交流能力、创新能力等。和平队还建立了较为完整的志愿者培训机制。在志愿者出发之前，和平队会组织语言和跨文化交流方面的培训，帮助志愿者熟悉服务对象国的语言和文化环境。在服务期间，定期举办工作、语言、文化和安全方面相关的技能培训，通过这种培训，使得志愿者在回国后成为政府机构、企业、非政府组织愿意聘请的人才。对于那些想继续读研究生的大学毕业生，参加和平队也为他们提供了更好的经验积累和优惠政策。和平队专门成立了保罗·卡沃德尔研究生助学计划（Paul D. Coverdell Fellows program），全美有 90 多所大学参与该计划，可以为有和平队志愿服务经历的大学生在攻读研究生期间提供学费减免、助学金等。[1]

截至目前，和平队已经派遣了 23 万多名志愿者从事海外服务，建立起了一个庞大规模的人才网络。和平队还为这些归国志愿者提供各种支持服务、活动等，来维持人才网络的运转和发展。志愿者回国后，活跃在美国的各个领域，成为成功的政治家、商人、学者、艺术家、记者等等，还有的成了宇航员。

二、国际青年基金会 [2]

（一）国际青年基金会的成立背景

国际青年基金会（International Youth Foundation）在美国注册，是一家通过与世界各地的机构或企业进行合作，帮助青少年获得领导技能、技术技能和生活技能的国际非政府组织。国际青年基金会将"共同确保年轻人，尤其是边缘化的青年，获得谋生的培训和引导"作为其全球网络合作的使命。

国际青年基金会成立于 1990 年。1989 年，国际青年基金会创始人瑞克·雷特（Rick Little）应凯洛格基金会（W.K.Kellogg

---

[1]《University Programs》，见美国和平队官网 https://www.peacecorps.gov/volunteer/university-programs/#paul-d-coverdell-fellows，查阅于 2019 年 3 月 17 日。

[2] 见国际青年基金会官网 https://www.iyfnet.org，查阅于 2019 年 3 月 19 日。

Foundation）邀请，到美国密歇根州的巴特尔克里克市进行调研。瑞克在调研期间对全世界的青年项目进行了分析，发现当时的青年项目存在一个亟需解决的问题，即结束幼儿时期到 25 岁的青少年和青年是一批急需好的慈善资源和机构合作进行帮扶的群体，但过去的大量慈善资源恰恰忽视了这一年龄段的人群。基于以上发现，在凯洛格基金会提供的 6700 万美元的资助下，瑞克于次年成立了国际青年基金会，以帮助青少年和青年获得生存必要的社会技能，从而最终能成功融入社会。国际青年基金会建立初期就以国际合作为导向，1991 年，厄瓜多尔的埃斯克尔基金会（Esquel Foundation）成了国际青年基金会国际合作网络的第一家合作机构，1992 年又与德国、菲律宾、泰国的机构形成了伙伴关系。通过 20 多年的推广，截至目前，国际青年基金会的国际网络已达到了 472 家青年服务组织，项目涉及了 98 个国家的 220 多家企业，为 1700 万名青少年和青年提供了技能提升的机会。

（二）国际青年基金会的组织架构

国际青年基金会的总部设在美国的巴尔迪摩市，其组织架构包括董事会、行政办公室、财务部、商业发展部、市场通讯部、青年部及各个地区项目执行部门。国际青年基金会的董事会由 10 名在劳德瑞教育公司、百事可乐等各行各业的公司或机构的领导者组成，这些董事会成员来自美国、牙买加、日本、沙特阿拉伯等国家，但以美国为主，在制定重要决策时可能容易偏向于跨国公司利益。董事会下设高级管理团队，包含主席兼执行总裁、首席战略官、副主席（主管市场和通讯）、执行副主席（主管对外合作）、执行副主席兼首席财务官（主管财务、管理、信息技术）、行政助理等 6 名成员。目前该基金会的主席为 Susan Reichle，2017 年加入该组织，拥有

20 多年领导美国国际开发署海外政策制定和项目发展的经验，是基金会成立以来的第四位主席。

董事会下设部门则包括行政商业开发部、财务管理部、市场通讯部、青年部、全球项目部、美洲项目部、欧亚地区项目部、撒哈拉沙漠以南非洲地区项目部、中东北非地区项目部等 10 个部门，涵盖了行政管理部门、对外沟通部门和项目执行部门三类功能相对齐全的部门。国际青年基金会还在约旦、墨西哥、摩洛哥、莫桑比克、坦桑尼亚、津巴布韦设立了办公室，以保证项目执行和评估工作的顺利进行。

（三）国际青年基金会的工作内容

国际青年基金会主要围绕青少年教育及职业技能、企业家精神、社会创新三个主题开展项目设计和实施。

1. 教育和职业技能项目

在教育和职业技能方面，国际青年基金会从需求驱动出发，在与企业及机构的合作方面及倡议上都强调将生活技能和技术、职业培训作为年轻人职业发展的关键组成部分，涉及教育和职业技能的项目是基金会项目的核心，70% 左右的基金会项目都与生活技能项目相关。基金会设计了一系列名为"成功通行证"（Passport to Success）的生活技能及职业技术培训课程，以帮助年轻人走上就业和经济独立的道路。

教育、商业、政府的领导者都认为"软技能"培训缺失是导致存在人才缺口的原因之一，因此 2004 年国际青年基金会与美国通用电气基金会（GE Foundation）合作开发了"成功通行证"培训计划，旨在帮助教育机构、企业和政府缩小当前就业机会与求职者所具备的技能间的差距。"成功通行证"培训计划服务的对象为 15 至 29 岁的年轻人，包括处于濒临辍学状态的在校生、失学青年、失业青年或处于危险环境中的青年。该计划的核心是 90 个模块课程，涉及职业规划、教育、雇主和雇员参与、工作训练、生活技能、谋生之道、私营部门合作、教师培训等培训主题。通过这些课程的学习，"成功通行证"旨在让学员获得对就业至关重要的 10 个关键技能：自信心、冲突管理、情绪管理、职业规划、责任、工作准备、尊重、工作场所技能、团队合作、项目计划。

　　"成功通行证"培训计划目前已经与公立和私立中学、职业技术学校、大学、企业和非营利性青年组织等开展合作，使得其可以以各种形式和环境培养年轻人的就业技能。国际青年基金会与企业合作，将生活技能培训作为新员工入职的一部分，这些课程可以根据雇主进行个性化定制，达到帮助新员工适应新的工作环境、降低离职率的目的。基金会与大学、职业技术学校及职业培训机构合作，为学生量身定制生活技能培训计划，学员每周上两至三节课，以作为常规课程的补充。基金会与初高中合作，在放学后或寒暑假提供技能培训。基金会还与社区组织合作，在 6 至 8 周的时间内提供至少包括 30 个生活技能培训课程的高密度培训，以对基础教育、技术或企业培训进行必要的补充。"成功通行证"培训计划十分重视教育质量，所有该项目的培训师必须满足严格的认证要求，在认证前需要接受 32 个小时深入的生活技能培训和体验式教育方法的实践指导。迄今为止，国际青年基金会已经建立了由 5500 多名培训师和 200 多名高级培训师组成的培训队伍。

　　目前，"成功通行证"培训项目在 50 多个国家实施，已有超过 20 万名青年参与其中。据项目统计，在摩洛哥，完成该项目的学生辍学率下降了 44%；在墨西哥，完成该计划的学生辍学率下降了一半；在波兰，86% 完成课程培训的青年对自己的前景变得更为乐观。

2. 青年创业计划

创业是解决青年就业市场供大于求现状的有效方法之一，国际青年基金会支持开展青年创业计划，通过提供基础知识、培训及相关资源，使得年轻人获得领导和发展微小、小型企业的能力，实现经济独立。例如，在中东和撒哈拉以南非洲地区，"创建你的企业"（Build Your Business）项目通过提供网络培训或面对面培训，帮助年轻人创办自己的企业；在印度，"青年企业家"（Young Entrepreneurs）项目让创业青年获得必要的技能；在巴基斯坦，9000 名青年在"青年创业发展"（Youth Entrepreneurship）项目中获得了培训，增强了就业能力和创业技能。

3. 社会创新项目

国际青年基金会认为青年在建立一个更为公平和包容的世界方面更具独特优势，因此于 2000 年创建了"青年行动网"（Youth Action Net）计划，以致力于促进全球青年参与和领导社会企业发展。"青年行动网"通过全球奖学金项目和在各个国家或地区建立青年领导机构，为青年社会企业家提供支持，鼓励他们采用创新方案解决全球性问题。该项目的全球网络由 24 家全球各地青年领导机构组成，以确保有抱负、有成就的青年社会企业家获得他们在实现社会变革目标过程中所需的各项支持。目前已有 92 个国家的 2000 多名青年人从该计划中获得了领导力培训、资金等资源。这些支持扩大了青年所领导的社会企业在教育、医疗保健、社会包容、环境保护等领域的影响力。

为确保年轻人所接触到的教育系统能将他们塑造成积极主动的公民，该计划还通过"大学连通倡议"（University Connect initiative）培养新一代的青年成为新的变革者。首先，"大学连通倡议"将学生和社会企业联系起来，为世界各地的大学提供实践学习的机会。来自基金会的研究员通过与学生分享他们在应对社区挑战方面的经验和营销、沟通、商业计划等知识，弥补学生理论与实践间的差距。其次，来自基金会的研究员与大学合作对青年进行调查，了解青年的需求和动力、青年最感兴趣的话题等信息，参与或举办旨在联系青年领导者的国家性活动，激励更多青年积极参与。另外，"青年行动网"的地方研究机构大多设在大学内，方便为青年人提供社会企业方面的课程和职业指导。

（四）国际青年基金会参与全球治理的特点

1. 构建全球合作网络

国际青年基金会建立初期就具备国际化视野。基金会采取在美国建立总部、在全球各地建立分支机构的模式，总部为分支机构提供资金支持，每个分支机构独立实施项目，并对项目实施过程和后期评估进行把控。基金会还积极拓展全球合作伙伴关系。至 2018年，基金会已与世界上 472 家机构建立合作关系，这些机构包含项目支持方、资助方和合作组织。

全球合作网络的建立，使得基金会及其合作伙伴能够开发和共享"最佳实践案例"，改进正在实施的项目或设计新的项目。[1]合作网络通过集体声音的表达，有利于建设舆论领导力和引起全球对青年发展领域的关注。同时，国际合作网络也具备积聚效应，能够吸引更多的机构加入，增强了单个组织的力量。

2. 引导地方社会治理实践

国际青年基金会的项目涉及 92 个国家的青年，通过将基金会在

（1） 罗敏：《国际非政府组织青年技能发展项目研究》，华东师范大学 2014 年。

世界各地的工作经验与全球合作伙伴网络的实践结合，使得项目更贴合当地青年的需求。一方面，基金会通过分支机构引入从项目检测、评估到财务管理的全流程，确保当地的项目实施符合全球标准。另一方面，基金会为各个地方提供全球性的理念、专业知识、实践经验以及统一课程，通过具体项目影响地方社会治理的模式。基金会还通过举办研讨会、分享最佳实践案例，对地方机构提供一对一辅导，从而提高地方机构按照总部标准开展工作的能力。

3. 采取多利益相关方联盟模式

国际青年基金会与政府、企业和民间组织建立伙伴关系，以确保青年发展工作的可扩展性和可持续性。这种伙伴关系多以多利益相关方的联盟模式展开，即基金会与合作伙伴的联盟通过项目合作来建立，其中一家机构在合作联盟中担任领导角色，负责整个项目的组织实施，其他机构则在其擅长的领域提供关键服务。联盟模式有利于合作机构共享资源，各机构在专业领域发挥特长，同时可避免重复工作，使得项目能获得最大产出。

三、美国国际性大学生组织——创行组织 [1]

（一）创行组织的成立背景

创行组织原名为国际大学生企业家联盟（Students In Free Enterprise），简称赛扶（SIFE），是美国主导成立的国际性大学生组织。20 世纪 70 年代越南战争结束后，美国总统卡尔实行行政和经济改革，美国出现了反市场经济和反企业家的浪潮。美国部分企业家

---

[1]　见创行中国官网资料 http://www.enactuschina.cn/Main，创行官网资料 https://enactus.org，查阅于 2020 年 4 月 9 日。

为推动市场经济教育和企业家精神教育而联合起来，于 1975 年成立了国际大学生企业家联盟，倡导大学生运用积极的商业理论改变社区。1985 年国际大学生企业家联盟开始用比赛的形式开展活动，获得了较大发展。2000 年该组织开始走出美国，于 2001 年举办了第一届世界杯大赛，2002 年国际大学生企业家联盟进入中国。2012 年国际大学生企业家联盟正式更名为创行组织。创行（Enactus）取自"Entrepreneurial""Action"和"Us"的组合。"Entrepreneurial"即企业家精神，意为用正直和热情激发商业创新；"Action"即行动，指行动起来创造优秀的社会企业项目；"Us"是指学生、学术界人士和商界领袖一起集合成"我们"，用企业家精神和行动创造更美好的世界。

创行组织由全球 37 个国家的 1730 多所高校在校大学生、学术界人士及企业界领袖联合组成。该组织的宗旨是通过建立体验式学习平台，让下一代企业领袖利用创新和商业原则来改善世界。目前全球已有 1730 个校区的 72000 名学生加入了该组织。加入创行组织的学生在教育工作者指导和商业领袖的支持下组成团队，对其所在地区进行需求评估，探寻复杂问题的解决方案，并着手实施具备一定影响力的项目。这个过程不仅使得学生本人获得社会创业的经验，同时也通过推广社会创新方案对当地社区产生了影响。创行组织每年都会在各个国家和地区举办系列国家性赛事，选拔出各个国家的冠军队伍后会再选择一个地点举办世界杯大赛。

（二）创行组织的组织架构

创行组织的总部设在美国密苏里州西南部的斯普林菲尔德，组织架构包括董事会、咨询理事会主席委员会及总部运营团队。董事会由 12 个人组成，包括主席、执行主席兼首席执行官及各位董事。

创行组织在 37 个国家设立分支机构（咨询理事会），咨询理事会主席委员会由 37 名各国咨询理事会的主席组成。董事会及各个国家咨询理事会的主席大多为来自联合利华、福特汽车、好时、毕马威、可口可乐等大公司的领导者。

董事会下设专业的运营团队，总部的运营团队包括 60 多名专业人员，除总部的团队外，还有 100 多名工作人员负责管理各国分支机构的日常运营。

（三）创行组织的运行模式

1. 创行项目的主要形式

创行组织鼓励高校学生利用他们课堂所学的知识、指导老师的专业技能以及学校的资源来开展项目，要求学生立足本土，灵活根据地区特点，运用创业方式和商业力量，自主运作社会创新项目，从而帮助人们改善生活，使社区获得更好的发展。创行项目的主题覆盖市场经济、医疗健康、环境保护、文化艺术传承、农业发展、青少年教育、扶贫助困和商业道德等领域。例如，哈萨克斯坦国际商业大学的学生开展了"被忽视的工人的就业安置"项目，将社区对优质管家、保姆、厨师、园丁的服务需求与工作技能有限、受教育程度较低的妇女的就业需求相联系，制定了就业安置计划。项目给参与项目的妇女提供就业培训（如急救知识、幼儿照料、现代家用电器和家务管理等），在进行培训后参与者与具有这些特定工作机会的家庭或企业就建立了联系，从而获得工作机会。该项目目前仍在进行中，参与项目的 52 名妇女获得了保姆、家庭教师和管家等工作，大多数人平均每月从中获得收入 400 美元。这一项目计划扩大其服务范围，将有工作需求的残疾人也纳入其中。

2. 创行项目的实施基本步骤

每个创行团队和项目都需要遵循创行组织的"五步"法则，以确保创行的学员无论在世界哪个地区采取创业行动，都能有全球统一标准的体验和实现可持续的影响。第一步是建立团队，每个项目都需要先招募学生团队，并获得来自学校老师、商业顾问和队长的支持。第二步是团队发展，创行组织通过项目培训、开放式的对话和领导力培训来帮助学生认识到自己的潜力。第三步是提出创意方案，团队针对特定的社会、环境和经济议题，提出具有创新性的解决方案。第四步是落实方案并采取行动，学生团队把创意方案转化为实际行动，以行动结果来验证项目创意的有效性和可行性。第五步是参与比赛，在国家及世界级的赛事中，团队与全球商业领袖进行交流，展示自己的项目成果，分享项目想法。

3. 创行的赛事举办

比赛是创行组织用来激励青年的创业行动、推动青年创新和扩展其全球影响的最重要方式。创行赛事实行自下而上的机制，国家内部各个地区先举行地区比赛，地区冠军项目参与全国比赛角逐出国家冠军项目，国家冠军项目再代表该国家参与创行比赛的世界杯。

世界杯一年举办一次，举办的场地分布在全球各国及地区。例如，2019 年创行世界杯于 2019 年 9 月 16 至 18 日在美国加利福尼亚州的圣何塞举行。世界杯的赛事一般由来自全球 37 个国家的团队举行开幕赛，之后再举行 16 强团队的半决赛，半决赛后是 4 强团队的总决赛，角逐出创行世界杯的总冠军。

为推动创新，扩大全球影响，世界杯不仅有来自 37 个国家的冠军团队展示他们的创业行动项目，比赛期间还会举办开幕仪式、环球文化展、企业创新展会、可持续发展目标论坛、行动力领导论坛等活动。环球文化展是为了展示文化的多样性而开展，通过纪念品展示、文化表演等形式使得各国的精彩文化和地域特色得以碰撞。企业创新展会则是除了世界杯比赛外的另一大亮点，来自创行的合作伙伴企业通过精心布置的展位和热情的解说，向参与活动的学生展示丰富的企业产品和文化。在可持续发展目标论坛上，17名学生代表作为联合国可持续发展目标（SDGs）大使，分享与17项全球可持续目标框架相一致的关键领域的实际进展，解释目标之间紧密的联系，提出阻碍目标实现的最大障碍，提出一系列行动建议，并呼吁大家共同行动克服障碍，实现可持续发展的目标。行动力领导论坛的主讲者为一些成功的企业家，他们在论坛中分享自己的故事，并探讨如何在世界范围内采取商业行动，影响社会议题。

（四）创行组织参与全球治理的特点

1. 构建全球合作网络

创行组织通过与世界范围内的企业、学术界人士建立合作关系，来构建自己的全球合作网络。创行总部还在各个国家建立咨询理事会，为世界各地的创行组织提供项目培训等支持。

创行组织把学生、学术界人士、企业领袖结合，以确保青年学生在项目发展过程中的可持续性，更好地实践企业家精神。与国际青年基金会多方利益联盟模式不同的是，创行项目中的学术界人士、企业领袖为学生提供专业技能、知识等方面的指导，企业还为创行学生提供实践平台，而国际青年基金会项目中的企业、民间组织等机构则在合作联盟中担任领导角色，负责整个项目的组织实施。

2. 构建青年体验式的项目制学习平台

创行组织通过项目的模式，为青年提供了参与全球治理的平台。创行的项目主题包括市场经济、医疗健康、环境保护、文化艺术传承、农业发展、青少年教育、扶贫助困、商业道德等各个领域。创行通过全球统一的项目评判，助力青年学生有效地采取社会创业行动，以促进经济、社会、环境可持续的方式参与社区治理。为了学生能更好地寻找社会问题、解决社会问题，创行组织还为学生提供个人成长培训、专业的"潜能觉醒"测评及专业人士的指导。

3. 通过赛事推动创新，扩大全球影响

创行赛事是创行组织参与全球治理的一大亮点。国家及世界级的赛事能够鼓励创新和奖励成就，从而提高学生参与社会治理的积极性。通过国家性和世界性的聚会，促进不同区域、不同国家青年的交流，从而达到拓宽青年国际视野、推动社会创新的目的。青年也可通过与其他青年分享项目成果，以扩大项目的全球影响力。每年的创行世界杯除了赛事板块，还会举办文化展、可持续发展目标论坛、行动力领导论坛等议程，通过多元化视角，激励青年产生解决社会问题的新想法。

第四节 美国青年组织参与全球治理的启示

通过对以上几个案例的剖析，可以看到美国青年组织在全球治理中发挥作用有以下途径和特点。

一是政府大力支持。尽管国际青年组织类型多样、活动内容和形式各异，但并非与政府完全割裂，而是与政府存在紧密的相互作用。美国政府的战略意图十分明显，通过资金、政策等方式扶持本国青年组织向外拓展或成立国际性青年组织，把青年作为重点工作对象，在全球治理中服务国家利益。在此过程中，青年组织和机构作为项目的承办者冲锋在前，政府作为主办方和出资人隐藏在后，以淡化政治色彩。两者相互借力、相辅相成。

二是传播国家文化和价值观。伴随全球化进程，公共产品日益成为全球治理体系中的重要组成部分，它指的是具有非排他性、非竞争性的在全球范围内共享的公共服务。非政府组织在提供全球公共产品方面是政府的有益补充，具备群众性的独特优势。美国发起的国际性青年组织带有与生俱来的"使命"，面向世界青年推广美国所认可和倡导的理念和价值，影响国外青年对美国的看法。它们或旗帜鲜明、或潜移默化地影响着青年参与全球治理的价值观基础。

三是培训青年人才。美国青年组织开展对外活动时，青年不仅是项目实施的主体，也是项目实施的主要对象，通过国际交往和参与建立青年人才网络，为国家培养有全球胜任力的国际化人才。美国除了培训本国人才以外，还注重发现、网罗其他国家青年精英，在全球培养和维护亲美的青年人脉网络，并通过他们来辐射、影响其周围同伴。这是其一贯以来做青年公共外交行之有效的方式。

四是构建全球合作网络。国际性组织构建全球合作网络反映了建设"全球地方化或地方全球化"（Glocalization）这一新型理念，即全球层次考量、地方层次行动，将地方性问题放入全球层次进行再概念化理解。[1]美国主导建立国际性青年组织后，在全球各个国家建立分支机构，与各领域机构和利益攸关方建立合作伙伴关系，结合青年发展需求和兴趣，以新理念、新方式去引导青年积极参与社会事务。一方面，通过这种方式参与其他国家地方治理，另一方面也不断扩展全球合作网络和全球影响力。

当前，全球治理体系正处于关键转型期。随着中国日益走进世界舞台的中央，客观上要求中国在全球治理领域作出更大的贡献。

（1） Arts, Bas. The Global-Local Nexus: NGOs and the Articulation of Scale [J]. Tijdschrift voor Economische en Sociale Geografie（Journal of Economic& Social Geography）, 2004, 95, （5）:498 -510.

青年不仅是当前参与全球治理的主体，也影响着整个全球治理体系的未来走向。中国社会组织"走出去"比较晚，中国青年组织国际化的经验还不完整，在成立国际性青年组织方面几乎是空白。中国青年组织的国际化程度以及参与全球治理的水平与美国相比，还存在不小的差距。我们可以借鉴美国青年组织参与全球治理的一些模式和经验，积极培养具有全球胜任力的青年人才，支持中国青年组织扩大国际影响力，在全球治理议题上发出更多的声音。

第七章

日本青年组织参与全球治理状况研究

第一节　日本参与全球治理概况

一、日本参与全球治理的历程

日本参与全球治理的过程，经历了被动参与、积极拓展和全方位参与的三个阶段。

（一）重返国际社会，被动参与全球治理阶段

从 20 世纪 50 年代初期至 70 年代中期，战败后的日本接受并逐步融入到战后世界秩序中。[1]在这一阶段，日本以和平宪法为基础，以集中发展经济为目标，在国际社会中坚定地追随美国。在美国的帮助下，日本先后加入了国际货币基金组织（IMF）、世界银行（WB）、关税及贸易总协定（GATT）、联合国（UN）、经济合作与发展组织（OECD）等一系列国际组织。由于日本在日美同盟中处于

（1）　王亚琪、葛建华、吴志成：《日本的全球治理战略评析》，《当代亚太》2017 年第 5 期。

不平等地位，在既有的 IMF、WB、GATT 等国际组织中作为后来者也很难立刻有所作为，[1] 且日本不是联合国安理会的常任理事国，虽积极参与联合国各项国际事务，对联合国会费的出资比率也逐年升高，但一直不能获得足够的话语权。因此，此时日本参与全球治理还只是被动参与，仅处于接受和执行相关规则的地位。[2] 但在此过程中，日本积累了丰富的全球治理经验，为其后的主动参与奠定了基础。

（二）依托 G7，积极参与、拓展全球治理阶段

20 世纪 70 年代中期到 80 年代中后期，是日本依托 G7 积极参与全球治理、拓展治理方式的尝试阶段。[3] 20 世纪 70 年代中期，在石油危机引发的经济大衰退中，为协调各国政策，共同应对危机，在法国的倡议下，逐步形成了由美国、英国、德国、法国、日本、意大利、加拿大构成的七国集团峰会机制，也被称为"西方七国首脑会议"（简称 G7）。新成立的 G7 不但使日本能够与西方大国首脑平等对话协商，而且为当时已成为资本主义世界第二大经济体的日本提供了更多主动参与全球治理的机遇。

从 G7 成立以来，日本就将 G7 置于对外关系的中心地位。日本主办的各届峰会，无论从会议达成的成果，还是会后各项协议的

（1）　王厚双：《日本经济与世界经济接轨的经验浅析》，《日本学刊》1997
　　　　年第 1 期。

（2）　王厚双：《日本经济与世界经济接轨的经验浅析》，《日本学刊》1997
　　　　年第 1 期。

（3）　虽然 1997 年和 2014 年俄罗斯的加入和被排除，使得七国集团峰会
　　　　变为八国，之后又回到七国，但为了表述方便，本文中统称为 G7。

遵守程度，得分均为最高。[1]在此过程中，日本逐步将自己从配角提升为 G7 参与全球治理的倡议者和领导者。1979 年苏联入侵阿富汗之际，日本在该年度 G7 峰会上，促成谴责苏联的共同声明，首次将政治议题纳入峰会，同时还致力于将全球能源与气候治理纳入议程，从而突破了 G7 仅针对经济进行协调的局限性，使 G7 成为涵盖政治、环境和发展等多方面议题的综合平台，为日本以 G7 为平台参与全球治理提供了可能。这不仅提升了日本在 G7 中的地位，而且使 G7 成为日本参与全球治理、实现和维护日本大国地位的重要途径和平台。

(三) 多路径、多平台、全方位参与全球治理阶段

20 世纪 80 年代中后期至今是日本多路径、多平台、全方位参与全球治理的阶段。一方面，日本认为联合国是实现"政治大国"的最佳平台，在联合国的各类议题和行动中表现积极。同时，随着经济实力的快速增长，日本不断加大对联合国会费的出资比率，在 1986 年达到 10.8%，超过苏联成为第二大出资国。日本还经常向联合国相关机构提供额外捐助，在联合国裁军等方面也有突出表现。[2]在 1992 年日本国会通过了《关于联合国维持国际和平合作法》及相关修正案，更是突破了日本在战后不能向海外派兵的制约，积极地参与到联合国的维和行动及难民救助活动中。另外，日本不断加大对在联合国中占据近 1/4 席位的非洲国家的援助力度，表现出日本希望争取非洲国家的支持，通过"入常"实现其政治大国的抱负和

（1） 王亚琪、葛建华、吴志成：《日本的全球治理战略评析》，《当代亚太》
　　　2017 年第 5 期。

（2） 丁诗传、杨子：《从完全追随到有选择追随——试析冷战时期日本的
　　　联合国外交》，《日本学刊》1999 年第 4 期。

策略。

另一方面，随着二十国集团机制（G20）作用的上升，以及 G7 在全球治理中地位和作用的下降，日本也逐步降低了对 G7 的依赖程度，开发和利用更多的平台和路径，全方位地参与到全球治理之中。例如，即使在美国退出之后，日本依然力推跨太平洋伙伴关系协定（TPP）等。同时，日本除主动承担相应资金和承诺、积极推动全球治理规则的实施外，更加主动地参与到全球治理机制、规则的制定之中。另外，日本依托多层次的全球性国际组织、区域性国际组织、双边机制和社会组织，通过经济发展、政治安全、环境气候等一系列重要议题全方位地参与到全球治理中。

二、日本参与全球治理的主要路径和作用

（一）以全球经济治理为基础 [1]

日本在 1952 年加入 WB 和 IMF，逐步在其中占据重要地位，通过积极参与应对全球经济问题，例如在削减关税、消除非关税壁垒方面作出表率，树立起良好的国际形象，为日本在全球治理中的地位奠定了良好基础。

1966 年建立的区域性国际经济组织——亚洲开发银行（ADB）是日本第一次在国际组织中担任主要出资国，且第一次在国际组织中实现了与美国对等的地位，使日本的全球治理理念得以充分展现。

日本也是 1989 年成立的亚太经济合作组织（APEC）的创始国之一，借助 APEC 平台，日本积极推进贸易、投资自由化议程，制定

（1）　王厚双、孙丽：《战后日本参与全球经济治理的经验研究》，《日本学刊》2017 年第 1 期。

应对国际金融危机的各种措施，与多国签订了自由贸易协定或者经济伙伴关系协定，进一步巩固和提升了日本在亚太地区的经济轴心地位和作用，使日本的全球治理能力得到进一步的发挥。

（二）以政府开发援助为重点

政府开发援助（ODA：Official Development Assistance）是日本针对发展中国家和地区，以经济开发和提高福利为目的，由日本政府提供的赠与或条件宽松的贷款。ODA 始于 20 世纪 50 年代，是日本解决战后问题、赢得周边国家信任的一种"准赔偿"手段。[1]随着日本经济的快速发展，ODA 逐渐成为日本拓展国际关系、将经济实力转化为全球治理能力、为日本塑造负责任大国形象的重要手段。

2017 年日本双边政府开发援助总额为 150.78 亿美元，从图 7-1 的日本双边 ODA 地区占比变迁中可以看出，20 世纪 70 年代以来，日本向亚洲的 ODA 投放比例总体呈下降趋势，向中东、北非、撒哈拉以南非洲国家、中南美的投放比例总体呈扩大趋势，从一个侧面体现出日本开始放眼全球、日益加大对非洲等地区援助的力度。同时，我们可以看到亚洲始终是日本 ODA 最主要的投放区域，这主要是因为东亚是日本重要的原料产地和商品市场。通过政府开发援助，日本借助国际分工体系，以地区经济发展带动区域发展，逐步建立和维护地区主导权。

（1） 王亚琪、葛建华、吴志成：《日本的全球治理战略评析》，《当代亚太》2017 年第 5 期。

1970年	94.4				3.0 1.8
1980年	72.8		8.8	10.8	5.9 1.7
1990年	61.7		10.8	10.6	7.7 9.2
2000年	60.1		7.8	8.5	8.8 14.8
2010年	53.1		15.3	12.0	6.6 13.0
2013年	64.3		11.0	14.9	2.0 7.8
2014年	57.8		12.4	13.1	3.5 13.2
2015年	52.7		11.8	15.7	3.6 16.2
2016年	52.3		14.5	11.1	3.2 18.9
2017年	59.7		11.5	11.3	2.5 15.0

0%　10%　20%　30%　40%　50%　60%　70%　80%　90%　100%

■亚洲　■中东/北非　▨撒哈拉以南非洲　▥中南美　▤其他

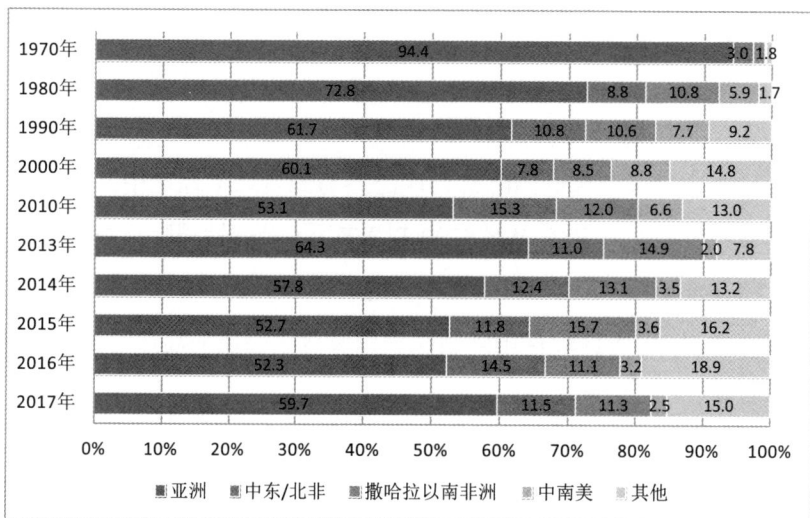

注：依据日本外务省《2018版开发协力白皮书》制作

图 7-1　日本双边政府开发援助地区占比变迁

（三）以全球环境治理为突破口

气候变化问题是受到世界各国高度关注的全球性问题。由于日本自然资源及能源较为匮乏，自然环境相对脆弱以及在经济快速发展过程中曾引发一系列严重的生态问题，日本对环境治理具有深刻的觉悟和认识，并积累了丰富的环境治理经验。因此，日本以全球环境治理作为参与全球治理的突破口，可以有效地将自身需求、经济发展和塑造大国形象紧密结合在一起。

在 1979 年的 G7 峰会上，日本推动将全球能源与气候治理纳入议程，使 G7 成为日本以大国地位参与全球治理的重要平台。1997 年日本在京都成功举办了《联合国气候变化框架公约》缔约方第三次会议。《京都议定书》的签订使日本成为全球瞩目的环保大国。日本通过环境 ODA 以及具有国际视野的非政府组织的活动，成功地树立起日本在全球环境治理中的务实形象。[1]

（四）以多层次国际平台为舞台

日本通过多层次的国际平台广泛参与到全球治理之中。其中既有前面提及的 UN、IMF、WB、GATT、WTO 等全球性国际组织，也有如亚洲开发银行（ADB）、亚太经合组织（APEC）、亚洲基础设施投资银行（AIIB）等区域性国际组织，以及双边性质的高层对话机制、协调机制等。

总体来看，日本在凭借多层次国际平台面向全球输出自己发展经验的同时，开始重新审视亚洲。尤其是 20 世纪 90 年代末期，以亚洲经济危机为契机，日本意识到亚洲各国间的紧密联系给区域发展带来的重要影响。中日韩三国与东盟在 1996 年举行了首次东亚国家首脑会议。这是日本"脱欧返亚"、以东亚区域经济合作为依托参与全球经济治理的重要一步。[2] 从参与形式来看，日本从过度依赖多边平台参与治理，转变为日益重视区域和双边外交活动。

（五）以灵活、深入的非政府组织活动为助力

在日本，NGO（Non-Governmental Organizations，非政府组织）特指那些致力于国际性或全球性问题的 NPO（Non-Profit Organization，非营利组织），是日本进行对外交流、援助，丰富外交

（1） 王厚双：《日本经济与世界经济接轨的经验浅析》,《日本学刊》1997
年第 1 期。

（2） 王厚双、孙丽：《战后日本参与全球经济治理的经验研究》,《日本学
刊》2017 年第 1 期。

渠道、提升国家软实力、建立良好国民形象的重要形式。[1]其内容主要包含解决发展、贫困、和平、人道、环境以及紧急救援等全球性问题,方式有向海外被援助地区提供资金、技术、物资及人员协助,开展教育帮扶或政策宣传活动等。目前日本 NGO 团体数量超过 400个。NGO 作为草根组织,可与当地居民密切接触,快速融入活动地区,从而开展迅速、灵活、细致、深入的援助和救援活动,在日本参与全球治理的活动中发挥着特殊作用。

日本的 NGO 活动范围超过 100 个国家,涉及亚洲、中东、非洲、中南美、大洋洲、欧洲,遍布全世界,但以亚洲国家为主(约占七成),其中东南亚最多。活动团体较多的国家依次为菲律宾、柬埔寨、尼泊尔、泰国和印度尼西亚。除了历史和地理的原因,这与各国政府对外国 NGO 的态度和政策有一定关系。

日本 NGO 活动领域中最多的是教育和职业培训(27.2%)、环境(19.9%)、农业和渔业开发(15.0%)、保健和医疗(12.9%)、饥饿和灾害(9.0%)。各领域均以在当地开展中长期活动为主要参与方式。

另外,依据调查,约八成的 NGO(非常关注 41.9%,关注36.3%)表示关注联合国可持续发展目标(SDGs),表现出日本 NGO敏感捕捉全球治理发展趋势,主动将团体活动和任务融入联合国全球发展计划,以达成联合国可持续发展目标(SDGs)来推进团体发展的务实态度。针对 SDGs 提出的 17 个目标(参见图 7-2),日本NGO 表示与自身活动内容最为一致的是"目标 1:消除贫困"(共有 103 个团体,在 124 个团体中占比 83.1%),而后依次为"目标 4:

---

(1) 俞祖成:《日本非政府组织参与全球治理研究——历史演变、发展现状及其支持政策》,《社会科学》2017 年第 6 期。

优质教育"（共 74 个团体）、"目标 3：良好健康与福祉"（共 71 个团体）等。从中也可以看出，针对 SDGs 提出的 17 个目标，日本 NGO 活动并没有均等涵盖，而是表现出较为明显的偏重性。

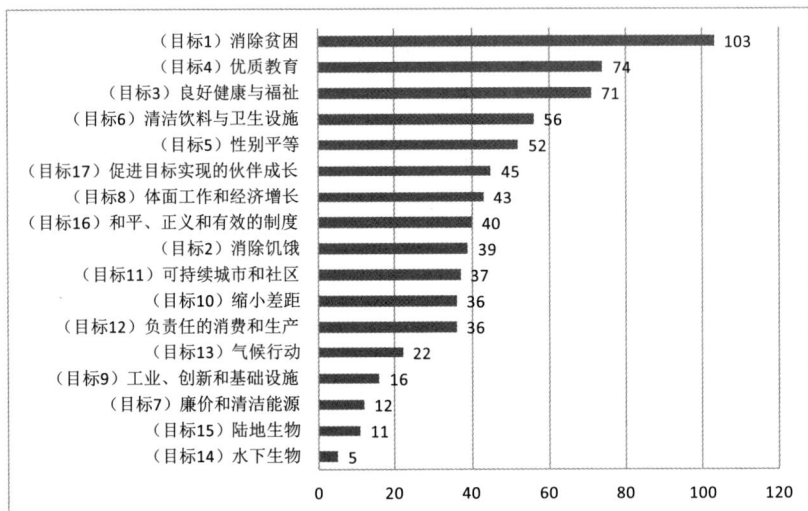

注：引自日本外务省《NGO 数据册 2016》，有效回答数 698。

图 7-2　日本 NGO 活动与 SDGs 各目标的匹配度

第二节　日本青年组织⁽¹⁾参与全球治理的概况

一、日本青年组织的发展历程

日本最早的青年组织是日本男基督教青年会（YMCA），成立于 1880 年。之后的 140 年，日本青年组织经历了三次发展高潮。

（1）　文中指的是日本青少年团体，为了保持全书表述一致，本节中统称为日本青年组织。

（一）第一次发展高潮是在上世纪 50 至 60 年代

第二次世界大战以后，日本青年组织摆脱军国主义控制，进入自由发展阶段。60 年代经济高速发展进一步为青年组织的发展提供了物质基础。这一时期日本青年组织呈现几个特点。一是有了更加明确的目标和任务。如日本青年团协议会（简称"日青协"）在 1951 年重建时打出的旗号是"不再重蹈战争覆辙""不再第二次拿起枪杆"，这一旗号一直沿用至今。童子军日本联盟在 1946 年重建时打出"重建日本"的旗号。日本友爱青年同志会（日本"友爱"的前身）在 1953 年成立时提出了"友爱革命"的口号。二是由于青年参与的意识增强，从一些全国性行业组织中催生出全国性青年组织。如，全国农协青年组织（简称全青协）、日本青年教科文联络协议会、全日本劳动总同盟青妇对策委员会、日本红十字会青少年红十字等都是在这一时期从全国性社会组织中产生的。三是枢纽型组织比较多。中央层面，受文部科学省委托，日本中央青少年团体联络协议会（简称中青联）[1] 是日本国内枢纽型青年组织的联络机构。截至 1969 年，其加盟团体达到 19 个。这些组织均为全国性枢纽型组织，在日本 47 个都道府县都有自己的支部，会员总人数达到 1600 多万。[2]

（二）第二次发展高潮是在上世纪 70 至 80 年代

这里有两个社会背景对日本青年组织的发展产生重要影响。一是日本经济的发展带来城市圈的扩大，越来越多的青年从农村来到城市。原来以农村青年为主要构成的枢纽型青年组织，人员结构发

（1） 目前其主要功能由日本青年团协议会代行。

（2） 吉永宏主编：《续·青少年团体史——中央青少年团体的历史和现状》，日本 YMCA 同盟出版社 1982 年版，第 42 页。

生了重要变化。同时，目的明确的社团和俱乐部等小型组织迅速崛起。这一方面给传统枢纽型组织带来巨大发展挑战，如会员人数的增长开始变得缓慢，甚至出现负增长，如全青协，1968年会员数是253047人，1981年会员人数只有168379人。[1]另一方面，这迫使青年组织开始主动转型，给青年组织的发展带来新的机遇。如日青协，将以前的学习活动转型为"日本青年议会"项目，组织会员模拟日本国会开会，围绕公害、北方领土、国际热点等青年关心的话题开展讨论，并将青年的诉求向政府反映。

二是随着日本经济实力的增强和日本参与全球治理实践的拓展，日本政府越来越重视非政府组织，特别是青年组织的作用。如，日本政府委托中青联承办了1969年东京奥运会青年营、1970年的万博世界青少年集会等一系列大型主场青年外交活动。另外，从1973年起，日本政府开始有序支持日本青年组织参与社会教育事业，以补助金的形式鼓励日本青年组织承办各类校外活动。这在一定程度上为日本青年组织的发展提供了机遇，也为推动日本青年组织"走出去"提供了重要的物质基础。

（三）第三次高潮是在上世纪末至本世纪初

1995年阪神-淡路大地震后，日本青年志愿者广泛参与抗震救灾活动，得到日本社会普遍认可，激发了广大青年社会参与的积极性。1998年日本发布《非营利组织法》，大大降低了青年组织成立的门槛，进一步推动了日本青年组织的发展。本世纪初，日本推行公益法人制度改革，此次改革废除了主管官厅制度。由于创办青年

（1）　吉永宏主编：《续·青少年团体史——中央青少年团体的历史和现状》，日本YMCA同盟出版社1982年版，第237页。

组织不再需要政府许可，大大减少了繁琐的申办手续，一定程度上也促进了青年组织的发展。据日本内阁府网站资料显示，截至 2019 年，从事青少年发展类别的公益法人达到 2007 个。[1]

二、日本青年组织的近况

根据日本青年组织的性质不同，参与对象也有不同，但基本上涵盖了 10－30 岁的所有青少年群体。根据不同青少年群体的需求，青年组织的活动内容各不相同，如社区消防志愿服务、野外生存训练活动、海内外灾害救援志愿活动、国际交流与合作等。

受经济不景气、少子老龄化、教育改革、公益法人制度改革等影响，进入新世纪以来，日本青年组织面临会员人数减少、财务困难、竞争力不足等诸多问题。为破解困境、寻求发展，日本青年组织在实践中进行了积极的探索和创新，主要有以下几个方面。

（一）问需于青年，通过解决实际困难，提升组织吸引力

针对年轻人缺乏社会经验、心理不成熟等特点，一些青年组织会在每年春季举办新入职人员培训班，请专家对年轻人进行有关职场常识、商务礼仪等方面的指导。又如社会教育导师培训班，针对年轻教师开展有关社会教育方面的辅导，并传授实用型技能，如竹蜻蜓手工制作、丢沙袋游戏等。另外，还有针对年轻父母举办的家庭教育培训班。上述活动因针对性较强，务实深入，赢得了青年的普遍欢迎。

（1）　日本内阁府官方网站,2019 年 9 月 15 日,https://www.cao.go.jp/。

（二）聚焦传统文化和服务社区发展，增强组织凝聚力

如招募会员参与盂兰盆节、焰火大会、运动会等地区传统节日的组织和运营活动。从政府方面来看，一方面由于青年组织和青年志愿者的加入，降低了行政运营和活动成本；另一方面，年轻人的大量参与，活跃了气氛，扩大了宣传，传承了地区文化。故此做法受到地方政府的欢迎。对青年组织来说，通过组织会员共同投入社区和乡村建设，能够在短时间内有效增进团队凝聚力，在活动中培养年轻人的团队精神和领导能力，是增强团队凝聚力、培养青年骨干的一个十分有效的载体。

（三）通过开发组织内部资源，不断增强组织活力

如日本女童子军联盟的"意见卡（Tell us card）"项目，面向全国 47 个都道府县，收集会员对组织的意见和建议。根据大家的建议，在组织创立 90 周年之际，女童子军联盟改变了原来单一的队服颜色，给会员提供了更多个性化选择。对于爱美的女孩子来说，漂亮的队服成为女童子军联盟吸引会员的一个重要"武器"。

（四）加大宣传报道的力度，扩大组织影响力

除了利用地方政府网站和团体网站传播活动信息外，一些地方青年组织还对宣传报道方式进行了探索和创新。如，日野青年团的手写报纸通过登载青少年的心声、从青年人的视角介绍家乡特产和景观等，受到当地青年的好评。有实力的青年组织还尝试在主流媒体上介绍目前活跃在社会各界的会员的活动，以此扩大组织影响力。近年来，推特、Facebook、instagram 等社交平台为青年组织开展宣传提供了更广阔的平台。

（五）注重对青年领袖的培养，提升组织活力

一是通过组织各地青年骨干定期举办全国性会议和相关培训活动等，引导年轻人思考组织面临的课题和未来发展方向，增强使命感和责任感。二是实施导师资格认证活动。如，日本修养团的导师资格认证制度，主要依据参与修养团活动的经历和贡献来评定等级。由于该资格证书得到日本自然体验活动推进协议会的认可，吸引了广大青年的积极参与。三是注重在国际交流实践中培养青年领袖。这不仅能够提升青年对组织的向心力，而且有利于拓展青年的国际视野，提升其开展国际交流与合作的能力。

（六）多措并举，解决资金困难

除了积极承办政府青少年交流项目，日本青年组织还非常注重与企业的合作。如，日本经济团体联合会就有一个"1%俱乐部"，该俱乐部的会员每年将企业收入的1%、个人所得的1%拿出来，用于开展企业社会贡献类活动。据悉，该会的250多个会员参加了1%俱乐部，大多数企业的社会贡献都超过了1%。另外，青年组织自身也在努力减少人工成本，缩减办公经费。一般而言，日本青年组织内专职工作人员很少。以日青协为例，尽管全国47个都道府县均设有分部，但是本部只有7名正式的工作人员。活动从策划、组织到实施环节都有大量的青年志愿者参与，不仅节省大量事务经费，而且活动中可纳入更多青年元素。

三、日本青年组织参与全球治理的情况

日本青年组织参与全球治理的实践，在日本谋求政治大国地位和提升国家形象的过程中，发挥了不可替代的独特作用。本文主要

介绍三个方面内容：志愿服务、人才培养和环境治理。

（一）志愿服务：以日本青年海外协力队为例

日本青年海外协力队（JOCV）是日本国内规模最大、影响力最广泛、公信力最高的青年国际志愿者派遣组织，也是日本实施政府开发援助的重要渠道之一。

上世纪 60 年代，日本先后成立了"海外经济合作基金"（1961年）、"海外技术合作事业团"（1962 年）、"海外移住事业团"（1963年）和"青年海外协力队"（1965 年），从事国际开发援助工作。1974年日本政府成立了国际援助实施机构"国际协力事业团"（后更名为国际协力机构，简称 JICA），并在该机构下建立了志愿者派遣机制，每年往发展中国家和地区选送大量青年海外协力队员（20－39 岁）。

55 年来，JOCV 的志愿服务活动在塑造日本国家形象、为日本培养国际化人才，满足日本青年和青年组织渴望了解世界、发扬国际主义精神的意愿等方面均发挥了重要作用。截至 2018 年 12 月 31日，已有 44478 名日本青年志愿者参与该项目，覆盖 91 个国家，其中亚洲占 29%，非洲占 28%，北美和中南美占 26%，大洋洲 9%，中东 7%，欧洲 1%。服务内容包括教育文化、农林水产、医疗保健、矿业工业、基础设施建设、社会福利、商业观光、能源产业等八大领域近 200 个行业。中国项目始于 1986 年，到目前为止大约有 860名协力队员被派到了中国。2019 年日本完成了最后一批来华日本协力队员的派遣工作。[1]

---

[1] 日本国际协力机构官网，2019 年 10 月 20 日，https://www.jica.go.jp/。另，受疫情影响，最后一批来华日本协力队员于 2020 年 1月紧急撤离回国，并于 2020 年 12 月陆续返回中国继续工作。

经过 55 年的发展，JOCV 摸索出一套行之有效的参与全球治理的工作方法。

1. 在政府主导下开展工作，体现国家利益。二战结束后，重建国民经济、重返国际社会是日本国家发展战略的最大目标。这一时期，与日本有着传统经济关系的东南亚国家是日本外交工作的重点，老挝、柬埔寨、马来西亚等东南亚国家成为第一批协力队员的派遣地。70 年代两次"石油危机"以后，日本把事关国家生存和发展的"综合安全保障"作为外交的指导性战略，这一时期，JOCV 加强了对中东产油国和北非的派遣。80 年代，随着中日关系升温，JOCV 启动了中国项目。90 年代，随着日本谋求政治大国的意图越来越明显，日本 ODA 政策从贸易、技术、投资"三位一体"的"开发援助"向突出政治安全的"战略援助"转型。这一时期，波兰等中东欧地区被纳入了协力队员派遣范围。

2. 基于政府间协议开展工作，受到政府的监督和管理。JOCV 的志愿者活动主要基于日本政府和受援国或地区签署的协议，因此，日本政府参与了项目审核、组织招募、选拔和培训志愿者、志愿者派遣期间的考察、评估、追踪志愿者回国后发展情况等全过程。2011 年以后，日本外务省进一步加强对志愿者活动的受援国评价、两国关系贡献度的调查分析，并向民众积极宣传 JOCV 活动意义和志愿者回国后在社会中的活跃表现。

3. 志愿者招募、培养和使用机制非常完善。首先，日本政府国际开发援助实施机构 JICA 在相关国家和地区都设立了事务所，并派遣协调员，负责事前检查派驻地工作环境的安全性及项目的可行性，协调与相关单位的关系，对其工作开展协助。其次，JOCV 事务局下设管理部、国内部、海外部、归国支援部、训练中心等 8 个部门，对协力队员的招募、考核、培训、派遣、回国后的就业咨询、同窗会活动等进行协调和管理。第三，建立了非常专业化和精细化的招募、培训和保障机制。其中，招募阶段，除了笔试、面试和健康检查，候补队员还要参加为期80天的全封闭式集训，既有国内集训也有海外强化训练，内容包括：专业技能培训、语言培训、文化培训、沟通技巧培训以及简单有效的自我保健、急救及野外生存训练等。针对经验不足、专业知识不够的候补队员，事务局还会开设补充课程。派遣期间，JOCV不仅为志愿者提供生活费用、活动经费，而且建立技术支援制度、回国休假制度、探亲制度、健康管理制度、人身安全保障制度等。为解决志愿者的后顾之忧，建立了针对回国志愿者的进修制度，加强对其就业指导。同时，外务省出面推动经济界、相关政府机构、地方政府、教育委员会等出台特殊政策，如对回国志愿者在教师录用、地方公务员考试、升学考试等方面设立特别选拔制度，对录用回国志愿者的中小企业进行奖励等。

4. 活动贴近当地民生，受到受援国民众普遍认可。首先，JOCV成立之初，就淡化官方色彩，强调协力队员直接与当地百姓同生活、同劳动、同思想（又称"三同主义"）。其次，JOCV根据受援国向日本政府提出的援助申请而确定服务项目，活动内容与受援国需求匹配度比较高。第三，JOCV强化与专业技术公司、地方政府、大学、NGO等机构团体的合作，特别是2000年以来，在计算机技术、环境教育、青少年活动、小学教育、社区开发等领域的派遣人数大幅增加，并根据需要向中等发达国家派遣高级技术人员。第四，在驻外使馆指导下，与在亚非拉等发展中国家活动的NGO组织合作，维护日本政府利用ODA资金在海外修建的教育、医疗等贴近民生的公共设施。经过长年精耕细作，JOCV被受援国民众普遍认可，并获得多个受援国政府表彰。

（二）人才培训：以日本东南亚青年之船项目为例

人才培训是日本青年组织参与全球治理的一个重要路径。长期以来，针对亚非拉发展中国家，日本设立了形式多样、内容丰富的人才培训项目，其中持续时间最长、投入最大、影响力最广泛的是东南亚青年之船项目。

东南亚青年之船项目是日本内阁府牵头实施的一项面向东盟国家的青年干部培训项目。1974 年，该项目由日本和东南亚 5 国（印度尼西亚、马来西亚、菲律宾、新加坡和泰国）共同发起，之后，文莱、越南、老挝、缅甸、柬埔寨等国先后加入。自 2000 年起，东南亚 10 国 300 名青年与 40 名日本青年，共计 340 人每年乘船一起访问 11 国。活动耗时 52 天，其中，在日本国内逗留 10 天，历访各国 42 天。在船上，各国青年开展讨论、体育和俱乐部活动；在访问国，主要与当地青年共同开展参访、民宿、联欢等各种交流活动。

东南亚青年之船项目有如下特点：1. 项目有充足的资金支持、完备的后勤保障，充分展示了日本的国家实力，处处体现日本作为主办国的主体地位。在日本政府的强力推动下，该项目的影响力不断扩大。项目参加国由设立初期的 5 个东盟国家扩展到东盟 10 国全部加入，参与人数也由 186 人扩大到 340 人。由于东盟各国参加人员层级较高，并逐步活跃在各国政治、经济、文化舞台上，这对于改变东盟各国主流社会对日看法发挥了重要作用；2. 日方通过公开招募的形式严格挑选日本青年代表，认真开展培训活动，有效激发日本青年代表的主观能动性，全面展现日本青年良好风貌，拉紧了东盟各国青年领袖与日本年轻一代的情感纽带；3. 主办方尊重各国文化差异，精心设计交流日程，以各国青年喜闻乐见的方式不拘一格地开展交流活动，给予各国青年充分展示本国文化和个人才能的机会，赢得各国青年对日本"自由、民主、平等"价值观的认同；

4. 注重开展后续交流，定期举办同窗会活动，持续不断地争取人心、塑造人脉，在东南亚各国培养了一批知日友日挺日的青年骨干。

其中，人脉工作方面，项目实施单位日本青年国际交流机构（简称 IYEO）和日本青少年国际交流推进中心这两个青年团体发挥了重要作用。

IYEO 是由参加过内阁府（原总理府）青年国际交流项目的日本青年于 1985 年自发成立的志愿者组织，本部设于东京，在日本 47 个都道府县都设有分支机构。目前会员超过 14000 人。1994 年，IYEO 实现法人化，成立了（财团法人）日本青少年国际交流推进中心（简称"推进中心"），而 IYEO 作为内阁府青年国际交流项目的同窗会组织继续存在。

以东南亚青年之船项目为例，内阁府提供项目、资金，确定项目的活动方针，而 IYEO 和推进中心则具体实施，内容涵盖集训、总结、国内外项目实施、后续交流等。其中，国内项目部分，除跟政府相关的日程由内阁府出面协调外，其他日程（包括确定访问城市、联系参观点、策划论坛和会议，以及招募民宿接待家庭和自由活动的向导等）均由 IYEO 和推进中心策划和实施。这种官民互动的青年国际交流体制是日本青年组织开展国际交流活动的一种较为普遍的形式，不仅有助于推动日本青年和青年组织参与民间外交，而且有利于精准物色和培养人脉。一是对外国青年来说，与同龄的日本青年志愿者在学习、工作和生活方面有很多共同语言，容易拉近距离，敞开心扉交流。二是日本青年志愿者的周到安排和朝夕陪伴在潜移默化中塑造了谦虚好学、吃苦耐劳、团结协作、处处为他人着想的日本青年形象，给外国青年留下深刻印象。三是青年志愿者的广泛参与提升了后续交流的有效性，不断深化交流效果。

（三）环境治理：以日中绿化交流基金和绿色地球网络项目为例

1．"日中绿化交流基金"

"日中绿化交流基金"又称"小渊基金"。1999 年，在日本前首相小渊惠三提议下，日本政府设立了专门用于资助中日两国民间团体在华开展环保合作的基金，总额为 100 亿日元。两国政府同时设立了由中国外交部、中国国家林业局、日本外务省、日本林野厅等部门组成的中日民间绿化合作委员会，专门负责该基金的规划与监管。自 2000 年以来，日本青年团协议会、日本"友爱"、日本青年会议所等日本青年组织联合全国青联等中国青年组织在中国 26 个省、自治区、直辖市兴建中日青年水源涵养林、湿地保护林、防风固沙林、防风固堤林 494 个，造林面积 63 万 3700 余亩，植树 9058 万余株，近 20 万人次的中日双方志愿者参与了植树交流活动。如以沙漠化问题和水资源问题等为主题的"环保论坛"；书画展、手工制作、篮球比赛等文体交流活动；访问学校、工厂、农村等考察活动。日本前首相羽田孜、村山富市、鸠山由纪夫等曾率植树访华团访华，并与中日青年志愿者共同参加植树活动。截至 2019 年底，该基金已全部用于在华开展植树绿化活动。

小渊基金项目将植树与育人融为一体，通过植树造林，不仅改善了当地的生态环境，而且提高了当地民众尤其是青少年的环保意识，在积极引导青少年关爱环境、参与环保、关注人类共同生存的地球家园，搭建中日青年交流与合作平台等方面发挥了积极作用。

2．日本绿色地球网络（简称 GEN）

GEN 是最早来华开展生态环保事业的日本民间团体之一。其口号是"环境无国界"。现有个人会员 600 多人，团体会员近 30 个。GEN 在大同实施的"大同北部地区绿化项目"和"大同地球环境林中心建设项目"属于日本 ODA 项目中的利民工程援助项目。

1992 年以来，GEN 在山西大同累计植树 1900 万株，绿化面积达到 6000 公顷，还为当地山村小学配置"希望果园"，不仅改善了当地的自然环境，而且提高了当地群众的生活水平。该组织创始人高见邦雄曾获中国政府颁发的"友谊奖"、全国青联颁发的"保护母亲河行动国际合作奖"、中日友好协会颁发的"中日友好使者"称号、大同市政府颁发的"环境绿化奖"，以及朝日新闻社颁发的"走向明天环境奖"等。

该组织的特点是扎根项目地。小渊基金项目一般是完成植树项目后委托当地政府管理和维护。GEN 在大同设立了办事处，并开辟出一处实验林"喜鹊林"，亲自维护。他们从日本引进有关经验，进行土壤改良，研发出一套有效的管理办法，不仅节约开支，而且提高了树苗成活率。为确保苗圃的灌溉用水，他们还积极研发净水设施。通过几年艰苦的对照实验，他们的新技术得到当地政府和百姓的认可，在大同得到普遍推广落地。

第三节　日本青年组织参与全球治理的主要经验和启示

一、日本青年组织参与全球治理的主要经验

（一）政府搭台、青年组织唱戏

日本青年组织参与全球治理的一个重要特点就是政府搭台、青年组织唱戏。政府出资、出项目，通过公开竞标的方式，让日本青年组织参与。这样既满足了青年和青年组织"走出去"的需求，又实现了对青年组织"走出去"的引导和管理，更好地体现了国家利益，达到"一盘棋"的效果。同时，青年组织发挥灵活性、民间性特点，可以将人文交流真正作出"人情味"。如 2008 年至 2012 年日

本外务省牵头实施的中日千人大规模青年交流项目，日本外务省只负责立项、向国会申请预算、确定工作方针，之后将项目全部委托给中日友好会馆牵头实施。中日友好会馆将千人项目分成若干小项目，面向社会公开招募承接组织。日本小渊基金绿化植树项目，也是由政府出资，委托 NGO 组织管理，由日本青年组织联合国外青年组织共同申请，共同实施，共同维护。另外，日本在非洲开展的面向青年的教育和交流项目，也是整合了青年海外协力队员、NGO 组织的力量，参与人员选拔、后续跟踪的工作。

（二）政府投入大、覆盖面广

日本政府对青年交流不遗余力的资金投入，是日本青年组织参与全球治理的"硬"支撑。以"东南亚青年之船"项目为例，据日本媒体报道，2012 年"东南亚青年之船"的预算为 6.3 亿日元（约合人民币 4000 万元）。在单个项目上如此巨额的投入在世界各国开展的青年交流活动中实属罕见。此外，日本政府还利用青年组织广泛动员了社会各方面人员参与相关项目。如 2014 年"东南亚青年之船"项目，日方参与人员包括了 40 名日本青年、30 名日方管理人员及大批船内工作人员，参与人数与 280 名东南亚青年的比例接近一比一。回顾 1984 年"中日青年大联欢活动"，之所以能够在当时的条件下取得成功，与我们广泛动员社会各界力量进行全面助力是分不开的。

（三）突出人文色彩、淡化政治色彩

无论是"走出去"还是"请进来"，日本青年组织的参与无形中突出了项目的人文色彩，弱化了项目的政治色彩。一是打传统文化牌。茶道、和服、和纸、漆器、神社、寺庙、温泉等，这些让中国人感到熟悉又陌生，让西方人感觉神秘又高深的文化，在日本人精

心设计的参观考察、文化体验、民宿交流、合宿研讨、联欢晚宴等形式背后，让你在潜移默化中留下美好而又深刻的印象。二是流行文化牌。2010年日本经济产业省设置"酷日本（COOL JAPAN）"室，安倍晋三首相在2013年秋天出资500亿日元设立"酷日本"推进机构，希望借文化软实力拓展日本在海外的影响力。2020年9月，日本发布了新版的《酷日本战略》，突出强调其出发点是利用国际视角获得世界"共感"。三是地方文化牌。除了京都、大阪、奈良等文化重镇外，为了振兴地方经济，日本政府还推动"一地一品"活动。日本各地地方长官为了营销，亲自跑到世界各地举办当地物产和特色文化推介会。日本青年组织一般扎根地区，重视服务地区和社区，因此在外国青年代表团接待工作中会主动融入对地方文化的宣介。

（四）与全球主流话语体系保持一致

二战后，美国打着民主改革的旗号对日本进行了长期的统治，对日本的政治、经济和文化产生了深刻影响。日本的很多青年组织和青年项目都是在二战后效仿美国或受美国影响而成立。如日本青年海外协力队就是在60年代中期受美国和平队的启发而成立。2016年联合国发布《2030年可持续发展议程》，当年日本政府发布了《可持续发展目标实施方案》，并将其作为中长期发展国家战略。2017年以来，日本各个青年团体在对华交流议题设置、交流项目策划等方面，越来越凸显SDGs指标。日本创价学会青年部还专门开发了有关宣传介绍SDGs的多语种网站。2019年日本青年会议所在SDGs框架下开展了一系列有关宣传推广、促进经济合作、人才培养等方面的活动，因表现突出，2019年度会长镰田长明还受到了日本首相安倍晋三的接见和表彰。SDGs作为全球可持续发展的共同目标和指标，受到各国政府和民间组织的关注和支持。通过在话语体系上保持一致，日本各青年组织容易形成统一步调，相互借力，同时，也容易吸引国外合作伙伴的关注，拓展朋友圈。

（五）项目持续时间长、影响深远

日本的青少年交流项目一般持续时间都比较长，几十年如一日，持之以恒、坚持不懈地推进。如，日本内阁府青年国际交流项目最早始于1956年，其中，中日交流项目已持续开展40多年，"东南亚青年之船"项目已连续举办45次；青年海外协力队中国项目连续实施了35年。这对改善国民感情，塑造日本良好国家形象发挥了重要作用。同时，经过长年接续努力，日本在重点国家各地各行各业各年龄阶段物色培养了一批又一批的知日友日骨干力量，并逐步形成人脉网络和梯队。

（六）注重后续交流，致力于培养国际化青年人才

以JOCV为例，在JICA的倡导下，JOCV在日本47个都道府县成立了60多个同窗会组织，不仅为回国志愿者提供了一个可以相互交流的平台，而且有助于日本政府持续发现和培养国际化青年人才。主要做法有：一是创建网站，向国人开启一扇了解外部世界，特别是发展中国家的窗户，推动日本青年走出国门，通过参与国际交流活动，拓展国际视野，提升国际交流与合作的意识和能力。二是组织线下活动，如协力队员走进中小学等活动，通过向中小学生介绍各国人文、地理以及协力队员在外工作情况，培养中小学生国际合作意识和志愿者精神，培养潜在的接班人。三是共同开发援助项目。很多同窗会组织自发地开展募捐活动，如马拉维同窗会，在1999年至2001年间共募集到约44万日元（约合人民币3万元），在当地修建了2所小学。除此之外，日本内阁府、日本青年会议所等也建有类似的同窗会组织。

二、日本青年组织参与全球治理的主要启示

（一）进一步加强政府对青年组织"走出去"工作的统领，构建国家对外工作大局下的青年民间外交格局

通过政府搭台、青年组织唱戏，日本政府有效引导日本青年组织在参与全球治理的过程中始终与国家外交大局整体部署保持步调一致，代替政府走进工厂、农村、学校，走进老百姓心中，为塑造良好的国家形象，推进国家重点战略实施发挥了特殊作用。在越来越多的中国青年和社会组织主动走出国门、参与全球治理的大形势下，中国政府相关部门应该围绕"一带一路"等国家重大外交行动，做好民心相通工程的顶层设计，主动为青年组织走出去提供资金、渠道、网络、技术等方面的支持，构建多领域、多渠道、多层次开展青年民间外交的新格局，通过官民配合，达到提升国家软实力、塑造国家好形象的效果。

（二）培养国际化青年人才，支持中国青年走向世界舞台，讲好中国故事

近年来，在全球治理领域，青年的力量越来越受到世界的重视。2019 年联合国气候大会首次设立了青年峰会，来自世界各国的各行各业青年代表围绕气候变化谈观点、讲经验，受到联合国秘书长古特雷斯以及各国领导人的赞赏。未来，无论是从实现中华民族伟大复兴中国梦的历史任务，还是从国际政治格局变化趋势来看，引领青年一代更多更深入参与国际交流与合作意义重大。同时，培养一批具有全球视野、了解国际规则、有能力站在国际舞台上讲好中国故事和中国共产党故事的青年人才的紧迫性也日益凸显。

第八章

中国青年组织参与全球治理的历史和现状

第一节　中国青年组织参与全球治理的历史阶段

中国青年组织参与全球治理可以追溯到新中国成立前。根据历史发展脉络及各阶段的侧重点，本文将中国青年组织参与全球治理的历史阶段分为"新中国成立前""新中国成立初期""冷战时期""改革开放时期""党的十八大以来"五个阶段。

一、新中国成立前

中国青年组织走上国际舞台，主要是通过参加政治型国际青年组织的机构运作开始的。1941 年 11 月 17 日，流亡英国的 12 个欧洲国家的学生组织在伦敦成立了国际学生理事会。[1] 1944 年末，为建立更具广泛代表性的国际学生组织，国际学生理事会委托英国学生

（1）　国际学生理事会的英文名称为：International Council of Students。

联合会着手国际学生联合会[1]（以下简称"国际学联"）的筹建工作。1945 年 3 月，国际学联筹建磋商会议于伦敦召开，英、法、美、苏、南、捷等 13 个国家的学生组织共 24 名代表参加，成立了由英、美、苏、中、法五大国以及加拿大、南斯拉夫共 7 个国家的学生代表组成的国际筹委会，具体负责成立国际学联筹备工作。1946 年 7 月 31 日至 8 月 12 日，国际学联成立大会在布拉格举行，43 个国家 117 个学生组织的 308 名代表参加了会议。[2]

在国际学联筹建期间，中国学生正在国内如火如荼地开展反对国民党政府内战独裁政策的爱国民主运动。当时，国际学联筹委会通过联合国常任理事国的国家政府向五国学生组织发出了邀请，中国国民党政府因担心中国学生发表不利于自身的言论，捏造了名为"中国大学生中央联盟"的假组织，并派驻英国使馆官员区锡龄以"中国学生代表"名义参加国际学联成立大会，当选为"副主席"。[3]

1947 年 6 月 17 日至 19 日，中国各地区学联代表在"五二〇"学生运动基础上，在上海秘密举行全国学联代表大会，成立中国学生联合会（以下简称"中国学联"）。[4]同年 7 月 31 日至 8 月 19 日，中国学联派上海交通大学学生钱存学为代表参加了国际学联第一届理事会第二次会议，并在会上介绍了中国学生运动和中国学联有关

（1）　国际学生联合会的英文名称为：International Union of Students，简称 IUS。

（2）　江广平：《青年与国际政治》，中央编译出版社 2008 年 1 月第 1 版，第 196 页。

（3）　共青团中央国际联络部编：《布拉格的回忆——参与国际学联工作二十年（1947 年–1966 年）》，中国青年出版社 2008 年版。

（4）　1949 年 3 月 5 日通过《中华全国学生联合会章程》，定名为"中华全国学生联合会"。本文中，自 1949 年 3 月 5 日以后内容，将该组织简称为"全国学联"。

情况，指出中国不存在"中国大学生中央联盟"这个组织。国际学联对此高度重视，在此次理事会上专门讨论了中国学生运动问题，并决定开除"中国大学生中央联盟"会籍，由中国学联代表担任国际学联副主席。自此，中国学联成为国际学联成员组织并开始向国际学联派遣常驻代表。

中国青年组织加入世界民主青年联盟[1]（以下简称"世界青联"）的过程也遭到了国民党的阻挠。1945年，世界青联成立大会在伦敦举行。当时的解放区青联筹委会原本决定派冯文彬、刘先、陈家康三位代表参会，但因国民党政府阻挠，只有陈家康一人得以从美国赴英国参会。陈家康后来被推举为会议主席团成员之一。自此，中国解放区青年联合会长期派代表常驻世界青联，并担任世界青联执行委员、世界青联副主席等职务。

除了在两组织担任职务、参与其机构运行外，中国青年组织和学生组织还积极参加两组织号召和发起的各种活动，与其他国家的先进青年和学生组织一起开展反对战争、争取和平、争取青年和学生权益的广泛斗争。例如，1947年夏，中国解放区青年联合会派解放区青年代表团参加了在布拉格举行的第一届世界青年学生联欢节；1948年2月，中国学联、民主青年同盟和民主同盟青年委员会派代表参加了在加尔各答召开的东南亚青年与学生大会；1948年8月，解放区青年联合会和中国学联派代表参加了在华沙举行的世界青年工人大会；1949年2月至3月，中共上海地下组织派遣上海3名青年代表陈龙详、江怡、吴开寿赴布拉格参加了世界青年大会。

---

[1]　世界民主青年联盟的英文名称为：World Federation of Democratic Youth，简称WFDY。

二、新中国成立初期

1949 年 5 月 4 日，中华全国民主青年联合会（1958 年改名为中华全国青年联合会，以下简称"全国青联"）第一次代表大会在北京召开。会议通过的章程指出，中国青年要"联合全世界民主青年为争取持久和平与人民民主而奋斗"。全国青联主席廖承志在向大会所作的报告中指出："中国青年不但关心自己祖国的命运，而且关心一切被压迫民族争取解放的革命运动，关心全世界各国人民的和平民主运动。新成立的中华全国民主青联将能够广泛团结全中国青年和全世界的一切民主青年，为中国新民主主义的建设，为全世界的和平民主运动竭尽最大的贡献。"[1]这些都为全国青联今后积极参与国际青年运动、参与全球治理定下了基调。

新中国成立后，中国青年和学生组织积极联合以社会主义国家青年组织为主的青年进步力量，支持第三世界人民和青年的民族解放运动，并继续参与世界青联和国际学联的工作。

一是建立和加强与社会主义性质的青年组织的友好关系。新中国成立后，加强与社会主义国家的团结和合作是当时中国对外交往的重要工作。全国青联、全国学联积极与社会主义国家青年组织接触、建立友好关系，其中与苏联列宁共青团发展友好关系是重点。从 1952 年起，中国青年和学生组织代表先后多次派代表参加社会主义国家青年组织召开的代表大会，并邀请社会主义国家青年组织代表参加中国国庆庆典活动和全国青联、共青团代表大会。中国青年组织还积极与欧洲各国进步青年团体加强联系，特别是与共产党和

（1） 江广平：《青年与国际政治》，中央编译出版社 2008 年 1 月第 1 版，第 200 页。

民族主义政党所领导的青年组织交流中国革命经验和中国建设情况，促进国际社会主义运动的发展。

二是积极支持和声援亚非拉地区青年的民族解放运动。1948年2月21日，印度和埃及人民发起了反抗殖民统治的斗争，后来这一天被确定为"反对殖民制度斗争日"。此外，世界青联将每年11月10日确定为"世界青年日"，以团结各国青年学生"为和平民主和民族的独立而斗争"。全国青联、全国学联高度重视以上纪念日，在全国组织讲座、座谈会、纪念集会等系列纪念活动，声援亚非国家青年民族解放运动。团中央和全国青联于1950年2月发表《告亚洲青年书》，谴责帝国主义对亚洲殖民地的武装进攻和对当地民族解放运动的破坏。中国青年和青年组织还热情支持非洲各国青年反对帝国主义、殖民主义的民族解放斗争，同非洲绝大部分国家的青年组织建立并保持密切的友好关系。

三是继续参与世界青联、国际学联等国际青年组织的工作。中国继续向两组织派遣常驻代表，并担任两组织副主席。中国还多次派代表参加两组织召开的代表大会、执委会、理事会、年会等国际会议，并参与会议文书的撰写修订以及领导机构的选举工作。中国代表立场鲜明，善于听取大多数成员组织的意见，注意与社会主义国家和各国进步组织代表加强沟通联系，特别是就重要事务与其他组织代表共同商议、协调立场，获得较高声誉。此外，中国积极参加世界青联所主办的世界青年与学生联欢节等国际青年多边活动，广泛接触各国代表，展示中国革命胜利和新中国建设成就。1953年以前，世界上只有19个国家同中国建交，但中国青年组织通过参加联欢节，联系接触了100多个国家的数万名青年代表，并在联欢节结束后邀请包括与中国无外交关系的国家青年代表访华，对争取国际社会对华了解和支持作出了贡献。

四是主办国际多边活动，扩大新中国的国际影响。1950 年 9 月
11 日，以世界青联总书记、意大利共产主义青年联盟代表布加拉为
团长，来自美国、加拿大、西班牙、德国、印度、古巴、朝鲜、越
南等 32 个国家的代表团一行 45 人抵达中国，开始长达 40 天的访
问。这是新中国接待的第一个多边代表团。代表团访问了十几个城
市，在北京出席了国庆宴会和典礼，与上百万中国青年会面，在代
表团中引发强烈反响。1951 年 4 月 26 日至 30 日，全国学联在北京承
办了国际学联执委会会议，37 个国家的 49 位代表出席了会议。这是
新中国成立后中国学生组织第一次在华主办国际会议，受到党和政
府高度重视，刘少奇同志出席欢迎晚宴并与代表们进行座谈。这些
活动对于新中国打开外交局面、发出中国声音发挥了重要作用。

三、冷战时期

二战后不久，东西方两大阵营开始分化对立。1954 年美、英、法
等国接受西德加入北大西洋公约组织，1955 年以苏联为首的八个国家
缔结华沙条约，至此，东西方阵营形成全面对抗态势。在这种国际
背景下，世界青联、国际学联等多边组织也出现分化甚至分裂、对
立局面。1949 年，西方右翼青年组织和一些中间派青年组织从世界青
联中分裂出去，成立"世界青年大会"，与世界青联对立；1950 年
12 月，以西方国家学联为主体成立新的国际学生组织——"国际学生
会议"，与国际学联对立。

中国青年组织继续发挥在世界青联、国际学联等国际组织中的
积极作用，在参与各项活动的基础上，积极建言献策、提出主张建
议。在工作领域方面，特别是围绕团结和支持第三世界国家的青年
和青年组织开展反对帝国主义、殖民主义的民族解放斗争开展了大

量工作。

1954 年 8 月，世界青联第十次理事会在北京召开，来自 68 个国家的青年组织的 263 名代表出席了会议。中国代表团作了题为《殖民地半殖民地国家的青年为民族独立而斗争的正义事业一定胜利》的发言，围绕争取民族独立这个中心问题，阐述了对殖民地、半殖民地国家的青年运动以及青年建立广泛统一战线等问题的一系列看法主张，受到广泛好评。1957 年，团中央书记处第一书记胡耀邦同志率领中国青年代表团一行 18 人出席世界青联第四届代表大会，作了题为《为发展各国青年友好合作而奋斗》的报告。1959 年 8 月，全国青联主席刘西元率领中国青年代表团一行 9 人出席了世界青联第五届会员组织代表会议，就国际青运形势、反对帝国主义、反对殖民主义、裁减军备等问题作了发言。

在国际学联方面，特别是国际学生会议分裂出去之后，围绕国际学生运动团结统一和国际学联的中心工作问题进行了大讨论。中国学联和多数亚非拉国家学联认为，就团结统一问题而言，国际学联认真做好西方国家学联的工作是必要的，但要在冷战格局下通过共同的政治目标来团结全世界学生和统一国际学生运动则是不现实的。因此，建议国际学联把工作重心转移到对亚非拉各国学联的支持上来，为保卫世界和平的斗争增加力量。在中国学联的积极推动下，国际学联第五次代表大会 1958 年在北京举行，除社会主义国家学联代表外，48 个亚非拉国家学联派代表参加。会议还通过了许多支持亚非拉学联争取和巩固民族独立和解放的决议，受到亚非拉各国学联的欢迎。

中国青年组织还就世界青联、国际学联两组织的内部运行多次提过意见建议。如 1954 年 8 月召开的国际学联理事会上，中国代表强调了国际学联内部合作的必要性和可能性，以及寻求团结合作应持的态度。1956 年针对国际学联政治色彩过浓的问题，中国代表提出国际学联要淡化政治色彩，吸收中间派参与领导工作，允许中间派参加别的国际组织，并争取与西方学联的合作等。

中国青年组织还通过积极发展与亚非青年组织的友好关系、推动召开亚非学生会议等多边活动来支持亚非地区的民族解放运动。1955 年 9 月，中国、印尼、日本、菲律宾、印度、黎巴嫩等国学生组织代表在印尼召开会议，一致决定于 1956 年 5 月召开亚非学生会议。周恩来总理对此公开表示支持。1956 年 5 月 30 日至 6 月 7 日，亚非学生会议在印尼万隆举行，27 个国家的 110 名代表出席会议。中国学生代表团提出，会议要按照求同存异、广泛团结的原则进行讨论和协商，以促进实现反对殖民主义、发展民族文化、加强亚非各国学生间的友好团结、维护世界和平的会议目标和口号，得到与会各方的热烈欢迎和支持。周恩来总理向会议发去贺电。1959 年 2 月，在亚非学生会议成功举行的鼓舞下，由中国、埃及等国青年组织发起，在埃及开罗举行了亚非青年会议，来自 54 个国家的 430 名代表与会，全国青联主席刘西元率团参会并发言，周恩来总理致电祝贺。大会重申了万隆会议和亚非人民团结反帝的精神，对亚非地区青年运动产生积极影响。

后来，由于国内极左路线盛行，特别是 1966 年 5 月开始"文化大革命"，中国青年组织、学生组织中断了国际交往工作，驻世界青联、国际学联的工作人员也被撤回。

四、改革开放时期

1978 年 10 月，共青团第十次全国代表大会在北京召开。1979 年 5 月，全国青联第五届委员会第一次会议和全国学联第十九次代大会在北京举行。至此，中国青年组织工作全面恢复。在总结历史经验教训、遵循国家对外政策调整的基础上，中国青年组织制定了新形势下青年外事工作的指导思想和发展战略，全面恢复了对外交往工作，在为中国现代化建设积极争取和平稳定的国际环境和对外合作资源的同时，在参与全球治理方面也取得了新的发展。

一是恢复和拓展与国际性、区域性国际组织的交往，围绕多个议题开展交流合作。20 世纪 80 年代以来，中国青年组织逐步同许多国际性、区域性国际组织建立了联系，其中既包括政党青年组织，也包括超党派、超意识形态的青年组织。例如，全国青联恢复工作后，即与非洲的泛非青年运动、拉美地区的拉美—加勒比青年中心建立了联系。1980 年，全国青联与欧洲地区性青年协调机构——欧洲青年理事会建立了交往关系。1981 年，全国青联与欧洲民主青年社团建立了交往关系。1984 年，全国青联与拥护联合国青年学生运动建立交往关系。1986 年，中国共青团与社会党青年国际联盟正式建立交往关系。20 世纪 90 年代，全国青联加入亚洲青年理事会和东盟、东北亚地区其他多个青年交流机制。进入 21 世纪以来，全国青联顺应全球化和区域合作趋势，与世界经济论坛、欧盟、欧洲委员会、海湾合作委员会、上海合作组织、亚欧基金、伊比利亚美洲青年组织、欧洲青年论坛等国际和地区性组织建立了交流合作关系。中国青年组织开始"走出去"步伐，例如中国青年志愿者协会开始派遣海外青年志愿者并于 2010 年获得联合国经社理事会特别咨商地位。

与联合国有关机构的合作是中国青年组织参与全球治理的重要平台。自 20 世纪 80 年代以来，中国青年组织与联合国系统开展了丰富多彩的合作，并得到联合国系统的高度肯定。本文将在下一节做专门介绍。

二是广泛参与和主办多边活动，积极发出中国声音。中国青年组织广泛参与和主办联合国系统以及其他国际组织、各国合作伙伴举办的国际交流活动和会议，围绕青年就业、教育、预防青少年犯罪、环境保护、健康、扶贫、志愿服务、青年参与、务实合作、闲暇活动等青年领域重要议题发表意见、介绍经验。1985 年 5 月，为配合 1985 年"国际青年年"活动，全国青联在北京举办"亚太地区青年友好会见"活动。来自五大洲 46 个国家和 12 个国际组织、国际机构的 60 个代表团齐聚北京，总人数达 359 人。联合国国际青年年的主办机构对此次活动给予高度评价，将其列为国际青年年世界性活动之一。1996 年 9 月，全国青联邀请来自 11 国的国际青年志愿服务队一行来华参加了为期 14 天的国际青年劳动营，开展了绿化植树、爱心助残等活动，并就志愿服务工作进行了专题探讨。2001 年 7 月，全国青联在北京和上海举办了主题为"青年迎接新经济的挑战：促进共同繁荣"的亚太经合组织青年节暨杰出青年企业家论坛，来自亚太经合组织 21 个经济体的 244 名代表及 80 余名中外各界嘉宾与会。国家主席江泽民发来贺信，中共中央政治局常委、国家副主席胡锦涛与全体代表合影留念并会见了各经济体代表团团长和部分嘉宾。2005 年 5 月，全国青联与联合国青年就业网络合作在京举办青年就业与和谐社会国际论坛暨联合国青年就业网络年会。来自联合国青年就业网络、国际劳工组织等国际机构和国内外政府部门、企事业单位、青年组织的百余名代表参加了此次会议。2011 年，全国青联与欧盟委员会共同牵头实施中欧青年交流年活动（以下简称"交流年"）。交流年贯穿全年，开展了包括旗舰活动、伙伴活动、重点活动、媒体宣传活动在内的 120 多项交流活动，交流议题包括志愿精神、青年参与、青年工作、教育、文化、就业创业、创新与创造力等，吸引了 1 万多名中欧青少年直接参与，16 万名中欧青少年通过网络论坛、微博等新媒体方式参与。此外，全国青联还在华举办"中国环游"国际公路自行车赛活动、中非青年联欢节、中拉青年节等活动，以展会、文体活动、交流活动等丰富的活动形式，为青年增进理解、达成共识搭建桥梁，促进全球青年应对全球挑战，实现自身发展。

全国青联还积极参与多边活动，积极发出中国声音。1990 年 12 月，应世界民主青年联盟邀请，全国青联派代表参加了在雅典举行的该组织第十三届代表大会。1992 年 5 月，全国青联派代表赴吉隆坡参加了由联合国人口基金会和世界青年大会联合举办的"人口、环境和发展区域青年讨论会"。1995 年，应国际业余科技活动协会邀请，中国青年代表团一行 4 人参加了在科威特举行的国际科学博览会。1997 年 5 月，应亚欧青年论坛组委会及亚洲青年理事会秘书处邀请，全国青联派代表参加了在马来西亚沙阿兰市举办的亚欧青年论坛会议。2000 年 3 月，应联合国教科文组织和世界水文协会邀请，全国青联派代表参加了在荷兰海牙召开的"第二届世界水论坛"。2003 年 11 月，全国青联派代表参加了由联合国艾滋病规划署、世界经济论坛和哈佛大学联合举办的"亚非地区的艾滋病与工商业：建立可持续合作伙伴关系"北京论坛。2007 年 8 月，应国际劳工组织国际培训中心邀请，全国青联派代表赴菲律宾马尼拉参加"应对青年就业的挑战"国际研讨会。2010 年 2 月，应国际青年联盟邀请，全国青联派代表参加了在柬埔寨举行的"青年在行动——文化多样性的可持续发展"亚欧青年交流发展研讨会。

三是继续支持发展中国家的青年发展。自 1979 年起，中国青年组织逐步恢复同非洲、拉美地区青年组织的交往关系，与赞比亚、扎伊尔、布隆迪等 40 多个非洲国家的青年组织和机构，以及墨西哥、哥伦比亚、委内瑞拉、阿根廷、巴西、秘鲁、巴拿马等拉美国家的政党青年组织和政府青年事务机构建立了联系，支持其开展促进国家建设和青年发展的相关工作。中国青年组织还针对发展中国家青年开展了人力资源培训项目，例如为非洲、亚洲等地青年开展就业技能培训，为非洲、东盟、拉美等地政府青年机构和政党青年组织、各界青年代表等开展领导力培训。例如，全国青联自 2002 年起针对东盟国家开展青年干部培训班，至今已举办 50 余期，培训青年人才 2300 余人次。自 2002 年起，中国青年志愿者协会向发展中国家派遣海外志愿者，服务当地发展。2006 年至 2009 年，全国青联完成了时任国家主席胡锦涛于 2006 年中非合作论坛北京峰会上宣布的 "3 年之内向非洲派遣 300 名青年志愿者" 的派遣任务。2011 年，《中国的对外援助》白皮书中明确将援外志愿者确定为中国对外援助的八种主要方式之一。

五、党的十八大以来

党的十八大以来，习近平总书记殷切期望新时代中国青年 "要有家国情怀，也要有人类关怀"，为推动共建 "一带一路"、推动构建人类命运共同体而努力。[1] 在党和政府的重视和支持下，中国青年组织紧密围绕构建人类命运共同体愿景和 "一带一路" 重大倡议，打造多领域、多层次、多渠道的青年对外交流格局，更加积极地参与全球治理。

第一，开展双边青年交流项目，增进各国青年间友谊与共识。一是落实党和国家领导人提出的青年交流倡议，与俄罗斯、日本、

（1） 习近平：《在纪念五四运动 100 周年大会上的讲话》，2019 年 4 月 30 日，http://www.xinhuanet.com/politics/2019-04/30/ c_1124440193.htm。

印度、巴基斯坦、印尼、朝鲜、韩国、蒙古、越南、马来西亚、老挝、柬埔寨、尼泊尔等国家开展了大规模青年交流活动。其中，2013年邀请3000名越南青年来华参加第二届中越青年大联欢，2016年派遣1000名中国青年赴越南参加第三届中越青年大联欢，创造了改革开放以来团组规模的新纪录。二是在中美、中俄、中英、中欧、中法、中德、中印尼、中南非、中日9个国家级人文交流机制框架下开展青年互访、青年政策对话、青年企业家交流、主题论坛等项目，促进青年务实合作和青年工作经验交流。三是巩固和深化与韩国、印度、土耳其、芬兰、以色列、澳大利亚、古巴、阿根廷等国家的机制化双边交流项目。

第二，在各类多边组织和机制中积极发挥影响力。一是积极发挥建设性作用。中国青年组织深化与世界经济论坛、世界青年大会、上海合作组织青年委员会（简称"上合青委会"）、亚洲相互协作与信任措施会议青年委员会青委会（简称"亚信青委会"）、丝绸之路国际青年联盟等国际性、区域性组织的交流合作，担任亚洲青年理事会常务副主席、亚信青委会轮值主席、上合青委会轮值主席，成功主办并积极参与二十国集团、亚太经合组织、金砖国家、上合组织、世界经济论坛、亚欧会议、中国与东盟（10+1）、澜湄合作机制等框架下的青年交流活动。二是青年社会组织"走出去"。中国青年志愿者协会、中国青年企业家协会、中国青少年发展基金会等全国性青年组织积极参与国际交流和国际发展，其中中国青年志愿者协会海外计划已累计向20多个国家选派了700多名优秀志愿者，中国的"希望工程"走进了非洲国家。三是有效参与联合国青年事务。中国青年组织积极参与联合国青年事务磋商和青年议题设置。全国青联积极提交国际报告交流中国青年工作经验，例如向联合国大会提交《中国青年参与政策制定与发展计划的报告及案例分析》《世界青年行动纲领》执行情况进展报告《美丽中国的青年环保故事》行动案例等。自2019年起，中国青年志愿者协会与联合国志愿人员组织（UNV）合作，向联合国机构派遣青年志愿者。

第三，通过参与"一带一路"建设助力完善全球治理。共建"丝绸之路经济带"和"21世纪海上丝绸之路"战略构想，是我国在新形势下扩大全方位开放的重要举措，是旨在促进沿线各国加强合作、共谋发展的战略构想，是面对全球治理问题提出的中国智慧和中国方案。为更好地服务"一带一路"建设，中国青年组织制定了青年参与计划，积极促进"一带一路"沿线青年民心相通和务实合作，为解决发展鸿沟、发展赤字贡献青春力量。

一是不断增进"一带一路"沿线国家青年交流。中国青年组织不断巩固与"一带一路"沿线国家的双边青年交流，加强与东盟、非洲、上合、中东欧、澜沧江—湄公河等地区青年交流，增进沿线国家对"一带一路"建设的理解和参与；针对东盟、上合、中东欧、拉美、非洲等地区的各界青年领导人开展专题研修和培训项目，提升合作能力，促进务实合作；不断创新活动形式、丰富活动内容，如举办"一带一路"主题论坛、"一带一路"青年故事会、"丝路使者"国际青年研学交流营等活动，传播丝路精神，倡导人类命运共同体理念。

二是持续推进沿线国家青年务实合作。全国青联与俄罗斯青年联盟自2016年起合作实施中俄青年创业孵化器项目，已从中俄两国各一个城市迅速推广至24个城市，得到两国元首肯定和青年广泛认同。全国青联还与外方合作组织成立了中俄青年企业家俱乐部、中国—东盟青年企业家协会等平台。中国青年企业家协会与马来西亚、泰国、文莱、缅甸、新加坡、越南、日本、韩国等国家青年企业家组织建立了务实交流合作长效机制，举办"中国—东盟青年企业家

'一带一路'主题经贸合作"活动、"青年企业家创新发展国际合作周"
等活动。

第二节 中国青年组织参与联合国青年事务

一、中国青年组织与联合国系统的合作背景

自 20 世纪 60 年代起，联合国积极推动青年事务的国际化进程。
1965 年，联合国大会第 20 届会议通过了《关于在青年中培养民族
间和平、互相尊重及彼此了解等理想之宣言》[1]的决议。这是联合国
历史上第一份有关青年的专门决议，标志着联合国青年事务的开端。
1979 年，联合国大会第 34 届会议确定 1985 年为"国际青年年"，主
题为"参与、发展、和平"。此后，联合国会同各国政府机构和非
政府组织围绕"国际青年年"的主题开展了广泛的国际活动，推动
世界青年事务快速发展。1995 年联合国大会第 50 届会议通过了《到
2000 年及其以后世界青年行动纲领》（以下简称"纲领"），首次较
为系统地提出了具有世界普遍意义的青年政策框架和行动指导原则，
是联合国成立以来在青年事务领域通过的最具综合性、纲领性的指
导性文件，标志着联合国青年事务形成了完整体系。

中国青年组织与联合国系统的合作主要体现在以下几个方面：
一是与联合国合作，积极围绕联合国青年事务重点领域推进国内青
年事务发展；二是引进国外的先进经验和资源，推动国内的经济社
会发展；三是通过参与联合国青年事务，表达中国青年的诉求和声

（1） 英文名称为 Declaration on the Promotion among Youth of the
Ideals and Understanding between Peoples，1965 年发布。

音，为世界和平发展事业贡献智慧和力量。随着青年议题被逐渐纳入全球治理框架，联合国也逐渐成为中国青年组织参与全球治理的重要平台。

二、参与联合国青年事务的主要方式

一是参与联合国青年议题国际文书起草和制定。1985 年联合国"世界青年年"前后，全国青联先后派人出席了联合国"世界青年年"全球及区域筹备会，为"国际青年年"拟定后续行动计划。全国青联参与了《纲领》草案的磋商过程，参与发起或签署批准了《关于进一步规划及推进青年领域工作的行动纲领》《联合国预防少年犯罪规则》《联合国少年司法最低限度标准规则》等国际条约，参与撰写了联合国《世界青年报告》、世界银行《世界发展报告》、国际劳工组织《世界青年就业状况调查》等国际报告。联合国社发司青年股于 2000 年向全国青联颁发"世界青年奖"。

二是参与和举办联合国系统的青年活动。中国青年组织与联合国系统的许多机构开展了合作，不仅包括联合国总部，还包括国际劳工组织、联合国粮食及农业组织、联合国教科文组织、世界银行集团等联合国专门机构，以及联合国亚太经社会、联合国开发计划署、联合国志愿人员组织、联合国环境规划署、联合国人口基金、联合国儿童基金会等联合国分支机构和项目。中国青年组织积极参与各机构青年活动，例如派代表出席联合国社发会、联合国大会青年问题特别会议、联合国经社理事会青年论坛、世界青年事务部长会议、亚太地区青年人力资源发展政府间大会、联合国亚太可持续发展论坛并积极发声；主办或承办联合国青年主题小组会议、志愿服务国际会议、青年创业国际论坛等国际性、区域性会议。

近年来，全国青联通过联合国秘书长青年特使办公室加强了与联合国青年工作机构的合作。该办公室由时任联合国秘书长潘基文于 2013 年设立。2016 年 4 月 10 日至 16 日，联合国秘书长青年特使艾哈迈德·阿尔汉达维率领联合国青年事务官员代表团一行 9 人访问了北京、山东和上海。来自联合国教科文组织、联合国志愿人员组织、联合国环境规划署、联合国人居署、国际劳工组织、联合国人口基金等联合国机构的青年事务官员参加。这是联合国系统青年工作各机构首次联合访问，得到了联合国驻华机构青年小组的全面支持。代表团全面了解了中国的青年工作，对中国在青年创业就业、志愿服务、维护青少年权益等方面的工作成果表示高度肯定。

2018 年 7 月 31 日至 8 月 4 日，全国青联与联合国开发计划署共同举办亚太青年创新创业大会，邀请新任联合国秘书长青年特使贾雅思玛·维克拉玛纳亚克参加了此次活动。2020 年初，中国青年志愿者协会选派青年志愿者代表赴联合国秘书长青年特使办公室协助工作。

三是与联合国系统开展项目合作。在参与联合国青年事务的过程中，中国青年组织围绕青年事务的优先领域，与联合国有关机构开展了丰富的项目合作，为国内青年工作和青年发展引进了经验、技术、资金，同时也为世界青年事务提供了中国经验。

在就业创业领域，全国青联与联合国青年就业网络、国际劳工组织合作，于 2005 年 5 月在京启动联合国青年就业网络中国项目。该项目主要内容包括：推广国内外青年就业领域的先进模式和成功经验，促进青年就业政策、研究、信息服务等领域的国际交流，组织开展青年就业领域的国际合作项目。通过该项目，全国青联与有关机构合作开展了一系列活动。其中包括：开展国内首次较大规模的"从学校向工作过渡"中国青年就业状况调查，发布了《中国青年就业状况调查报告》，被国内外社会各界关注和广泛引用；举办青年就业国际论坛，邀请联合国青年就业网络高级别小组代表团赴山东考察青年创业行动；在京举办青年创业教育国际研讨会；与国际劳工组织合作在中国推广实施大学生 KAB 创业教育（中国）项目（以下简称"KAB 项目"）⁽¹⁾等。

在环保领域，为响应可持续发展战略，全国青联等 7 家单位于 1999 年共同发起实施"保护母亲河行动"，积极动员青少年在黄河等江河湖泊流域植树造林、治理水土、改善生态，踊跃投身绿化祖国、保护环境的生动实践，广泛传播尊重自然、和谐共生的绿色理念。在此基础上，团中央、全国青联 2019 年进一步推出"美丽中国·青春行动"，聚焦国家污染防治攻坚战重点领域，构建以保护母亲河行动、"减霾、减排、减塑及节约资源能源"、垃圾分类为主要内容的新时代共青团参与生态文明建设工作格局。截至 2019 年底，共筹集资金近 6 亿人民币，建设总面积达 520 多万亩，吸引 6 亿多人次青少年参与各类生态环保宣传实践活动。为表彰中国青年组织在环保领域作出的贡献，联合国环境规划署于 2005 年授予全国青联及其名誉主席周强首届地球卫士奖，2008 年授予全国青联参与全球种植 10 亿棵树项目"环保贡献奖"。

在消除贫困领域，全国青联自 20 世纪 80 年代起与联合国系统在农村青年扶贫方面开展合作。全国青联与联合国亚太经社会合作，多次在国内外参加、承办对亚洲地区和国家的农村青年专题考察和培训活动。全国青联还多次派代表参加联合国粮农组织举办的农村青年工作研讨会。1993 年选派浙江省青年农民参加联合国教科文组织"九三行动中的青年"项目竞赛活动，其承包荒山项目荣获"教科文

（1） KAB 是 Know About Business 的简称。

总干事奖"。

在志愿服务领域，全国青联自 1989 年起与联合国志愿人员组织（UNV）开展合作，曾两次派工作组调研亚太地区 5 国的志愿服务工作，两次接待联合国志愿人员组织总部及地区代表来华考察中国青年工作情况，并于 1991 年派人参加联合国志愿人员组织高级行政人员培训。在借鉴联合国经验的基础上，全国青联于 1993 年在全国启动中国青年志愿者行动，并于 1994 年 12 月成立中国青年志愿者协会。此后近 30 年，志愿服务在中国得以迅速发展。20 世纪 90 年代，全国青联曾与国际志愿服务组织多次在华举办国际志愿服务劳动营，并两次派遣 10 多人次作为联合国 DDS 项目的志愿者赴东南亚国家长期服务。2002 年全国青联与联合国开发计划署、志愿服务人员组织在华举办志愿服务国际会议，会议发表《北京宣言》并正式启动实施"中国青年志愿者海外服务计划"。该计划选派青年志愿者到国外开展志愿服务，主要涉及汉语教学、体育教学、医疗卫生、信息技术、农业技术、土木工程、工业技术、经济管理、综合培训、社会发展等领域。

在青年健康领域，全国青联自 2001 年起先后与联合国、世界银行等机构合作开展青年健康非正规教育项目，培养青年健康教育意识、推广非正规教育方法，促进青年健康水平提高和青年组织能力建设。2001 年至 2004 年，全国青联与联合国亚太经社会开展"通过非正规教育解决青年面临的健康问题——关注亚洲地区性与生殖健康、防止药物滥用及预防艾滋病"项目。2004 年至 2006 年，全国青联与世界银行合作在北京开展青年健康同伴教育项目，培训青年社区工作者和志愿者。该项目先后邀请联合国亚太经社会、联合国艾滋病规划署、联合国教科文组织、世界银行和其他国际组织的培训专家向 150 余名青年工作者和志愿者进行面对面培训，向 9000 余名青少年传授健康知识和技能，并在此基础上出版了分别针对青年流动人口和少年儿童的健康教育培训教材。

在人力资源开发领域，全国青联与联合国亚太经社会和联合国教科文组织于 1998 年至 2002 年，以青年人力资源开发为主题，在华举办 4 期培训班，涉及扶贫、青年创业、信息网络等领域。培训班对中国西部地区以及亚太国家青年领导人进行培训，先后培训国内青年干部和地方政府官员 80 余人次，周边国家青年 20 余人次。为表彰全国青联在人力资源开发领域及青少年权益保护领域的突出成绩，联合国亚太经社会于 1999 年授予全国青联 "人力资源开发奖"。

在青少年权益保护领域，全国青联与联合国亚太经社会于 1998 年至 2001 年在中国云南省举办 "反对针对青年的性剥削和性虐待" 项目，主要包括预防拐卖、消除对青少年性剥削、防治艾滋病等。其间多次举办基础调研、社区培训、巡回展览、项目评估研讨会等活动，编辑出版青少年自我教育、预防艾滋病等宣传手册。活动中，直接在国内外受训的专业人员、学生和家长达数百人次，受益人群达数万人次。

在青年信息领域，全国青联于 1994 年加入联合国教科文组织国际青年信息网络（INFOYOUTH），在此框架下于 1996 年与其合作出版英文、法文版《中国青年》一书，全面介绍中国青年政策和青年事务情况，填补了国际青年信息网络中中国资料的空白。

四是在项目合作基础上，积极推进项目本土化和创新发展，为世界青年事务提供新模式。这一特点在 KAB 项目的发展过程中表现较为明显。KAB 项目是共青团中央、全国青联与国际劳工组织合作推广的青年创业教育项目，自 2005 年 8 月起在中国实施。KAB 项目的核心内容是国际劳工组织为培养大中学生的创业意识和能力而研发的创业教育课程，目前已在全球 50 多个国家推广。自引入国内以来，KAB 项目逐步完成了引进、吸收、实践、创新的过程，建立起师资培训、教学研究、质量控制、课外实践和交流推广五大体系，形成了一系列教学研究成果，建立了科学规范的评估认证制度，开展了广受欢迎的创业实践活动。KAB 课程也已从最初的高校选修课程发展到目前在大多数高校成为通识必修课。截至 2019 年 12 月，KAB 项目已培训来自清华大学、浙江大学等 1740 多所高校的 11000 多名师资；公开出版了《大学生 KAB 创业基础》教师用书和学生用书两套教材，并在 400 多所高校创设大学生 KAB 创业俱乐部，为大学生创业提供实践平台。

在实现本土化并形成独特优势的基础上，KAB 中国项目还积极参与国际交流，对外传播中国青年创业经验。2018 年以来，KAB 全国推广办公室先后承办了亚太青年领导力与创新创业论坛、"一带一路"青年创业故事会、中俄青年创业孵化器交流项目、中美青年创业先锋交流营分享会等活动。国际劳工组织专家托尼·鲍威 2018 年在华对 KAB 项目进行评估时指出，KAB（中国）项目是全球 KAB 项目中最为成功的项目之一，中国的青年创业教育和创业扶持模式值得国际社会学习。国际劳工组织中国和蒙古局局长柯凯琳（Claire Courteille-Mulder）表示，全国青联与国际劳工组织的合作促进了青年就业、青年劳工权益和技能发展，也为国际劳工组织的工作赋予了新的价值。

第九章

中国青年组织参与
全球治理的新任务和路径建议

第一节　中国参与全球治理的新形势

一、全球政治经济格局出现了深刻的变化

从东西方两极对峙冷战，到两极格局终结后出现"一超多强"，世界多极化、经济全球化加速发展，当今世界正经历着后冷战时期最深刻的变革和转变。以习近平同志为核心的党中央对世界形势作出了一个重要判断："世界处于百年未有之大变局"。

在百年变局中，新一轮科技革命和产业革命重塑了世界。在新技术革命和产业革命的推动下，信息、资本和商品在全球的流动速度加快，社会信息化、文化多样性持续推进。第四次工业革命方兴未艾，正深度改变人类的生产和生活方式，对世界发展产生重要的影响。从国际大局来看，世界已经经历了三轮经济全球化，第三轮经济全球化发端于上世纪 70 年代末 80 年代初，至今已有 40 来年。40 来年经济全球化带来 40 来年经济大发展，也带来 40 来年问题大积累。现在，新一轮经济全球化正向我们走来，尤其是在中国提出

"一带一路"倡议后，经济全球化有希望从过去400年在大西洋、太平洋兴起的海洋经济全球化，逐步推进到海洋经济同内陆经济打通的这样一种人类历史上前所未有的全方位经济全球化。再加上，世界范围内出现以网络化、数字化和智能化为代表的社会信息化，这就使得新一轮经济全球化的发展势头更加强劲了。[1]

在百年变局中，世界多极化深入发展。世界多极化深入发展是当今世界的一个重要趋势。20世纪90年代冷战结束，两极格局宣告终结，多极化趋势逐渐形成。进入21世纪，多极化的趋势愈加明显，其中一个突出表现是，新兴国家经济快速增长，政治影响力不断扩大，新兴国家的整体性崛起成为世界政治经济格局演变的重要动力。当前，金砖国家对世界经济增长的贡献率达到50%，经济总量占全球经济的比重上升至23%。新兴市场国家和发展中国家的经济总量占世界的比重接近40%。[2]百年来，西方国家主导国际政治经济格局的情况发生根本性变化，世界权力首次向非西方国家转移，国际关系更加民主化。

在百年变局中，全球治理加速变革步伐。在经济全球化、世界多极化深入发展的同时，以霸权主义为代表的全球政治问题、以金融危机为代表的全球经济问题、以恐怖主义为代表的全球安全问题、以气候变化为代表的全球生态问题等各类挑战不断增多，欧美发达

（1）　郑必坚：《新时代中国和新一轮经济全球化》，《人民日报》2018年5月9日。

（2）　金鑫、林永亮：《共同推动世界多极化深入发展》，《人民日报》2019年2月15日。

国家主导的全球治理日趋乏力,一些方面甚至出现严重赤字。[1]特别是单边主义和保护主义进一步抬头,国际秩序、国际体系、国际规则受到严重冲击。正如习近平主席所说:"我们正处在一个挑战频发的世界。和平赤字、发展赤字、治理赤字,是摆在全人类面前的严峻挑战。"[2]同时,新兴国家的崛起对世界产生的影响越来越大,新兴国家经济实力的上升也使得它们希望能够在全球治理体系中占据更为重要的位置,全球经济新兴体的发展崛起和世界经济格局中心的转变,使得全球治理体系进入了加速变革期,全球治理的多元主体重组,治理秩序重新磨合,议题也在不断重构,多边主义规则改革不断深化。[3]

二、中国积极参与全球治理体系变革

中国崛起是百年大变局的一个重要标志。新中国成立后,特别是改革开放以来,中国发展迅速,综合国力不断增强,经历了"站起来""富起来""强起来"的历史阶段。中国的 GDP 跃居世界第二,随着在国际上的经济地位不断提升,对国际事务的参与不断加深,也拥有了更多的国际话语权。

中共十八大以来,在全球治理体系变革这一重大问题上,中国给出了"继续做全球治理变革进程的参与者、推动者、引领者,推

---

(1) 陈鑫:《全球治理赤字:现实形态及其治理逻辑》,中国社会科学网,2019 年 2 月 20 日,见 http://www.cssn.cn/gjgxx/gj_bwsf/201902/t20190220_4833295.shtml。

(2) 《携手推进"一带一路"建设》,新华网 2017 年 5 月 15 日,见 https://xinhuanet.com/mrdx/2017-05/15/c_136283482.htm。

(3) 杨鲁慧:《论百年变局与中国之变》,《理论探讨》2020 年第 1 期。

动国际秩序朝着更加公正合理的方向发展"这一答案，体现了中国大国责任的担当。[1]中国的全球治理观在党的十九大报告中有鲜明的体现："中国秉持共商共建共享的全球治理观，倡导国际关系民主化，坚持国家不分大小、强弱、贫富一律平等，支持联合国发挥积极作用，支持扩大发展中国家在国际事务中的代表性和发言权。中国将继续发挥负责任大国作用，积极参与全球治理体系改革和建设，不断贡献中国智慧和力量"。在外交实践中，中国积极实践所倡导的全球治理理念，积极参与全球治理体系改革，为全球治理持续做"增量"。

中国坚定支持以联合国为核心的国际体系。中国一直以来维护以《联合国宪章》宗旨和原则为基础的国际关系基本准则。作为发展中国家中唯一的常任理事国，中国支持发展中国家在国际事务中扩大代表性和发言权，在地区热点问题上积极斡旋，推动各方通过对话协商以和平方式解决争端。中国已经成为联合国所有会员国中第二大出资国和五个常任理事国中派遣维和人员最多的国家，在一系列国际热点问题上发挥着不可替代的重要作用。中国积极落实联合国千年发展目标和 2030 可持续发展目标，将其纳入国家发展战略，全面平衡推进经济、社会、环境发展。中国是联合国维和行动中的中坚力量，从 1990 年开始持续派遣维和军事人员，与联合国建立了总额 10 亿美元的中国—联合国和平与发展基金，促进了地区冲突的缓和与解决。[2]在新冠肺炎疫情发生后，中国已先后向世界卫生

（1）《积极参与引领全球治理体系改革》,《经济日报》2019 年 10 月 30 日，见 https://baijiahao.baidu.com/s?id=1648781135034132781&wfr=spider&for=pc。

（2）王京武：《中国是联合国维和行动的中坚力量》,《解放军报》2018 年 10 月 11 日。

组织提供了 5000 万美元的捐款,[1]用于新冠肺炎疫情防控、支持发展中国家卫生体系建设等工作,支持世卫组织在抗击全球疫情中的核心作用。

中国提出"人类命运共同体"理念。党的十九大报告提出,各国人民同心协力,构建人类命运共同体,建设持久和平、普遍安全、共同繁荣、开放包容、清洁美丽的世界。"推动构建人类命运共同体"已经成为中国特色大国外交的鲜明主张。人类命运共同体理念来源于中华优秀传统文化中"天下大同""和合共生"的思想理念,也来源于马克思提出的"真正的共同体"(人类社会共同体)的思想和马克思主义中国化过程中形成的中国特色社会主义思想。2017 年,人类命运共同体理念先后被写入联合国决议、联合国安理会决议和人权理事会决议。该理念作为习近平新时代中国特色社会主义思想的重要组成部分,倡导和平发展、共同发展,受到了国际社会的高度评价,产生了广泛且深远的国际影响。人类命运共同体的理念,把在经济全球化中形成的"你中有我、我中有你"的利益共同点提到了一个新的历史高度,有助于在这样一个大变局的全球化时代,助推各国携手解决全球性挑战。

中国大力推进共建"一带一路"建设。2013 年,习近平总书记在准确把握国际合作新需求的基础上,提出建设"丝绸之路经济带"和"21 世纪海上丝绸之路"的倡议。2017 年和 2019 年,中国成功举办了两届"一带一路"国际合作高峰论坛,取得了丰硕的成果。"一带一路"倡议源于中国,但是机会和成果为世界各国共享。目

---

[1] 《2020 年 5 月 19 日外交部发言人赵立坚主持例行记者会》,2020 年 5 月 19 日,见外交部网站 https://www.fmprc.gov.cn/web/wjdt_674879/fyrbt_674889/t1780583.shtml。

前，中国累计与 138 个国家和 30 个国际组织签署 200 份共建"一带一路"合作文件。与法国、英国、日本等 14 个国家建立第三方市场合作机制。"一带一路"绿色发展国际联盟正式启动。中欧班列累计开行突破 2 万列，通达欧洲 18 个国家的 57 个城市，综合重箱率达 94%。[1]可以说，"一带一路"已从倡议变为现实，开创了对外开放的新模式和国际合作的新平台，也成为推动经济全球化的重要力量。

　　中国在多边机制和多边会议中发挥积极作用。当前世界经济格局复杂，单边主义、贸易保护主义抬头，逆全球化思潮开始涌动，与之形成鲜明对比的是，中国大力倡导多边主义，坚定维护多边贸易体制，在多边机制中发挥积极作用。中国成功举办一系列重大主场外交活动，主客场、双多边、点线面相结合，实现了对重要地区、重要国家、重要机制、重要领域全覆盖，完善和拓展了对外工作战略布局。[2]中国成功主办中非合作论坛北京峰会、金砖国家领导人厦门会晤、上海合作组织青岛峰会，每年举办中国国际进口博览会，展示对外开放的决心，为经济全球化注入强劲动力。中国通过发起创办亚洲基础设施投资银行、设立丝路基金、发起世界互联网大会等等措施，实现多边机制在发展中国家的网络化全覆盖，推动金砖国家、上合组织等机制在全球治理中的作用发挥；[3]同时中国还通过

（1）　国家发展改革委：《关于 2019 年国民经济和社会发展计划执行情况与2020 年国民经济和社会发展计划草案的报告》，2020 年 5 月 30 日，见新华网 http://www.xinhuanet.com/politics/2020lh/2020-05/30/c_1126053830.htm。

（2）　杨洁篪：《在习近平外交思想指引下奋力推进中国特色大国外交》，《求是》2019 年第 17 期。

（3）　《积极参与引领全球治理体系改革》，《经济日报》2019 年 10 月 30 日，见 https://baijiahao.baidu.com/s?id=1648781135034132781&wfr=spider&for=pc。

设立中国气候变化南南合作基金、南南合作援助基金等积极参与粮食安全、气候变化等全球治理议题，认真履行相关国际责任和义务，为应对全球共同挑战作出了巨大贡献。

第二节　中国青年组织参与全球治理的新任务和路径建议

新时代为中国青年组织走向世界提供了前所未有的机遇。中国青年组织不仅应当着眼于引导、支持中国青年实现中国梦，也应当推动中国青年在参与全球治理中发挥应有作用。那么，中国青年组织在参与全球治理的进程中，应该承担怎样的使命和任务？在世界"百年未有之大变局"的背景下，在中国积极参与全球治理体系变革的实践中，中国青年组织可以有所作为的领域有哪些？

当前，联合国等国际组织和主要全球多边框架都将青年群体视为参与全球治理、促进世界可持续发展的关键力量。中国政府历来重视青年群体，党和国家领导人从事关国家、民族前途命运的战略高度，关心青年和青年工作。中国青年组织应当把握机遇，以更加积极的姿态参与到全球治理的进程中。总体来说，中国青年组织参与全球治理的任务与中国参与全球治理体系变革的方向和任务是一致的。一是要积极引导青年参与国际事务，推动全球治理体系变革。引导青年支持以联合国为核心的国际体系，积极倡导、支持青年参与实现联合国 2030 年可持续发展目标，支持青年参与世界青年事务和多边进程。二是主动服务国家对外交往大局，不断凝聚青年领域共识。在全球青年中倡导人类命运共同体意识、多边主义理念，支持青年在推动"一带一路"建设中发挥积极作用。三是鼓励青年群体做好对外传播，促进各国青年民心相通。深入研究和把握青年特点，充分发挥青年优势，依靠青年智慧与力量，争取更广大外国青年的理解与支持，基于中国优秀实践案例与经验，用青年喜闻乐见、容易理解、易于接受的方式，对外讲好中国故事和中国青年故事。

围绕参与全球治理的新任务，中国青年组织可从以下几个方面探索参与路径。

一、通过参与国际交往，传播人类命运共同体理念

青年阶段正值世界观、价值观形成时期。青年人有活力和朝气、有新奇的想法和巨大的创造潜力，是年轻、向上、进取的一代；青年人接受过系统的教育和培训，具有丰富的知识信息，眼界和思想更加开阔；青年人乐于接触多元文化，在文化碰撞的过程中接受能力更强，是未来促进全球化发展的主力军。在各国利益交织、命运交融的全球化时代，青年人更加关注世界和人类整体未来，对多边主义、国际合作有着更高的期盼。他们是人类命运共同体理念的最佳传播者和践行者。

青年组织可以通过开展形式多样的国际青年交流和传播活动，为全球青年传递和强化人类命运共同体的价值观，鼓励青年为建设人类共同未来作出贡献。在传播中，一是要注重把人类命运共同体理念与联合国理念有机衔接。联合国 2030 可持续发展目标旨在从 2015 年到 2030 年间以综合方式彻底解决社会、经济和环境三个维度的发展问题，转向可持续发展道路。青年组织在针对国外青年开展人类命运共同体理念传播时，可以从人类命运共同体理念与可持续发展 17 个目标相通性说起，也可以从多边主义说起，努力找到与世界话语的联结点。二是要注重开展政策解读。青年人崇尚理念，也关注具体的政策和路径。青年组织需要"化虚为实"，从政策层面同各国青年进行交流。例如，"一带一路"倡议的具体举措、现实成果

和经济机遇有哪些，各国青年开展具体合作的载体可以有哪些。通过这种方式向国外青年传递一个信息：人类命运共同体不只是一个"高大上"的宏观理念，而是一些"接地气"的实事、具体事。三是把宏观理念与个人发展结合起来，增进与国外青年的相关性。在传播内容上，要更加注重结合青年的个人发展需求，增进青年对其关注度和参与度，从而引发青年的情感共鸣，触及青年的实际需求。例如，人类命运共同体的实现将为各国青年的留学、旅游、就业等带来什么样的红利，战争和恐怖主义如何影响各国青年，贸易摩擦对产业分工、产业链的影响，科技合作或竞争对人才流动的影响，等等。青年觉得与自己有相关性，自然就会更加主动去关注和了解人类命运共同体理念的具体内涵。

二、以"一带一路"建设为契机，促进青年发展，构建互联互通伙伴网络

在"一带一路"建设中，需要政府、企业、社会组织各方力量共同发挥作用，才能实现"五通"的目标。青年组织的工作主体和工作对象是青年人，青年组织参与"一带一路"的一个方向是开展对外传播，面向沿线国家青年做好对外传播，营造良好的舆论环境。向沿线国家宣传我国创新、协调、绿色、开放、共享的发展理念，使他们认识到"一带一路"是机遇而不是威胁，消除民众的偏见和误解，增进外国青年对中国的了解和信任，从而营造有利于实施"一带一路"建设的国际舆论环境。

青年组织参与"一带一路"的另一个重点方向是开展务实合作，提供青年发展公益产品。各国青年普遍关注教育、创业等符合青年切身利益和发展的领域，希望从"一带一路"建设中得到实实

在在的收获，促进青年发展和成长。公益产品一方面可以是在教育领域的公共产品。例如，围绕"一带一路"建设需要，对接所在国家的产业需求，采取学历教育与职业培训的方式，将优质职业教育和优质产品技术向合作国传播，培养当地熟悉中国技术、产品、标准，致力于促进两国友好合作的技术技能人才。教育部数据显示，自《高等职业教育创新发展行动计划（2015—2018年）》和《职业院校管理水平提升行动计划（2015—2018年）》实施以来，我国与"一带一路"沿线国家开展351项国际合作，学历教育学生近6000人，培训超10万人次。[1]另一方面是青年创业领域的公共产品。"一带一路"建设为各国开展经贸合作带来了极大的机会。2013至2018年，中国与沿线国家货物贸易进出口总额超过6万亿美元，年均增长4%，高于同期中国外贸的整体增速，占中国货物贸易总额的比重达到27.4%。[2]这为各国青年开展创业和创业合作提供了良好机遇。近年来，中国在"一带一路"框架下举办了各种跨国的青年创业论坛、培训、交流、竞赛等活动，为增进青年创业经验和创业合作提供平台。今后，可加强该领域的合作，与沿线国家的青年机构加强沟通与联系，联合举办青年创业论坛、青年创业项目、青年孵化器等项目，为青年创业提供跨国的资金、经验、信息、平台支持，为沿线国家的青年发展、"一带一路"后续发展提供源源不断的动力。

（1）　见教育部网站 http://www.moe.gov.cn/jyb_xwfb/s5147/201904/t20190425_379436.html，查阅于2020年3月15日。

（2）　《"一带一路"经贸合作取得重大进展》，2019年4月22日，见央广网 https://baijiahao.baidu.com/s?id=1631508169744434997&wfr=spider&for=pc，查阅于2020年3月15日。

三、在青年运动中设置全球治理议题，引领青年广泛参与

　　青年群体具有较强的敏锐性和行动力，在发生公共危机和社会变革时，青年运动较平常时候更加活跃；青年人在反战游行、气候变化、性别平等、抗击疫情等一些重要的全球性议题上，不遗余力地发声并采取行动；青年群体是支持多边主义、促进国际合作的重要力量，展现出对全球化更加理性和积极的态度。这些特征决定了青年运动是参与全球治理的重要路径。

　　当前青年运动与全球治理议题相结合，成为吸引青年广泛参与、发表观点、提出全球治理建议的一个重要趋势。以气候变化议题为例，由于各国的不同国情、诉求和政治考量，气候变化国际谈判艰难漫长，且往往难以达成令人满意的效果，但同时，来自民间的声音却越来越多，气候变化议题日益成为全球青年和环保人士的关注点。例如，2019 年 9 月联合国气候行动峰会在联合国总部举办。青年气候行动峰会作为峰会九大领域之一的"青年与动员"下的主要活动，邀请了来自 140 多个国家的 600 多名青年代表参会。青年代表在此次"青年气候峰会"上发声，让决策者们意识到青年人是一支不可被忽略的力量。青年群体在推动气候变化行动时往往能够跳出各国利益的考量，而更加关注未来、从更加理想主义的角度推进共同行动。且通过青年的声音、事例和行动来对外传播国家理念往往能够取得更好的效果。古特雷斯在会上强调，青年人的参与以及所表现出的热情，对于推动各国政府加快气候行动至关重要，青年的气候主张应该成为各国领导人决策的重要参考。

　　再比如，2020 年新冠肺炎疫情发生后，各国青年组织和青年领袖反应迅速，通过发表青年倡议、组织青年活动和志愿服务、倡导新型生活方式等，活跃在抗击疫情的舆论场和防控一线。许多青年通

过线上的方式来开展跨越国界的线上青年运动，并形成了一定声势。例如，巴基斯坦青年倡导成立了为青年提供咨询和行动建议的"新冠肺炎青年特别小组"线上青年国际组织，吸引了 30 多个国家青年参与和响应。

青年组织可以抓住青年群体关注公共问题的契机，在青年活动中设置全球治理议题，一方面鼓励和带动中外青年进行交流探讨，引导青年在推进全球治理方面形成更多共识与合作；另一方面引领青年广泛参与到全球治理的实践中来，以青年人的视角和行动力，推动全球治理朝着更加公正合理的方向发展。

四、基于中国优秀实践，对外讲好中国故事

中国对外开放的发展阶段已经从 20 世纪 80 年代、90 年代输入国外经验和成果，逐渐转向参与和引领全球治理，向世界贡献中国智慧和中国方案。中国青年组织需要适应这一变化，立足自身在国内的成功实践，总结梳理一些领域的知识体系，积极开展国际经验交流和分享，对外讲好中国故事、传播中国理念。

在联合国可持续发展的 17 个目标里，中国都不乏优秀的实践和案例。消除贫困排在可持续发展目标的第一位。我国 2020 年消除贫困，这将比联合国可持续发展目标提前 10 年实现。中国青年在脱贫攻坚领域发挥了积极的作用。青年人到农村地区担任大学生村官、第一书记、乡村教师、农村创业致富带头人等等，在支教扶贫、创业扶贫等方面探索了一些有价值的经验。通过对外讲好中国青年参与脱贫攻坚的故事，分享和交流经验，有助于国际社会认同中国的发展模式、中国共产党的伟大成就。

在创新创业领域，中国的实践已经远远超过许多国家。中国各

级政府积极贯彻落实"创业带动就业"和创新驱动发展战略，全社会共同参与推进"大众创业、万众创新"，覆盖城乡的创新创业服务体系不断完善。中国青年组织举办"挑战杯"全国大学生课外学术科技作品竞赛、"创青春"中国青年创新创业大赛，激发了青年创新活力，形成了良好的品牌。此外，青年组织还推动青创板建设，支持青年初创项目挂板展示和融资；成立中国青年创业联盟，把创业导师、创投机构、创业园区、创业孵化器、青年和大学生创业者凝聚成了一个相互联结的网络；在全国高校开设 KAB 创业教育课程，提高了大学生的创新创业意识与能力。中国发展带来的创业机会，以及中国青年的创业实践，有助于各国青年分享交流经验、开展创业合作、促进共同发展。

除此以外，中国在教育发展、生态环保、志愿服务、社会参与等方面都形成了自己独特的工作经验。我们可以基于中国在这些优势领域的实践，对外讲好中国故事。对外传播过程中，要注重青年视角、青年故事、青年特色语言，以某个具体领域、某个具体故事为主线，依托参加国际活动、制作新媒体外宣产品等方式，以小及大，有针对性地讲故事，让外国人听得懂、乐意听、听进去。

第三节　加快推进中国青年组织国际化进程

一、青年组织国际化面临的挑战和机遇

改革开放以来，中国青年组织在国际化方面取得了重大进展。特别是进入 21 世纪，随着中国日益崛起成为世界大国，青年对外交往的领域和规模快速拓展，参与国际交往的青年规模显著增长。中国共青团和中华全国青年联合会积极开展中外人文交流项目，在环

境保护、志愿服务、就业创业等领域开展一系列国际化项目。中国青年志愿者协会向亚洲、非洲、拉美派遣海外青年志愿者，并获得联合国经社理事会特别咨商地位。民间涌现出诸多"走出去"的典型代表，致力于促进中外青年交流和发展。在全国许多高校里，成立了模拟联合国协会、国际交流社团等，鼓励和支持大学生开展海外社会实践，参与国际交流活动。但同时，我们也看到，中国青年组织国际化的整体水平还比较低，国际影响力有待加强。

一方面，青年组织在国际化方面仍面临诸多挑战。中国社会组织国际化发展普遍面临的问题是，缺乏政策法律依据，资金不足，限制了社会组织国际化的积极性和能力。青年组织面临相似的问题，特别是资金来源不足，国际化青年人才匮乏。此外，我国学术界对社会组织国际化的研究集中在近十多年，对青年组织国际化的研究比较少，学术积累薄弱，青年组织国际化缺乏理论指导和经验借鉴。许多民间青年组织、青年社团，主要聚焦于地方区域开展青年活动，缺少必要的经验、能力和资源支持"走出去"。青年人的跨文化交流能力和参与国际规则制定的能力较弱，在世界青年事务中的话语权和影响力亟待提高。

另一方面，青年组织参与全球治理也面临着前所未有的机遇和条件。党和国家从政策上大力支持青年参与国际交往。党中央、国务院印发的新中国第一部《中长期青年发展规划（2016－2025）》，明确提出要"支持中国青年参与国际交往。拓宽青年参与国际交往的渠道，为青年开展国际交流与合作搭建更广阔的平台。完善选拔方式、丰富选拔手段，让更多的青年群体代表参与国际交流。培养推荐青年优秀人才到国际组织任职。加大宣传力度，提升青年国际交流活动的影响力和辐射面"。青年发展规划从国家机制上明确了要支持青年参与国际交往，并形成了各部委、各地方、社会组织分工合作的工作模式，利用各自优势，共同推动青年的国际化发展。

民间资源的井喷式增长也给青年组织实现国际化提供了前所未有的机遇和条件。中国青年出国留学人数逐年增加，2018 年我国出国留学人员总数为 66.21 万人，据统计，从 1978 年到 2018 年底，各类出国留学人员累计达 585.71 万人。[1] 目前中资企业已覆盖全球 160 多个国家。在这一过程中也有不少中国员工被外派至海外工作，根据《中国统计年鉴 2019》统计，2018 年我国对外承包工程共派出 22.7 万人，年末在外人数 39.07 万人，对外劳务合作共派出 26.5 万人，年末在外人数 60.61 万人，其中外派青年不在少数。我国国内涌现出大量的社会组织和专业社团。民政部的《2018 年民政事业发展统计公报》数据显示，我国社会组织数量增长迅速，截至 2018 年底，全国共有社会组织 81.7 万个。其中国际和涉外的社会组织为 529 个。新媒体行业蓬勃发展，涌现出一大批具有创新意识和创新能力的青年播主、博主、大 V。他们通过活泼的风格、生动的故事、有感染力的视觉冲击，向国内外读者、观众表达自己的思想和主张。

全球化把中国青年发展轨迹与全球化发展进程更加紧密地联系到了一起。大量的青年人才、社会组织、社会团体在以不同的形式参与国际交往，也催生了在更深层次、更广范围参与国际交流和全球治理的需求。这一方面为青年组织国际化积累了人才、储备了资源，另一方面也对青年组织参与全球治理提出了具体任务。

（1）《教育部：2018 年度我国出国留学人员总数达 66.21 万人》，2019 年 3 月 27 日，见央广网 http://hn.cnr.cn/hngbjy/20190328/ t20190328_524558994.shtml，查阅于 2020 年 3 月 21 日。

二、加强青年组织国际化的能力建设

当前，全球治理体系正处于关键转型期。随着中国日益走进世界舞台的中央，客观上要求中国在全球治理领域作出更大的贡献。目前，中国从官方到民间，都涌现出一些活跃的涉外青年组织，积极参与各个领域的国际青年事务和青年交流，特别是围绕联合国2030年可持续发展目标开展了倡导活动和国际合作。中国青年组织在国际化方面作了一些成功的探索。但是，与欧美发达国家青年组织相比，还存在一定的差距。

为了加强中国青年组织国际化的能力建设，建议从理论研究、政策支持、资金扶持、人才培养、项目实施、平台建设等方面着手，为青年组织和青年人才提供国际化发展途径。

（一）加强政策和社会支持

为青年组织提供必要的政策和社会支持，优化青年组织的国际化发展环境，可以为中国青年组织破解国际化发展难题提供有益助力。

一是加强政策研究，提供科学决策依据。一方面要加强青年组织国际化和参与全球治理的政策研究，特别是研究发达国家青年组织国际化的发展模式和经验教训，结合中国国情，形成中国特色的青年组织国际化的发展指引。另一方面，需要加强国别研究，充分考虑不同国家的历史、文化和经济发展状况，为青年组织与某个特定国家开展交流提供更加有针对性的建议。

二是完善法律法规保障和激励支持机制。首先要从法律上明确包括成立国际性社会组织、社会组织成立海外分支机构、开展海外项目等国际化发展路径的合法性，保障青年社会组织在国际化过程中的合法权益。同时，搭建政府引导、协调、支持国内青年组织参与国际交往的平台，提供政策引导、资金支持、法律保障，包括对社会组织开展海外项目可以提供物资清关、外汇管制、税收减免等方面的便利，鼓励国内青年组织积极有序地参与国际交往。

三是加强资金支持。可以加大政府援助项目通过青年社会组织实施的力度，提高青年社会组织承担政府对外援助项目的比重；设立支持青年组织参与国际交流的专项基金或基金会，通过政府购买服务的方式，支持青年社会组织承担国际交流项目；搭建中国青年组织与海外中资企业的沟通协调平台，把青年组织对外交流与中资企业在海外开展企业社会责任项目有机结合起来，推动经贸交流和人文交流同步发展。

四是加大成果宣传。青年组织可以通过与传统媒体合作、积极进行新媒体产品开发相结合的方式，发掘有吸引力的典型故事，积极策划传播活动，制作短视频、动漫、歌曲等与青年特点相贴近的新媒体产品，促进国内外青年了解青年组织国际化发展的动态和成果，一方面增强国内青年对中国青年组织国际化的认同和支持，另一方面也助力优化中国的国际形象。

(二) 培养国际化青年人才

当代中国青年是中国历史上最具国际化特征的一代人，他们深受多元文化影响，思想更加开放，同时也更加渴望走向世界，更积极主动地参与国际合作和国际竞争。国际化青年人才是青年组织国际化的主体力量，也是国际化青年组织的服务对象。

目前，我国仍然面临着非常大的国际组织人才缺口。以联合国为例,2012年底，在联合国总部秘书处工作的中国籍职员共有200多人,2019 年这一数据已经增长到 546 人。[1]然而横向比较的话,中国在联合国雇员的数量和层级岗位还远远不够,培养国际化青年人才仍然是一项艰巨任务。

一是需要为国际化青年人才培养提供政策和机制支持。培养国际化青年人才的一个重点方向是向国际组织推送青年人才。在政策层面,2015 年中央人才工作会议提出,要积极统筹国内国际两种人才资源,做好国际组织所需人才培养推送工作。在机制层面,人力资源和社会保障部建立了国际组织人才信息服务网,教育部和全国高等学校学生信息咨询与就业指导中心建立了高校毕业生到国际组织实习任职信息服务平台,国家留学基金管理委员会还设立了国际组织实习项目、国际组织后备人才培养项目,并提供资金支持。目前的支持机制更多关注于青年个体的选用,可以考虑加大对人才培养专业化组织或机构的支持力度。

二是培养国际化青年人才需要从学校抓起。许多大学在培养学生的国际交往能力方面作出了有益的探索。例如,清华大学 2018 年专门成立学生全球胜任力发展指导中心,帮助学生提升世界知识与全球议题、语言、开放与尊重、沟通与协作、自觉与自信、道德与责任等全球胜任力六大核心素养。[2]学校通过开展国际交换、海外实践、志愿服务等项目,为学生提供交流平台。很多学校的各类国际交流类社团也为学生培养国际能力提供各种机会。培养全球胜任力将是今后学校培养人才的一个重点方向。

三是发挥好青年组织在培养国际化人才方面的积极作用。实践

（1） United Nations: Composition of the Secretariat: Staff Demographics: Report of the Secretary-General, 22 Apr. 2019.

（2） 见清华大学国际教育网站 http://goglobal.tsinghua.edu.cn/cn/competence,查阅于 2020 年 3 月 15 日。

是青年人提高国际化能力的重要途径。青年人通过国际青年交流、志愿服务、实习实训等活动，可以近距离地接触到不同国家不同背景的年轻人，感性地体验到跨文化交流的技巧，并在国际舞台上施展和提升自己的外交才华。青年组织通过开展国际交流、实施国际项目，可以为大批年轻人提供参与国际交流、实践的机会，并通过对国际项目的精心设计，帮助和引导青年坚定理想信念、强化参与意识、提升交往能力和国际竞争力，服务于青年的国际化成长。

(三) 实施国际化工作项目

实施机制性、品牌化的国际交流项目是青年组织实现国际化发展的重要方式。例如，在针对大学生人群方面，国际性青年组织举办的模拟联合国比赛、创新创业竞赛都是非常有影响力的国际化项目，对青年人来说具有很强的黏性。中国青年组织要推动国际交流、国际实践活动向项目化方向发展，并且要做精做细，作出国际影响力。

一是打造交流项目的品牌。各地青年组织可以结合当地民族文化和历史资源、区位优势、经济社会发展重心和青年特点，打造能够长期坚持的、具有一定特色和影响力的国际交流项目品牌。例如，边境省份可以重点打造与接壤国家的边境地区青年交流项目，区域经济中心以及创业青年聚集的城市可以着力开展以青年创新创业为主题的国际交流项目等。各高校也可以充分发挥大学生的积极性、参与热情和创新力，支持机制化举办国际交流的品牌项目，提供必要的技能培训支持，鼓励学生创立培养全球胜任力的青年社会组织。

二是开发务实合作项目。在了解各国青年特点和需求的基础上，开展务实国际项目合作，可以切实为各国青年提供成长成才的需求，增加对青年的吸引力。一方面可以充分发挥青年社会组织身份优势，以人文交流"软"助力提升国际社会对中国的认同度。例如，相对于政府间援外项目，中国青年志愿者服务海外计划投入少、收益大、方式灵活，且更易被受援国接受。中国目前在开展青年志愿者海外服务计划方面已取得了一定成效，未来可继续完善派遣机制和支持举措，扩大对海外青年志愿者的派遣规模。另一方面，也应着眼于青年发展的需求，为青年提供更多国际化发展的机会。例如，搭建海外实习培训平台，为国内外青年提供更多有保障、高品质、体系化的跨国实习和培训机会；开展青年创业的国际合作项目，为国内外青年群体搭建交流、培训、服务的创业支持平台，促进思想碰撞、拓展合作渠道、搭建伙伴关系，帮助创业青年推开国际市场的大门。

（四）探索建立国际青年组织

国际非政府青年组织种类繁多，通过国际化、网络化发展，面向全球广泛建立机构和开展项目，具有不可忽视的国际影响力。英国、美国发源了大量有影响力的国际性青年组织，而无一例外，这些组织的成立与国家外交地位和外交战略紧密相关。考虑到当前我国社会组织发展状况和发展阶段，培育国际青年组织可以通过"双轨并行"的方式来推进：一方面推动现有青年组织的国际化；另一方面整合现有资源，争取政策支持，直接在华培育成立国际青年组织。

一是探索建立全球青年交流平台。固定的国际青年交流平台发挥着与国际组织类似的作用。例如，世界经济论坛全球青年领袖网络、有"小达沃斯"之称的瑞士圣加仑论坛都是长盛不衰的全球青年平台，在引领各国青年领袖参与全球治理讨论和实践方面发挥重要作用。我们可以集中力量打造一个全球性青年交流平台或网络，以某一群体（如世界各国青年领袖）为主体，或围绕某一主题（如可持续发展），定期召开会议、举办活动，研讨全球性的经济、社会、青年发展等问题，并借此平台吸引全球的青年领袖或青年组织自动汇聚。通过这种主场外交的方式，带动各国青年组织和青年人讨论共同关心的话题，逐步提高中国青年组织的全球议题设置能力和国际可见度。

二是探索成立"一带一路"框架下的国际青年组织。"一带一路"倡议是人类命运共同体理念的重要实践平台。中国青年组织可以结合自己的独特优势，以"一带一路"建设为契机，建立互联互通的青年伙伴网络，探索成立中国发起的国际性青年组织。在具体路径上，可以邀请若干国外青年组织作为创始会员共同发起成立"一带一路"枢纽型国际青年组织，并向"一带一路"沿线国家青年组织开放。依托这一国际组织，定期开展"一带一路"框架下多边青年交流活动，在团结凝聚沿线国家青年组织的同时，为世界青年参与全球治理提供平台。此举可以更大程度地发挥中国青年组织在推动建设"一带一路"中的作用和影响力，提升我国在全球治理领域的主动权和贡献度。

本书作者分工

《中外青年组织参与全球治理研究》由团中央国际联络部和中国青少年研究中心共同组织撰写，课题组组长为董霞（团中央国际联络部部长）、张良驯（中国青少年研究中心副主任、博士）。其中，第一章由张胜军（北京师范大学政府管理学院教授、博士生导师）撰写，第二章由郑悦（团中央国际联络部国际组织处干部、博士）、邓希泉（中国青少年研究中心青年所所长、研究员、博士）、王艺（团中央维护青少年权益部维权工作处处长）和陈庆梅（中国青年政治学院青少系硕士研究生）撰写，第三章由郭元凯（中国青少年研究中心人事部助研、博士）和周际（团中央国际联络部欧美处副处长）撰写，第四章由袁丽（团中央国际联络部欧美处处长）、张莹（团中央国际联络部国际组织处副处长）和张会杰（中国青少年研究中心办公室助研、博士）撰写，第五章由李倢（中国青少年研究中心青年所助研、博士，负责其中的第一、第三节）、单其悦（团中央国际联络部亚非处干部，负责其中第二、第四节）和周际（负责其中第五节）撰写，第六章由刘凯（团中央国际联络部国际组织处处长）、周宇香（中国青少年研究中心青年所助研、博士）撰写，第七章由孟洋（团中央国际联络部亚非处处长，负责其中的第二、第三节）、李倢（负责其中的第一节）撰写，第八章由张莹撰写，第九章由刘凯、周宇香、郑悦撰写。

（京）新登字 083 号

图书在版编目（CIP）数据

中外青年组织参与全球治理研究 / 董霞，张良驯主编 .
-- 北京：中国青年出版社，2021.8
ISBN 978-7-5153-6511-4

Ⅰ . ①中… Ⅱ . ①董… ②张… Ⅲ . ①青年组织－参与管理－国际政治－
研究－世界 Ⅳ . ① D431.2 ② D5

中国版本图书馆 CIP 数据核字 (2021) 第 167882 号

责任编辑：孙梦云
内文设计：川页水清

出版发行：中国青年出版社
社　　　址：北京东四 12 条 21 号
邮政编码：100708
网　　　址：www.cyp.com.cn
编辑部电话：（010）57350394
门市部电话：（010）57350370
印　　装：北京科信印刷有限公司
经　　销：新华书店
规　　格：710mm×1000mm　1/16
印　　张：18
字　　数：167 千字
版　　次：2021 年 7 月北京第 1 版
印　　次：2021 年 7 月北京第 1 次印刷
定　　价：68.00 元

本书如有印装质量问题，请凭购书发票与质检部联系调换
联系电话：（010）57350337